A Spanish Grammar Workbook

Blackwell Reference Grammars
General Editor: Glanville Price

The *Blackwell Reference Grammars* are essential companions for students of modern languages at senior secondary school and undergraduate level. The volumes provide a comprehensive survey of the grammar of each language and include plentiful examples. The series will cover the major European languages, including French, German, Spanish, Italian, Portuguese, and Russian.

A Comprehensive French Grammar, Fifth Edition
Glanville Price

Colloquial French Grammar: A Practical Guide
Rodney Ball

A French Grammar Workbook
Dulcie Engel, George Evans and Valerie Howells

A Comprehensive Russian Grammar, Second Edition
Terence Wade
Advisory Editor: Michael J. de K. Holman

A Russian Grammar Workbook
Terence Wade

A Comprehensive Spanish Grammar
Jacques de Bruyne
Adapted, with additional material, by Christopher J. Pountain

A Spanish Grammar Workbook
Esther Santamaría Iglesias

A Comprehensive Welsh Grammar
David A. Thorne

A Spanish Grammar Workbook

Esther Santamaría Iglesias

Blackwell
Publishing

© 2003 by Esther Santamaría Iglesias

350 Main Street, Malden, MA 02148-5018, USA
108 Cowley Road, Oxford OX4 1JF, UK
550 Swanston Street, Carlton South, Melbourne, Victoria 3053, Australia
Kurfürstendamm 57, 10707 Berlin, Germany

First published 2003 by Blackwell Publishing Ltd

ISBN 0-631-22848-9 (paperback)

A catalogue record for this title is available from the British Library.

Set in 11/13pt Times
by Graphicraft Limited, Hong Kong
Printed and bound in the United Kingdom
by MPG Books Ltd, Bodmin, Cornwall

For further information on
Blackwell Publishing, visit our website:
http://www.blackwellpublishing.com

Contents

The numbers in square brackets [ ] indicate the corresponding chapters in *A Comprehensive Spanish Grammar* by Jacques de Bruyne and Christopher J. Pountain (Blackwell 1995).

Preface

This *Spanish Grammar Workbook* is designed to make the acquisition of the Spanish language a challenging, sensible and pleasurable task. It is structured around the main elements of contemporary Spanish grammar and is intended as a support for communicative activities, a variety of which appear in appendices to each chapter.

The workbook complements Blackwell's *A Comprehensive Spanish Grammar* by Jacques de Bruyne (with additional material by Christopher J. Pountain), thereby forming a complete educational package or core text that will be suitable for students and teachers at most levels of formal education, from schools and universities to evening classes and intensive courses. Furthermore, the *Spanish Grammar Workbook* has its own, separately defined potential as a learning aid for independent students of the language, while also being of particular use to language tutors who depend upon a resource of grammar exercises to support all types of courses.

The *Spanish Grammar Workbook* is suitable for those students who, for professional, educational or personal reasons, are committed to the acquisition of Spanish as a second language. The 500 grammar exercises are numbered accordingly to allow for easy movement from each exercise to its key and they vary from gap-filling exercises and puzzles to multiple-choice tests and realistic dialogues which contextualize Spanish grammar in everyday speech. By these means, language learners may come to understand grammatical functions naturally by putting the theory into practice.

The book includes an extensive key to the 500 grammar exercises. These exercises are graded and ordered according to a simple system:

- ✿ **Elementary grammar**: simple expressions and basic conversational Spanish. Suitable for revision of essential syntax.

- ✿✿ **Intermediate grammar**: standard conversational Spanish and communicative expressions.

- ✿✿✿ **Advanced grammar**: complex syntax and sophisticated expressions.

As with any workbook, reference to a formal guide to Spanish grammar will be necessary for students at the lower levels of language acquisition. For this reason, the *Spanish Grammar Workbook* is cross-referenced to Blackwell's *A Comprehensive Spanish Grammar* as indicated in the square brackets [ ] that appear alongside every section title.

The primary objectives of this book are the practice and correction of grammar, the acquisition of vocabulary, and the use of this grammar and vocabulary for communicative purposes. The communication exercises which appear as appendices to the chapters are intended to function as prompts to the oral and syntactical practice of the grammar in representative contexts, while the 500 grammar exercises will allow students to attain, maintain and shore up their fluency. Many of the exercises may also be used as the basis of tests, revision schemes and translation tasks.

Although this workbook is focused on Peninsular Spanish, it also features elements of Latin American Spanish. Peninsular Spanish is not the pan-Hispanic model, but students of Spanish must be aware that there is as much difference between Argentinian and Mexican Spanish as there is between Mexican and Peninsular Spanish. Any attempt to encapsulate the many rich varieties of Spanish in Latin America would have floundered on the lack of consensus and, indeed, the limited number of pages available. The options available in writing this workbook were the usual. I could have stripped the language down to its bare, uncontroversial bones and ended up with a colourless language that was irrelevant to all, or I could have attempted a pick-and-mix of Peninsular and Latin American conventions, varieties and idiosyncrasies. Clearly, both options would have confounded and insulted in equal measure. In writing the *Spanish Grammar Workbook* I have attempted to take most of these problems and differences into account, though, inevitably, the multifariousness will have defeated me at times.

The Spanish language is a living, breathing creature that is evolving differently in distinct areas of the globe. Instead of policing these territories, this book holds the middle ground with feigned casualness, while fretting inwardly about the differences that many of its readers will encounter from the Spanish that surrounds them. So I would rather you thought of this workbook as a guidebook for independent travellers, whose author has tried and tested routes and itineraries, which you may refer to, test and sample, secure in the knowledge that these beaten paths are safe and quite popular; but please feel free to explore further and add your own experiences and insights to the venture. Ideally, this book should become a scrapbook that fills up with your crossings-out and additions, your alternative phrases and your notes on local colour, thereby reflecting your journey through the Spanish language. *¡Buen viaje!*

Esther Santamaría Iglesias

Acknowledgements

The book's design and content is dedicated to the needs of the students I have encountered as tutor and co-ordinator of Spanish courses at undergraduate degree level in the Department of European Languages of the University of Wales, Aberystwyth, and as tutor of adult scholars in the same university's Department of Continuing Education. Indeed, most of the exercises that you will find in this book were road-tested by the undergraduate students and adult learners of Spanish at the University of Wales, Aberystwyth, during the academic years 2000–1 and 2001–2. Many thanks to them for their enthusiasm and interest in the final product.

Of those friends and colleagues whose collaboration, patience and knowledge was so essential to the creation of this book, I must make special mention of Dr Rob Stone and Professor Robert Havard of the University of Wales, Aberystwyth, Raquel Linares Pérez, expert philologist, and Helen Jones, language tutor, all of whom dedicated their time and wisdom to the revision and editing of this manuscript.

Thanks also to Professor Glanville Price, Tami Kaplan and Sarah Coleman for their invaluable editorial support, as well as Fernando Carricajo Garrido, Professor Gwynne Edwards and, *siempre conmigo*, Caridad Iglesias and Alfredo Santamaría. Above all, thanks to Rob, *compañero de fatigas y alegrías*, who gave this book the imagination that it needed.

This book is dedicated to my father, who taught me.

Pronunciation

1 The alphabet [1–2]

(1) Write the words that have been spelled for you. ✿
E.g. Ce - a - erre - o - zeta - a > **Carroza**

(a) ese - e - uve - i - elle - a - ene - o   ....

(b) che - i - ce - o   ....

(c) zeta - a - pe - a - te - o   ....

(d) jota - a - be - ó - ene   ....

(e) u - ene - i - uve - e - ere - ese - i - de - a - de   ....

(f) efe - o - te - o - ge - ere - a - efe - í - a   ....

(g) E - ese - pe - a - eñe - a   ....

(h) pe - ele - a - i griega - a   ....

(i) hache - e - ere - eme - a - ene - o   ....

(j) te - a - equis - i   ....

(2) Spell the following names. ✿
E.g. Superman > **Ese - u - pe - e - ere - eme - a - ene**

(a) Miguel de Cervantes

....

(b) Mickey Mouse

....

(c) William Shakespeare

....

(d) Emiliano Zapata

....

(e) Marilyn Monroe

....

(f)   Jane Austen

....

(g)   Mahatma Gandhi

....

(h)   Cleopatra

....

(i)   James Bond

....

(j)   Tarzan

....

(3)   Select and write the missing letter.   ✿

z   e   j   b   c   m   l   h   p   r

(a)   ......ibro   (f)   ....atón
(b)   ....studiante   (g)   ....olígrafo
(c)   ....ijo   (h)   ....oológico
(d)   ....olegio   (i)   ....ardín
(e)   ....adre   (j)   ....rofesora

2   Diphthongs [9–10]

(4)   Separate the words into syllables and underline the diphthongs.   ✿
E.g.   ciu/dad

(a)   circuito   ....   (f)   Jamaica   ....
(b)   autor   ....   (g)   heroico   ....
(c)   movimiento   ....   (h)   eucaristía   ....
(d)   afeitar   ....   (i)   nuevo   ....
(e)   cuello   ....   (j)   idioma   ....

(5)   Complete the words with the diphthongs from the box.   ✿

io   ui   ai   uo   ei   au   eu   ia   ie   ue

(a)   p.......ne   (f)   b.......le
(b)   v.......jero   (g)   t.......rra
(c)   ....calipto   (h)   f.......go
(d)   b.......tre   (i)   elecc.......nes
(e)   s.......na   (j)   mut.......

(6) Mark with ✓ those words which contain a diphthong and × those which do not. ✿✿

	✓	×
(a) canción		
(b) Ecuador		
(c) oasis		
(d) lluvia		
(e) poético		
(f) área		
(g) triunfo		
(h) país		
(i) María		
(j) veinte		

3 Stress [10–17]

(7) Underline the stressed syllables in words of more than one syllable in the following phrases. ✿✿
E.g. Mi mu<u>jer</u> tra<u>ba</u>ja con el ordena<u>dor</u>.
(a) Clara tiene que aprender a hablar griego.
(b) El español es un idioma internacional.
(c) La amistad es necesaria.
(d) Los estudiantes comen bocadillos de tortilla española.
(e) Nosotros estamos viviendo en un mundo muy aislado.
(f) El orden es importante.
(g) Mi amigo Rafa pasa las vacaciones en nuestra casa.
(h) Juana es capaz de bailar toda la noche.
(i) El juicio es injusto.
(j) La lana del tapiz es de color azul.

(8) Place an accent mark (*acento ortográfico*) where necessary. ✿✿

(a) ¿Cuanto cuesta el pantalon?
(b) Los examenes son muy dificiles.
(c) Tu siempre tienes razon.
(d) El lapiz del escaparate esta de oferta.

(e)   Ramon es mas habil que Raul.

(f)   Los jovenes de hoy son muy practicos.

(g)   ¡Que rico esta el cafe!

(h)   A el le gusta la natacion y a mi me gusta el esqui.

(i)   ¿Por que no funciona la maquina de tabaco?

(j)   Comimos esplendidamente en el Pais Vasco.

(9)   Place the words in the correct columns according to their stress. Add written accents where necessary.   ✪✪

> **imagen   pajaro   arbol   amor   autobus   matematicas   azucar
> miercoles   maletin   medico   señal   facil   ingles   America
> pintura   adios   inutil   tambien   lapiz   crueldad**

no written accent	agudas	llanas	esdrújulas
. . . .	. . . .	. . . .	. . . .
. . . .	. . . .	. . . .	. . . .
. . . .	. . . .	. . . .	. . . .
. . . .	. . . .	. . . .	. . . .
. . . .	. . . .	. . . .	. . . .

(10)   Underline the correct word in each sentence.   ✪✪

(a)   El hijo **de** / **dé** mi amiga es muy guapo.

(b)   Espera, que **aún** / **aun** no he terminado la comida.

(c)   **Él** / **El** arquitecto tiene mucho trabajo.

(d)   **Tu** / **Tú** casa está lejos del campo.

(e)   ¿Puedo comer **mas** / **más** tarta?

(f)   Perdona, pero no **se** / **sé** el nombre de tu hijo.

(g)   **Tu** / **Tú** eres una buena persona.

(h)   Mi hermana **se** / **sé** llama Lucía.

(i)   Sólo **él** / **el** conoce el camino.

(j)   **Ésta** / **Esta** sopa **está** / **esta** fría.

(11)   Add a written accent where necessary.   ✪✪

(a)   avion   . . . .   (f)   Mejico   . . . .

(b)   habil   . . . .   (g)   diptongo   . . . .

(c)   sector   . . . .   (h)   lombriz   . . . .

(d)   aguila   . . . .   (i)   perfeccion   . . . .

(e)   cerebro   . . . .   (j)   crisis   . . . .

(12)   Correct the use of written accents in the sentences.   ✿✿

(a)   Sí no quieres él regalo, puedes tírarlo.

....

(b)   ¿Té gusta el te caliénte y con léche?

....

(c)   A mi me gusta múcho tú primo Rafaél.

....

(d)   El órden es fundamentál en mí vida.

....

(e)   ¿Quíeres mas cafe? Toma, té séntara bién.

....

(f)   ¿Dé donde es tú prófesor?

....

(g)   Antes comía bién, más áhora no tengo hámbre.

....

(h)   Espera qué té de las buenas nóches.

....

(i)   ¿Que quiéres? Qué té pongas al télefono.

....

(j)   Tengo múchos amigos en Écuador.

....

(13)   These words may be written either with or without accents. Look them up in the dictionary and write the words again with the accents added.   ✿✿

(a)	ibero	....	(f)	conclave	....
(b)	frijoles	....	(g)	alveolo	....
(c)	pentagrama	....	(h)	olimpiada	....
(d)	etiope	....	(i)	poligloto	....
(e)	torticolis	....	(j)	reuma	....

4   Punctuation and capital letters [18–24]

(14)   Correct the punctuation and the use of capital letters in the following sentences.   ✿✿

(a)   El Río manzanares pasa por madrid

....

(b)   las Tropas de la o.n.u. se encuentran en estos momentos, en sierra leona

....

(c)   El Sábado 18 de Marzo celebraré mi cumpleaños

....

(d)   la comida de navidad tendrá lugar en el hotel castellana

....

(e)   he leído en el periódico *el país* una noticia sobre emigrantes Españoles

....

(f)   ¿se llama ud. pedro sánchez?

....

(g)   El Lunes iré a la biblioteca nacional con mi Profesor de literatura

....

(h)   los Galeses hablan Galés en gales

....

(i)   voy a Matricularme en la facultad de medicina

....

(j)   el Edificio de la calle almansa forma parte del patrimonio nacional

....

(15)   Rewrite the phrases adding capital letters, accents and punctuation where necessary.   ✪✪

(a)   hoy he leido *romeo y julieta* de william shakespeare

....

(b)   el palacio real de madrid es magnifico pero el rey no vive alli

....

(c)   los lunes los martes y los miercoles tengo clases de frances y los jueves de aleman

....

(d)   el ultimo disco del grupo ketama que es estupendo esta de oferta en la tienda de discos rokopop

....

(e)   socorro grito el señor gonzalez pero no habia nadie cerca

....

(f)   buenos dias que desea me gustaria probarme ese pantalon por favor

   ....

(g)   maria espero a carlos en el cine proyecciones pero el no llego

   ....

(h)   la real academia española que esta en la calle principe de vergara cierra en
      agosto

   ....

(i)   te quiero mercedes no se vivir sin ti

   ....

(j)   la alhambra de granada es un lugar turistico muy visitado sobre todo por los
      japoneses

   ....

(16)   Insert punctuation and capital letters wherever necessary.   ✪✪

Ramón:	hola qué haces
Lola:	estoy mirando las fotografías que hicimos en cuba te gustan
Ramón:	sí mucho son muy bonitas
Lola:	mira este edificio es el hotel nacional y éste es el museo del pueblo
Ramón:	quién es esta señora
Lola:	se llama eliana céspedes ella se encargó de la organización del II congreso de cardiología que como sabes reunió a los mejores especialistas de europa y los estados unidos
Ramón:	pero sólo estuvisteis trabajando
Lola:	no no también fuimos a la playa de varadero pero no nos gustó y volvimos a la habana

5   Revision

(17)   Rewrite the following text by adding punctuation, accent marks and capital
letters.   ✪✪

en españa el futbol no es solo un deporte es una obsesion es una forma de vivir los
futbolistas del real madrid del barcelona y del sevilla son celebridades que ganan un
monton de dinero y estan en las revistas como hola y semana por eso jugar en un
equipo famoso es la ambicion de muchos niños en españa y en latinoamerica son niños
que pueden salir de barrios pobres como el famoso futbolista argentino diego maradona
gracias a jugadores como el argentina es un pais con una tradicion futbolistica muy
importante a veces paises como paraguay y colombia tambien llegan a la final de la
copa del mundo

(18)   Here is a collection of words that are pronounced the same but have different meanings and are written differently. Look up their meanings in a dictionary and use them to complete the sentences that follow.   ✿✿✿

> **atajo/hatajo   pollo/poyo   ola/hola**
> **uso/huso   azar/azahar   sabia/savia   callado/cayado**
> **bello/vello   basta/vasta   asta/hasta**

(a)   Irene recibió por .... un ramo de flores de ....
(b)   El .... que tenía mi abuela, ya no tiene ningún ....
(c)   Cuando caminaba por el .... se encontró con un .... de ovejas.
(d)   El niño, a pesar de tener mucho .... , es realmente ....
(e)   .... ahora, no sabía que un .... era un cuerno de toro.
(f)   Aquel hombre viejo que tiene un .... , siempre está ....
(g)   En verano, por la noche, me siento en el .... de mi casa y suelo comer bocadillos de ....
(h)   ¡..............! ¿Qué miras? Esa .... tan grande.
(i)   Conozco a una mujer .... que sabe hacer medicamentos con la .... de los árboles.
(j)   Es una persona .... , aunque posee una .... educación.

(19)   Some words in the sentences below have been broken down into syllables, which have then been distributed around this table. Can you find the syllables that link up to form the missing words. (The number of syllables in each answer is indicated by the spaces and a few helpful letters are already given).   ✿✿✿

	se	re	me		dian	li	fi	
ba	nos	te	sen	au	ria	chi	tas	ma
cla	nas	bros	es	jer	ta	nes	nes	cio
e	cre	ra	ta	pa	a	ca	ci	co
	chi	puer	ña	las	tu	cio	des	
nas	dac	cia	o	nan	fi	lu	sas	nes
as	lum	o	va	ta	na	les	ven	ción
vier	pre	cho	cio	dí	ses	cios	res	cos
	miér	ci	nes		cas	nes	les	

(1) Una persona que estudia en la universidad se llama __/T_/____/__.

(2) Como la mayoría de los estudiantes, María tiene problemas económicos. No tiene __/___/C__/____ y, por eso, tiene que trabajar en una tienda para ganar dinero.

(3) María y sus compañeros tienen que presentar trabajos orales de un modo formal y estructurado. Esto se llama hacer P__/__N/__/___/___.

(4) María nota una gran diferencia entre sus compañeros de ambos sexos: las _H_/___ suelen ser muy trabajadoras, pero los ___/C__ están más dedicados a la vida social.

(5) Cada profesor tiene un ___/P_/___ donde puede trabajar en privado.

(6) La mayoría de los estudiantes universitarios opinan que hay mucha diferencia entre la forma de dar clases ahora y de cuando eran _/__M/___ en la escuela.

(7) Todos los departamentos de la universidad tienen una S_/___/__/___ que suele hacer la administración de los profesores y ayudar a los estudiantes. El lugar donde trabaja es la _/F_/__/__ del departamento.

(8) Los profesores dejan las ___R/___ de sus despachos abiertas cuando se reúnen con un solo estudiante.

(9) A veces, María está con más de cien estudiantes, pero no todas las _L_/___ son tan grandes.

(10) Las habitaciones donde se imparten las clases se llaman _U/___ y la mayor es el Aula Magna.

(11) María tiene clases todas las __/Ñ_/___ a las nueve.

(12) María come en la cafetería de la universidad todos los D_/__, incluso los fines de semana.

(13) María tiene clase de gramática en días alternos los __/N__, __É_/__/ ___ y ____/N__.

(14) Lo peor de ser estudiante es que María tiene que comprar todos los __/ B___ que necesita leer.

(15) María estudia francés y, aparte de las clases de gramática, tiene clases _/__/L__ donde puede practicar el idioma.

(16) En los libros de gramática hay muchos _/J__/__/____ que María tiene que hacer en casa.

(17) A fin de curso, María tiene que escribir una serie de __/__C/C__/___, que son discursos temáticos o análisis de libros.

(18) El problema de muchas de las aulas es que no hay __/S__ y todos los estudiantes tienen que escribir con los libros encima de las piernas. Otro problema es que no se pueden abrir las ___/T_/___ y hace mucho calor.

(19) Por suerte, el campus de la universidad tiene varios _A/___ donde María puede ir con sus amigos a tomar copas.

(20) Ahora, el año académico está casi terminado y María y sus compañeros están pensando en irse de __/C_/___/___ a Francia para relajarse y practicar su francés.

COMMUNICATIVE EXERCISES

▶   Practise reading these phrases aloud.

> Ceuta es una ciudad que tiene muchas ruinas.
> La reina de Jamaica es viuda.
> ¡No copiéis la lección!
> Vosotras despreciáis las antiguas costumbres.
> Lidia, Luisa y Eulalia estudian en Uruguay.

▶   Make a list of all the things that you can see in your place of study and divide them into those words that take a written accent (*acento ortográfico*) and those that do not. If in a group, see who can make the longest list of things which take written accents.

▶   Choose a piece of text and read it aloud to another student, who can either write out the entire piece or write only those words which take a written accent. Then check that all the written accents are present and correct.

The Article

6 The definite article [26–70]

(20) Write the definite article for the following words. ✿

(a) ...... carpeta
(b) ...... hambre
(c) ...... asma
(d) ...... máquina
(e) ...... dinero

(f) ...... habitación
(g) ...... cuaderno
(h) ...... falda
(i) ...... arca
(j) ...... luz

(21) Which articles (including contractions) are missing from these film titles? ✿

(a) .... guerra de .... galaxias   (George Lucas)
(b) .... sexto sentido   (M. Night Shymalan)
(c) Salvando .... soldado Ryan   (Steven Spielberg)
(d) .... lista de Schindler   (Steven Spielberg)
(e) En busca .... arca perdida   (Steven Spielberg)
(f) .... bella y .... bestia   (Disney)
(g) .... retorno .... Jedi   (Richard Marquand)
(h) Encuentros en .... tercera fase   (Steven Spielberg)
(i) .... silencio de .... corderos   (Jonathan Demme)
(j) E.T., ... extraterrestre   (Steven Spielberg)

(22) Which articles (including contractions) are missing from these book titles? ✿

(a) .... mil y una noches   (Anon.)
(b) .... cenizas de Ángela   (Frank McCourt)
(c) .... mandolina .... capitán Corelli   (Louis De Bernières)
(d) .... padrino   (Mario Puzo)
(e) .... hoguera de .... vanidades   (Tom Wolfe)
(f) .... viejo y .... mar   (Ernest Hemingway)
(g) .... guardián .... centeno   (J. D. Salinger)

(h)   .... hijos de .... medianoche   (Salman Rushdie)

(i)   .... señor de .... anillos   (J. R. R. Tolkien)

(j)   .... edad de .... inocencia   (Edith Wharton)

(23)   Change singular to plural.   ✿

(a)   La ciudad es vieja.

....

(b)   El zapato del escaparate es feo.

....

(c)   El dibujo pequeño es de Miró y la escultura grande es de Botero.

....

(d)   El pez está en el acuario.

....

(e)   El turista va al restaurante típico.

....

(f)   El cuaderno es azul y la goma es blanca.

....

(g)   La lavadora es vieja y la mesa es nueva.

....

(h)   La casa está lejos del río.

....

(i)   El teatro está lleno el lunes.

....

(j)   La ópera italiana es la mejor.

....

(24)   **Al** or **del**?   ✿

(a)   Voy .... concierto .... grupo de mi hermana.

(b)   ¿Eres alumno .... colegio .... Pilar?

(c)   Tengo que ir .... dentista dos veces .... mes.

(d)   No quiero discutir .... tema ahora.

(e)   Necesito esperar .... cartero porque trae una carta ....
      banco.

(f)   *Los secretos* .... *corazón* es una película .... director
      Montxo Armendáriz.

(g)   Es mejor elegir la ruta .... medio para ir .... campo.

(h)   No es correcto comer y hablar .... mismo tiempo.

(i)   No quiero hablar ni .... cielo ni .... infierno.

(j)   El Museo .... Cine está .... lado .... parque.

(25)   Write the definite article if necessary.   ✿✿

(a)   .... Italia y .... Francia son países de .... Unión Europea.
(b)   .... lunes es .... cumpleaños de .... Rosa.
(c)   ¿Qué .... hora es? Son .... tres.
(d)   .... reina Sofía es .... griega.
(e)   .... niño aprendió a hablar .... francés a .... cinco años.
(f)   .... Elvira y .... Silvia son .... primas.
(g)   ¿Cuántos .... años tienes?
(h)   .... Velázquez pintó .... *Meninas*.
(i)   .... martes se casa mi .... amigo de .... infancia.
(j)   .... señor Olmos tiene una joyería en .... Galicia.

(26)   Can you find the 20 parts of the body from the list on the left in this box? Write them in the correct column according to their appropriate article, adding accents where necessary.   ✿✿

OJOS
OREJAS
LENGUA
PELO
SANGRE
DEDOS
MUSCULOS
PIES
RODILLAS
PIERNAS
MANOS
CABEZA
BOCA
CEREBRO
ESTOMAGO
NARIZ
CUELLO
CORAZON
DIENTES
UÑAS

O	Ñ	S	O	J	O	M	A	R	A	R	E
L	B	A	L	S	D	I	D	E	D	O	S
L	E	N	G	U	A	D	E	F	A	D	S
E	N	G	P	I	Ñ	J	L	Z	O	I	A
U	E	R	O	S	S	A	E	I	M	L	N
C	L	E	R	G	E	B	S	R	F	L	R
A	C	O	B	C	A	U	T	A	O	A	E
C	N	O	E	C	N	M	A	N	O	S	I
A	B	G	R	O	B	D	O	O	L	E	P
S	P	O	E	A	G	O	U	T	D	I	R
D	L	A	C	S	Z	M	S	E	S	P	T
M	U	S	C	U	L	O	S	P	L	E	L
O	P	E	A	S	E	T	N	E	I	D	O

EL	LA	LOS	LAS

(27)   Complete the phrases with the most appropriate articles.   ✪✪

(a)   .... puerta .... armario es negra.
       la ... al / el ... del / la ... del

(b)   .... agua viene .... río.
       la ... del / el ... del / al ... del

(c)   María va .... cine .... domingos.
       del ... el / al ... los / el ... del

(d)   Vivimos delante .... Museo .... Prado.
       del ... del / de ... el / del ... el

(e)   .... señores Pérez juegan .... tenis.
       las ... del / el ... al / los ... al

(f)   .... examen repite .... temas .... año pasado.
       la ... las ... del / la ... los ... del / el ... los ... del

(g)   .... radio .... coche tiene .... altavoces
       estropeados.
       la ... del ... los / el ... del ... las / el ... de el ... los

(h)   Voy .... colegio todos .... días en autobús.
       al ... las / al ... los / el ... los

(i)   .... jefe le gustan .... reuniones cortas.
       el ... las / la ... los / al ... las

(j)   .... menú .... día no incluye .... bebida.
       el ... del ... la / el ... de ... lo / la ... del ... las

(28)   Add **lo, a lo, lo de** or **lo que** to complete the phrases.   ✪✪

(a)   ¿Sabes .... me pidió el jefe?
(b)   Vengo a recoger .... Juan.
(c)   .... mejor es estudiar mucho.
(d)   Ni .... uno, ni .... otro.
(e)   .... mejor viene mi amiga hoy.
(f)   ¿Te conté .... Pedro con Adela?
(g)   .... nuestro no tiene solución.
(h)   No sé .... significa esa palabra.
(i)   .... pasó ayer fue terrible.
(j)   Ellos no saben .... malo que es mi tío.

(29)   Rearrange the words to make sentences. The first word in each sentence is
the one that begins with a capital letter.   ✪✪

(a)   del   la   médico   gusta   hija   mucho   Me

       ....

(b)   interés   peor   Lo   es   de   falta   todo   su   de

       ....

(c)   que   lo   leo   Nunca   escribes

....

(d)   río   está   El   situado   del   oeste   valle   al

....

(e)   pensar   No   lo   ayer   de   quiero   en

....

(f)   verano   de   cerca   todo   Pasaré   el   costa   la

....

(g)   el   de   Antonia   fiesta   la   es   alma

....

(h)   pasado   fui   El   al   de   concierto   sábado   Madonna

....

(i)   ¿del   algo   Sabes   examen?

....

(j)   ese   No   de   lo   entiendo   hermana   tu   con   chico

....

(30)   Insert articles where necessary.   ✿✿
(a)   .... vascos, ... gallegos y .... catalanes tienen su propia lengua.
(b)   .... receta requiere .... tomates, ... pepinos, ... cebolla y .... ajo.
(c)   ¿Quieres hablar con .... jefe o con .... persona encargada .... asunto?
(d)   Hablamos de .... pros y .... contras de ir a .... playa.
(e)   .... bar es .... centro y .... lugar de reunión de .... estudiantes.

7   The indefinite article [71–85]

(31)   Write the indefinite article for each of the following words.   ✿

(a)   .... pueblo
(b)   .... jardín
(c)   .... función
(d)   .... colegial
(e)   .... tienda
(f)   .... estación
(g)   .... chaqueta
(h)   .... fotograma
(i)   .... chincheta
(j)   .... cuento

(32)   Circle the correct article.   ✿

(a)   El símbolo americano es   **un / una**   águila.
(b)   Hoy han llegado   **unas / unos**   telegramas.
(c)   El policía lleva   **un / una**   arma.
(d)   Tiene la llave en   **un / una**   mano.
(e)   Necesitamos mirar   **unos / unas**   mapas.

(33)   Are these groups of words **feminine** or **masculine**?   ✿

(a)   volador   doctor   amor   tenor   color   ....
(b)   ración   canción   emoción   traición   repetición   ....
(c)   bondad   universidad   crueldad   sanidad   felicidad   ....
(d)   rareza   corteza   realeza   maleza   cerveza   ....
(e)   paisaje   viaje   coraje   aprendizaje   equipaje   ....
(f)   televisión   posesión   tensión   excursión   presión   ....

(34)   Insert the correct indefinite article.   ✿✿

(a)   Hay .... caja encima del armario.
(b)   Dentro de .... año iré a Lisboa.
(c)   El español es .... idioma bastante difícil.
(d)   .... periódicos dicen la verdad y otros no.
(e)   Suecia tiene .... clima muy frío.
(f)   *La casada infiel* es .... poema de Lorca.
(g)   ¿Hay .... banco cerca de aquí?
(h)   .... problemas son más difíciles que otros.
(i)   Amparo es .... niña muy buena.
(j)   En .... semana estaremos en la playa.

(35)   Rewrite the following sentences in plural form.   ✿✿

(a)   La habitación sólo tiene una silla vieja.

      ....

(b)   En el jardín hay una fuente muy grande.

      ....

(c)   Ella es una antigua amiga mía.

      ....

(d)   Tengo un problema muy serio.

      ....

(e)   He recibido un regalo muy caro de mi abuelo.

      ....

(f)   Necesito comprar una sartén más pequeña.

....

(g)   El vecino está viendo un partido de tenis.

....

(h)   El amigo de mi hermano es un héroe.

....

(i)   He visto una película de acción malísima.

....

(j)   Es un maestro serio y comprensivo.

....

(36)   Underline the correct word of phrase.   ✿✿
E.g.   Hay **un letrero** / **una letrero** en la playa.

(a)   Ayer compré **media** / **una media** docena de huevos.
(b)   Mi mujer es **enfermera** / **una enfermera**.
(c)   **Unos** / **Unas** días estoy triste y **otros** / **unos otros** estoy feliz.
(d)   Edward es **un nombre** / **una nombre** inglés.
(e)   Eso que dices es **un otro** / **otro** problema.
(f)   Tengo **una radio** / **un radio** nueva.
(g)   ¿Dónde puedo encontrar **un cámara** / **una cámara** de fotos?
(h)   ¿Quieres **otra** / **una otra** cosa más?
(i)   Teresa tiene **unas familiares** / **unos familiares** muy aburridos.
(j)   Quiero **otro** / **un otro** café, por favor.

(37)   Complete the text with appropriate articles where necessary.   ✿✿

Isabel trabaja en .... Reino Unido en .... banco argentino. Tiene .... casa en .... afueras de .... Londres y sus padres la visitan a menudo.

.... padres de Isabel viven en .... pueblo de .... provincia de .... Sevilla. Como en verano hace mucho calor, prefieren salir .... pueblo y marcharse .... extranjero. Les gusta mucho estar con ella y poder visitar .... museos, ... parques y .... Palacio de Buckingham.

A .... madre de .... Isabel le encanta ir de compras porque .... ropa inglesa es muy bonita. Hay .... tiendas en .... centro de .... ciudad que ofrecen descuento a .... turistas. A .... mejor, ... año que viene, Isabel tendrá .... otro trabajo y podrá volver .... sur de .... España.

(38)   Fill in the crossword with the missing articles.   ✿✿

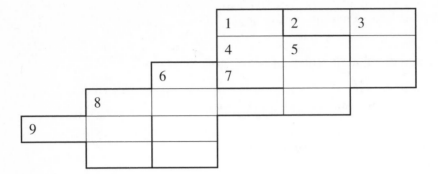

Horizontales

2.   No debes hablar .... mismo tiempo que comes.
4.   Este niño siempre está haciendo .... tonto.
7.   Lávate .... manos después de jugar con el perro.
8.   ¿Sabes dónde puedo encontrar .... botas como las tuyas?
9.   Saltar en paracaídas es .... deporte peligroso.

Verticales

1.   No conozco a nadie .... partido laborista.
3.   Estos chicos problemáticos son .... mismos de siempre.
5.   Estas semanas son .... peores para ir de vacaciones.
6.   Tengo .... primos estupendos; son dos chicas y dos chicos.
8.   Es .... pena que no puedas salir esta noche.

(39)   Rearrange the words to make sentences. The first word in each sentence is the one that begins with a capital letter.   ✿✿

(a)   para   He   un   gorra   chaleco   mi   una   padre   comprado   y

....

(b)   unos   de   Hilda   a   la   invitó   oficina   amigos

....

(c)   Son   patinadoras   estupendas   unas

....

(d)   de   perro   tiene   raza   Mi   un   amiga

....

(e)   comprado   nueva   He   radio   una

....

(f)   mecánico   es   buen   un   Fernando

....

(g)   pintores   Son   grandes   unos

....

(h)   maleducados   Todos   unos   hijos   tus   son

....

(i)   hacer   por   Quiero   un   Europa   viaje

....

(j)   ti   una   para   Tengo   sorpresa

....

COMMUNICATIVE EXERCISES

▶   Prepare a shopping list (*una lista de la compra*) and use the correct articles
     for each item. Use this list as the basis for a dialogue or shopping role-play.

▶   You have five minutes to list all the words you can think of related to the
     kitchen. Use the appropriate singular and plural articles. If in a group, com-
     pare and correct each other's lists. Then do the same for other rooms in the
     house or place of study. You might even keep a running total so that it
     becomes a competition.

▶   Make a list of all the things that you would put in your rucksack if you were
     to attempt to travel around the world. Use indefinite articles.

The Noun

8 Gender: masculine and feminine [86–123]

(40)   Put an **F** (feminine) or an **M** (masculine) beside each noun.   ✿

(a)   reina   ( )

(b)   lunes   ( )

(c)   luz   ( )

(d)   planta   ( )

(e)   sistema   ( )

(f)   río   ( )

(g)   vida   ( )

(h)   problema ( )

(i)   azul   ( )

(j)   opinión   ( )

(41)   Rewrite the following sentences in the feminine version.   ✿

(a)   El perro es negro.

....

(b)   Su novio es rubio.

....

(c)   Los estudiantes quieren hablar con el profesor.

....

(d)   El niño escucha a su padre.

....

(e)   Mis hermanos son altos.

....

(f)   El amigo de mi primo es ruso.

....

(g)   El príncipe es bueno y valiente.

....

(h)   El dentista es un hombre experto.

....

(i)   Antonio es un joven simpático.

    ....

(j)   El testigo estaba nervioso.

    ....

(42)   Write the masculine version of the following words. ✿

(a) La tigresa   ....   (f) La periodista ....
(b) La presidenta   ....   (g) La gallina   ....
(c) La policía   ....   (h) La turista   ....
(d) La poetisa   ....   (i) La galesa   ....
(e) La española   ....   (j) La hija   ....

(43)   Write the feminine version of the following words. ✿

(a) El burgués   ....   (f) El futbolista   ....
(b) El héroe   ....   (g) El alcalde   ....
(c) El doctor   ....   (h) El cantante   ....
(d) El actor   ....   (i) El mártir   ....
(e) El león   ....   (j) El duque   ....

(44)   Match the masculine noun with its feminine equivalent. ✿

(a) hombre   (1) yegua
(b) macho   (2) madre
(c) carnero   (3) vaca
(d) caballo   (4) hembra
(e) padre   (5) mujer
(f) toro   (6) oveja

(45)   Rewrite the following sentences in the masculine version. ✿

(a)   La señora Emilia es una mujer muy seria.

    ....

(b)   Tengo una amiga andaluza muy graciosa.

    ....

(c)   La muchacha española es la nueva estudiante.

    ....

(d)   Ella compra en la feria una gallina barata y una yegua cara.

    ....

(e)   La juez es estricta con la presa.

    ....

(f)   La elefanta del zoo está vieja y cansada.

....

(g)   Antonia es una artista famosa.

....

(h)   Esta chica tiene problemas porque es una envidiosa.

....

(i)   La presidenta del gobierno parece enfadada y nerviosa.

....

(j)   La mochila de la exploradora contiene unos mapas importantes.

....

(46)   Correct the following sentences.   ✿✿

(a)   La lunes tengo una comido con los compañeros de la trabajo.

....

(b)   Mi prima Ana es enfermero en un clínica privado.

....

(c)   La viaje en avión fue divertida.

....

(d)   El tienda del esquina siempre está abierto.

....

(e)   La pequeño Eva se parece a su padre María.

....

(f)   Los luces del calle son muy brillantas.

....

(g)   La idioma española se habla en muchos partes de la mundo.

....

(h)   Esta invierno necesito comprar una paraguas nueva.

....

(i)   Fernando no puede terminar el tesis porque está agotada.

....

(j)   La mejor restaurante del ciudad está cerrada.

....

(47)   Mark with a ✓ all the pairs of words with the same meaning and mark
with an × all the pairs of words that do not have the same meaning.   ✿✿✿

(a)	el batería			la batería
(b)	el libro			la libra
(c)	el economista			la economista
(d)	el pianista			la pianista
(e)	el cura			la cura
(f)	el manzano			la manzana
(g)	el crisma			la crisma
(h)	el turista			la turista
(i)	el frente			la frente
(j)	el guía			la guía

9   Number: plural formation [124–50]

(48)   Change these words to the plural form.   ✿

(a)	El cristal	. . . .	(f)	El reloj	. . . .
(b)	El pez	. . . .	(g)	La sal	. . . .
(c)	El café	. . . .	(h)	El menú	. . . .
(d)	El teorema	. . . .	(i)	El miércoles	. . . .
(e)	La cruz	. . . .	(j)	La belleza	. . . .

(49)   Change these sentences to the plural form.   ✿

(a)   El tren del lunes llega con retraso.

. . . .

(b)   El lápiz es del estudiante y la pluma del maestro.

. . . .

(c)   El licenciado prepara su tesis.

. . . .

(d)   La niña espera el autobús por la mañana.

. . . .

(e)   El televisor no funciona porque está estropeado.

. . . .

(f)   El maniquí del escaparate es viejo.

. . . .

(g)   Tengo el pie dolorido.

....

(h)   El preso está en la cárcel.

....

(i)   La enfermera prepara el análisis para el hospital.

....

(j)   El lobo es un animal feroz.

....

(50)   Change these words to the singular form.   ✿

(a)	goles	....	(f)	capataces	....
(b)	paredes	....	(g)	camiones	....
(c)	tribus	....	(h)	honores	....
(d)	leyes	....	(i)	carriles	....
(e)	colores	....	(j)	martes	....

(51)   Rewrite the sentences so that they agree with the initial article.   ✿
E.g.   El pantalones son caro > **El pantalón es caro.**

(a)   La chicas es delgadas.

....

(b)   Los problema son serio.

....

(c)   La camareras son rubia y trabajadoras.

....

(d)   Las casa son vieja y olorosas.

....

(e)   Los pastel son rico.

....

(f)   El ancianos es avaros.

....

(g)   La músicas clásica son estupendas.

....

(h)   El enfermos tiene fríos.

....

(i)   Las ley son para todo los ciudadano.

....

(j)   El vinos tinto es mejores que el vinos blancos.

....

(52)   Decide the gender (**Masculine** or **Feminine**) and the number (**Singular** or **Plural**) of the following words and insert a × in the table accordingly.   ✿

	M – S	**F – S**	**M – P**	**F – P**
(a) tema				
(b) árboles				
(c) mano				
(d) fantasmas				
(e) nariz				
(f) pie				
(g) ideas				
(h) esquemas				
(i) gramática				
(j) luces				

(53)   Translate these sentences into Spanish.   ✿

(a)   Juan's father wears glasses and expensive clothes.

....

(b)   The keys and the umbrella are in the room.

....

(c)   The people from Madrid are friendly.

....

(d)   The Arandas are Venezuelan but their daughter is Uruguayan.

....

(e)   Every Friday I go to the cinema.

....

(54)   Change the sections of the following dialogue that are underlined from singular to plural.   ✿

Sara: ¿Qué hora es?
Paca: Es la una.

Sara: ¿A qué hora <u>es tu clase</u>?
Paca: Hoy no tengo <u>clase.</u>
Sara: ¿Por qué?
Paca: Porque <u>es el Campeonato Mundial</u> de baloncesto.
Sara: ¿Y <u>juega tu equipo favorito</u>?
Paca: ¡Claro!
Sara: Espero que <u>gane el mejor</u>.
Paca: Pues, no sé. Hay <u>un jugador lesionado</u>.
Sara: ¿<u>Quién</u>?
Paca: No <u>lo conoces. Es extranjero</u>.

(55)   Change the part of each sentence in bold for a corresponding plural noun from the box, changing articles where necessary.   ✿✿

(a)   **Mi suegro y mi suegra** son insoportables.

....

(b)   El año que viene viviré con **la abuela y el abuelo** de Ana.

....

(c)   **El hijo y la hija** de mi abogada son pequeños.

....

(d)   **Su madre y su padre** eran ingleses.

....

(e)   **El hermano y la hermana** de Juan no se hablan.

....

(f)   **El alumno y la alumna** de francés son vagos.

....

(g)   Vivo en la misma casa que **el tío y la tía** de Javier.

....

(h)   El viaje **del rey y la reina** a Perú será en enero.

....

(i)   Hoy vienen **el primo y la prima** de mi novio.

....

(j)   El palacio de **la duquesa y el duque** está en ruinas.

....

Box: **padres**, **hermanos**, **reyes**, **suegros**, **primos**, **abuelos**, **duques**, **hijos**, **tíos**, **alumnos**

(56)   Change these sentences to the singular form.   ✿✿
E.g.   Los parques están sucios > **El parque está sucio**.

(a)   Los humos de las fábricas son peligrosos.

....

(b)   No encontramos las gafas y tampoco los paraguas.

....

(c)   Los mejores días de la semana son los viernes.

....

(d)   Las paredes de nuestras casas son muy resistentes.

....

(e)   Nos gusta leer los periódicos atrasados.

....

(f)   Los jóvenes son solidarios con sus vecinos.

....

(g)   Los ceniceros de las mesas están llenos.

....

(h)   Las radios de las furgonetas son viejas y malas.

....

(i)   Los conductores conducían borrachos.

....

(j)   Los sastres cortan los pantalones con tijeras.

....

COMMUNICATIVE EXERCISES

▶ Using the words in the box in exercise 55, make masculine, feminine, singular and plural phrases. Use these words as the basis for a dialogue or written description of your family.

▶ Explain (or write an explanation of) the differences between the words in each of the following pairs. Then use the words in phrases that contextualize these different meanings.

El capital La capital	El parte La parte	El editorial La editorial	El moral La moral
El cólera La cólera	El frente La frente	El coma La coma	El corte La corte

The Adjective

10 Agreement and placement of adjectives [151–80]

(57)   Write the feminine version of the following adjectives where appropriate.   ✿

(a)   amarillo   . . . .   (f)   verde   . . . .
(b)   feo   . . . .   (g)   triste   . . . .
(c)   alemán   . . . .   (h)   pequeño   . . . .
(d)   blanco   . . . .   (i)   bajo   . . . .
(e)   simpático   . . . .   (j)   inteligente   . . . .

(58)   Rewrite the following sentences in plural form.   ✿

(a)   El coche es azul.

. . . .

(b)   El cine es muy viejo.

. . . .

(c)   La hija de Ana es baja.

. . . .

(d)   El café es bueno.

. . . .

(e)   El toro es bravo y veloz.

. . . .

(f)   El apartamento es caro.

. . . .

(g)   El muchacho es un holgazán.

. . . .

(h)   La silla es cómoda.

. . . .

(i)   La lámpara es barata.

....

(j)   El radiador es nuevo.

....

(59)   Rewrite these sentences in the masculine form.   ✿
(a)   Manuela es una chica peruana.

....

(b)   Mi hija tiene una muñeca de madera.

....

(c)   Tengo una amiga francesa, rubia y alta.

....

(d)   La nueva secretaria es una dormilona.

....

(e)   Mi profesora está enfadada conmigo.

....

(f)   Juana está más preparada que Antonia.

....

(g)   Esa joven es inteligente y seductora.

....

(h)   La segunda esposa de mi padre es guapa y millonaria.

....

(i)   La periodista es una buena mujer.

....

(j)   La portera es amiga de mi cuñada.

....

(60)   Complete each sentence with a suitable adjective.   ✿

(a)	La casa está	1	**estrictas**
(b)	Sara está	2	**italianos**
(c)	Los niños están	3	**sucia**
(d)	Paolo y Antonietta son	4	**listo**
(e)	La pluma es	5	**falso**
(f)	La calle es	6	**cansada**
(g)	Las profesoras son	7	**difíciles**
(h)	El cuadro es	8	**negra**
(i)	Los ejercicios son	9	**enfermos**
(j)	El perro es	10	**estrecha**

(61)   Match the adjectives which have opposite meanings.   ✿

(a)   feo
(b)   pequeña
(c)   valiente
(d)   clara
(e)   arrogante
(f)   aburrida
(g)   actual
(h)   feliz
(i)   inteligente
(j)   gordo

1   **anticuado/a**
2   **estúpido/a**
3   **grande**
4   **triste**
5   **delgado**
6   **cobarde**
7   **oscura**
8   **humilde**
9   **guapo**
10   **divertida**

(62)   Translate the following sentences into Spanish.   ✿✿

(a)   The shirt and the tie are brown.

....

(b)   Spring is the most beautiful season of the year.

....

(c)   The washing machine is powerful and makes a lot of noise.

....

(d)   The village is covered in thick snow.

....

(e)   The fish in the aquarium are red and black.

....

(63)   Rearrange the words to form a sentence, starting with a word that begins with a capital letter.   ✿✿

(a)   es   amable   médico   El   inteligente   y

....

(b)   está   Mi   bien   hija   educada

....

(c)   Carmen   de   rojo   vestido   es   El

....

(d)   muy   La   era   película   mala

....

(e)   música   La   agradable   es

....

(f)   piscina   jardín   grande   La   del   es

....

(g)   es   novio   muy   vago   Mi

....

(h)   calurosa   es   noche   La

....

(i)   señor   Ese   antipático   es   un

....

(j)   una   famosa   Es   actriz

....

(64)   Each of the following sentences has the adjective before the noun for emphasis. Complete each sentence with an appropriate adjective from the box.   ✿✿

> **excelentes   delicada   madrileño   supuesto   breves**
> **rica   ambas   blanca   felices   lindo**

(a)   La .... nieve cubría el prado.
(b)   El .... jefe no sabe dar órdenes.
(c)   .... casas me pertenecen.
(d)   Mis abuelos siempre hablan de los .... años veinte.
(e)   Estaré con ustedes en .... momentos.
(f)   Comí una .... ensalada en casa de mi suegra.
(g)   Nos hicieron unas .... ofertas de trabajo.
(h)   Nos encontramos ante una .... situación.
(i)   ¡Qué .... pelo tienes!
(j)   El .... Parque del Retiro se llena los domingos.

(65)   Correct the following sentences according to the article or pronoun in bold.   ✿✿

(a)   **Las** ciudades son muy vivos y hermosos.

....

(b)   **Ellos** son las mejores de la clase.

....

(c)   **Los** cocineros son limpias y regordetas.

....

(d)   **Unos** estudiantes son griegas y otros estudiantes son portuguesas.

....

(e)   **Las** modelos son puntuales y trabajadores.

....

(f)   **Los** loros rojas son parlanchinas.

....

(g)   **Las** vecinas son unos señores generosos.

....

(h)   **Ellas** fueron los primeros clasificados.

....

(i)   **Los** perros son glotonas y holgazanas.

....

(j)   **Los** artistas famosas son ricas.

....

(66)   Rewrite the sentences from exercise 65 in singular form.   ✿✿

(a)   ....

(b)   ....

(c)   ....

(d)   ....

(e)   ....

(f)   ....

(g)   ....

(h)   ....

(i)   ....

(j)   ....

(67)   Match the definitions in the column on the left with the phrases on the right. Bear in mind the position of the adjectives.   ✿✿✿

(a)	Amigos viejos	1	Sólo hay una
(b)	Un pobre hombre	2	Son personas mayores
(c)	Una sola mujer	3	No tiene dinero
(d)	Un gran hombre	4	Sólo hay uno
(e)	Un simple ejercicio	5	Es famoso
(f)	Viejos amigos	6	No tiene acompañantes
(g)	Un hombre grande	7	Es fácil
(h)	Un hombre pobre	8	Antiguos camaradas
(i)	Un ejercicio simple	9	Poca personalidad
(j)	Una mujer sola	10	De gran estatura

11   Degrees of comparison [181–98]

(68)   Complete the sentences in the style of the example.   ✿

E.g.   Las fresas están buenísimas > **¡Están superbuenas!**

(a)   Mi sobrino es altísimo.   ¡...................................!
(b)   El coche que quieres es carísimo.   ¡...................................!
(c)   Sus problemas son gravísimos.   ¡...................................!
(d)   Tu amiga es graciosísima.   ¡...................................!
(e)   Mis alumnas son inteligentísimas.   ¡...................................!

(69)   Insert **más ... que** or **menos ... que** in the following sentences.   ✿✿

(a)   Toledo tiene .... habitantes .... Madrid.
(b)   La silla es .... pequeña .... el sillón.
(c)   El trabajo de un conductor es .... aburrido .... el de un actor de cine.
(d)   Los zapatos son .... resistentes .... las botas.
(e)   El bolígrafo es .... suave .... la pluma.
(f)   El ordenador nuevo es .... fácil de usar .... el ordenador viejo.
(g)   El león es .... rápido .... el elefante.
(h)   La terraza de mi piso tiene piscina y es .... amplia .... la tuya.
(i)   La gente de Barcelona es .... cosmopolita .... la de mi pueblo.
(j)   Planchar la ropa es .... emocionante .... el buceo.

(70)   Complete the sentences with a word from the box.   ✿✿

> **mayor   menor   mejor   superior   inferior   peor**

(a)   Mi comida es muy mala, pero la de mi hermana es ....
(b)   Este coche es realmente bueno, pero el de allí es ....
(c)   Ana está en el último curso, pero Eva es más joven y está en un curso ....
(d)   La casa de Antonio es grande, pero la de Juan es todavía ....
(e)   Mi hijo tiene sólo dos años, pero el de mi hermano es incluso ....
(f)   El cuadro de Dalí es excelente, pero el de Matisse es ....
(g)   El vino blanco es bueno, pero el tinto es aún ....
(h)   Chile quedó en el segundo puesto, pero Japón quedó en un puesto ....
(i)   Mi madre tiene sesenta años, pero la tuya es aún ....
(j)   Clara juega muy mal al tenis, pero Emilia juega todavía ....

(71)   Complete the sentences in the style of the example.   ✿✿

E.g.   La tarta de pera de mi madre es **la más rica** del mundo ¡**Es riquísima!**

(a)   Las manzanas de esta tienda son **las más dulces**.

¡....................................!

(b)   El perro de Luis es **el más fuerte** de todos.

¡....................................!

(c)   Marisa es **la más vaga** de la clase.

¡....................................!

(d)   Mis notas son **las peores** del colegio.

¡....................................!

(e)   Esta mansión es **la más antigua** de la ciudad.

¡....................................!

(f)   El niño es **el más joven** de todos.

¡....................................!

(g)   Mario es **el más amable** del pueblo.

¡....................................!

(h)   Mi hermana es **la más guapa** de la pandilla.

¡....................................!

(i)   La falda de pana es **la más corta** que tengo.

¡....................................!

(j)   Estos payasos son **los más graciosos** que conozco.

¡....................................!

(72)   Rearrange the words to form a sentence, starting with a word that begins with a capital letter.   ✿✿

(a)   mundo   atractiva   Es   más   mujer   la   del

....

(b)   está   de   requetelimpia   casa   Irene   La

....

(c)   porque   delgadísima   come   Está   no

....

(d)   problema   Es   difícil   un   extremadamente

....

(e)   té   más   El   tiene   café   que   el   cafeína

....

(f)   superdivertida   inauguración   La   de   fue   fiesta

....

(g)   menos   apio   El   el   que   engorda   chocolate

....

(h)   que   es   interesante   lo   de   libro   parece   El   menos

....

(i)   circo   El   es   hombre   fortísimo   del

....

(j)   edad   es   Mi   mayor   de   hija

....

(73)   Write the answers in the spaces and the name of the Spanish actor who is being described will appear in the vertical column. ✿✿

1.   Es bien parecido. Es ....
2.   No es rubio, es ....
3.   Su profesión es ....
4.   Tiene fama. Es ....
5.   También es director de ....
6.   Es un buen .... del número 7.
7.   Pedro .... es un director de cine.
8.   Victoria .... ha actuado con él.
9.   Es de Málaga. Es ....
10.   Esta mujer dijo que era el hombre más sexy del mundo.
11.   Está .... con una actriz americana.
12.   Ahora es una .... de Hollywood.
13.   Este papel (con máscara) le dio mucho fama.
14.   Vive en América, pero es ....
15.   En esta película hace de mariachi y pistolero.

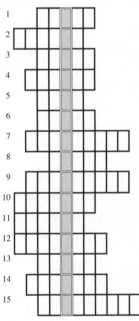

(74)   Insert an adjective that describes the shape corresponding to the number in each sentence. ✿✿✿

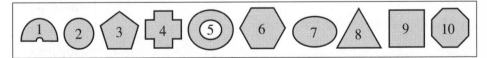

(a)   Las gafas bifocales tienen una lente (1) .... en la parte inferior.
(b)   Lancelot era uno de los caballeros de la mesa (2) ....

(c)   El Pentágono tiene ese nombre porque es un edificio de forma (3) ....

(d)   ¡No te quedes ahí con los brazos (4) ....! Necesito tu ayuda.

(e)   La M30 es una autopista (5) .... que rodea Madrid.

(f)   Las celdas de las colmenas son (6) ....

(g)   Dicen las viejas de mi pueblo que los mejores huevos son los más (7) ....

(h)   En una caja de quesitos suele haber seis piezas (8) ....

(i)   Se te pondrán los ojos (9) .... si ves tanta televisión.

(j)   Como hay ocho de nosotros, he puesto las sillas de forma (10) ....

(75)   Change each of the phrases in bold for one of the irregular superlative adjectives from the box.   ✿✿✿

(a)   Mi hijo es el **más grande** de la escuela.

....

(b)   El tiempo es **muy bueno** para salir al campo.

....

(c)   Está en un puesto **más abajo** a su categoría.

....

(d)   ¿No tienes una falda **más buena** que ponerte?

....

(e)   El sueldo que me pagan es **muy pequeño**.

....

(f)   El libro está en la parte **más arriba** del armario.

....

(g)   Es la **más grande** figura del ballet clásico.

....

(h)   Julia es la **más joven** de la oficina.

....

(i)   Este vino es el **más malo** de todos.

....

(j)   La obra de teatro fue **muy mala**.

....

óptimo
inferior
pésima
mayor
peor
ínfimo
mejor
menor
máxima
superior

COMMUNICATIVE EXERCISES

▶ Describe one of the students in the class and then make comparisons with other students in the class.

E.g. Pedro es bajo, rubio y delgado. Pedro es más bajo que Juan y menos rubio que David.

Alternatively, describe another student anonymously and let the others in your class guess who you are describing.

▶ Imagine a dialogue based on the following situations:

(a) Quieres convencer a tu novia/o para que vaya contigo al concierto de tu grupo favorito. Utiliza todos los adjetivos que puedas y haz comparaciones.

(b) El abrigo que lleva tu compañera/o de la oficina es exactamente el que quieres. Explica al vendedor con todo detalle lo que deseas y haz comparaciones.

▶ Make advertising campaigns (e.g. posters, advertisements) that utilize adjectives and comparative and superlative statements to publicize the following objects:

- Una casa sin ventanas.
- Un televisor del tamaño de un reloj.
- Unos zapatos con luz para las noches.

Imagine other objects and the advertising that accompanies them.

Numerals

12 Cardinals and ordinals [204–32]

(76) Write out these numbers in their masculine and feminine forms where possible. ✪

E.g.   2° **segundo / segunda**

     8   **ocho**

(a)   1   .... / ....   (f)   1°   .... / ....

(b)   9°   .... / ....   (g)   10°   .... / ....

(c)   15   .... / ....   (h)   13°   .... / ....

(d)   8°   .... / ....   (i)   7   .... / ....

(e)   16   .... / ....   (j)   12°   .... / ....

(77) Match the cardinal numbers to the corresponding ordinal numbers. ✪

(a) dos	1 trigésimo
(b) seis	2 decimocuarto
(c) diez y siete	3 vigésimo
(d) cinco	4 segundo
(e) catorce	5 undécimo
(f) veinte	6 centésimo
(g) cien	7 sexto
(h) once	8 decimoctavo
(i) treinta	9 decimoséptimo
(j) diez y ocho	10 quinto

(78) Choose the correct form and write it again. ✪

(a)   vente y nueve / veintinueve   ....

(b)   trenta / treinta   ....

(c)   trece / diez y tres   ....

(d)   cinquenta / cincuenta   ....

(e)   sesenta y una / sesentiuna   ....

(f)   mil / mile   ....

(g)   catorce / catorze   ....

(h)   noventinueve / noventa y nueve   ....

(i)   sietecientos / setecientos   ....

(j)   quatro / cuatro   ....

(79)   Insert **y** where necessary.   ✿

(a)   mil .... seis   (f)   ochenta .... siete

(b)   treinta .... cuatro   (g)   mil .... doscientos .... cuatro

(c)   noventa .... nueve   (h)   cinco .... mil

(d)   dos mil .... veinte   (i)   diez .... ocho

(e)   doscientos .... uno   (j)   once .... mil .... cinco

(80)   Complete the sentences with the correct word endings.   ✿

(a)   En el instituto de mi barrio había cuatrocient....... y pico alumnas.

(b)   El castillo tiene quinient....... años.

(c)   Mis tías tienen una colección de doscient....... muñecas.

(d)   La revista de decoración tiene trescient....... páginas.

(e)   Luis Buñuel nació en el año mil novecient.......

(f)   La restauración costó cient....... de miles de euros.

(g)   Me han tocado doscient....... millones y pico en la lotería.

(h)   En este edificio hay más de seiscient....... mujeres trabajando.

(i)   Cervantes nació en el año mil quinient....... cuarenta y siete.

(j)   El museo tiene cuatrocient....... obras maestras.

(81)   TIME. Write out the time beside each clock.   ✿

E.g. | 15:00 | **Son las tres**.

(a) | 18:15 | ....

(b) | 12:00 | ....

(c) | 13:45 | ....

(d) | 01:20 | ....

(e) | 17:05 | ....

(f) | 21:30 | ....

(g) | 13:55 | ....

(h) | 11:25 | ....

(i) | 13:00 | ....

(j) | 19:10 | ....

(82)   Write the following as numbers.   ✿

(a)   Quinientos ochenta y cuatro   ....

(b)   Tres mil ciento cuarenta   ....

(c)   Doscientos veintinueve   ....

(d)   Diez mil trescientos cinco   ....

(e)   Novecientos mil   ....

(f)   Mil novecientos setenta y uno   ....

(g)   Setenta y nueve   ....

(h)   Ciento once   ....

(i)   Un millón quinientos cincuenta y cinco mil ....

(j)   Mil ciento treinta y seis   ....

(83)   Complete the crossword. All the answers are either **cardinals** or **ordinals**.   ✿

HORIZONTAL		VERTICAL	
(1)	2	(1)	10
(2)	1	(3)	9
(4)	4°	(5)	6
(5)	6°	(6)	3
(8)	3°	(7)	1°
(13)	10°	(9)	5
(14)	4	(10)	8
(15)	8°	(11)	9°
(16)	2°	(12)	5°

(84)   Write out the following numbers in full to complete the sentences.   ✿✿

(a)   El año **2.002** .... es capicúa.

(b)   Mi tío tiene más de **7.600** .... ovejas en su granja.

(c)   El jardín de Paula tiene **5.408** .... metros cuadrados.

(d)   '**55** .... días en Pekín' es la película favorita de Sonia.

(e)   Ella vive a **1.250** .... kilómetros de la casa de sus padres.

(85)   Write the decades indicated, as words.   ✿✿

(a)   Ya no se hacen manifestaciones como en los años (80) ....

(b)   La minifalda se utilizó mucho en los años (70) ....

(c)   En los primeros años (20) .... nació mi abuela.

(d)   Los (50) .... y los (60) .... fueron los mejores años para la música pop.

(e)   Durante los años (40) .... en España, la gente pasó mucha hambre.

(86)   Complete the sentences with a number from the box and write out the number in full.   ✪✪

| 13   1000   1492   60   *100*   366   2001   76   12   14   1936 |

E.g.   Un metro tiene **cien** centímetros.

(a)   Colón llegó a América en el año ....
....

(b)   Un año tiene .... meses.

(c)   Una hora tiene .... minutos.

(d)   El primer año de este milenio fue el año ....

(e)   Dos semanas tienen .... días.

(f)   Mi padre tiene .... años.

(g)   En un kilómetro hay .... metros.

(h)   El número .... trae mala suerte.

(i)   La Guerra Civil Española empezó en el año ....
....

(j)   Un año bisiesto tiene .... días.

(87)   Write out the ordinal numbers that are indicated.   ✪✪

(a)   Maribel es la (1°) .... de la clase.

(b)   Terminó la carrera en (4°) .... lugar.

(c)   Estoy en (2°) .... curso de piano.

(d)   Es la (10°) .... película que veo este mes.

(e)   Siempre me siento en la (7°) .... fila del teatro.

(f)   Vivo en el (3°) .... piso.

(g)   Es la (5°) .... vez que te lo repito.

(h)   Dicen que el (1°) .... beso nunca se olvida.

(i)   La (9°) .... *Sinfonía* es la mejor.

(j)   Es el (6°) .... matrimonio de Luisa.

(88)   Insert **uno, una, un** where appropriate.   ✪✪

(a)   En Madrid hace .... mes que no llueve.

(b)   Quiero tener .... finca con muchos animales.

(c)   He comprado .... caballete y .... caja de acuarelas.

(d)   ¿Tienes un billete de lotería? Sí, tengo ....

(e)   Tina es .... de las mujeres más guapas que conozco.

(f)   Compró .... kilo de queso que estaba malo.

(g)   Sólo tiene cuarenta y .... años y dice que es vieja.

(h)   .... siglo tiene 100 años.

(i) ¿Quieres .... caramelo para la tos? Sí, dame ....

(j) Hoy he comido treinta y .... ostras y me encuentro fatal.

(89) Insert **cien** or **ciento/os** where appropriate. ✿✿

(a) Mi abuela tiene .... y pico años.

(b) .... de miles de manifestantes salieron a protestar.

(c) Estoy enamorada al .... por .... de mi novio.

(d) ¿Sabes cuáles son las .... obras maestras de la literatura moderna?

(e) La mansión tiene .... de años.

(f) La clase tiene más de .... estudiantes.

(g) La cuenta del banco me da un interés del trece por ....

(h) En la granja hay .... vacas y dos .... cincuenta cerdos.

(i) Te he dicho más de .... veces que no lo hagas.

(j) No he terminado el libro porque tiene .... de páginas.

(90) DATES. Write the dates out in full. ✿✿

E.g. 07/02/1975 > **Siete de febrero de mil novecientos setenta y cinco**

(a) 09/05/1998 ....
(b) 03/01/1956 ....
(c) 16/12/1965 ....
(d) 04/03/2001 ....
(e) 27/07/1982 ....
(f) 15/08/1911 ....
(g) 01/06/1966 ....
(h) 24/11/2000 ....
(i) 10/10/2005 ....
(j) 30/04/2025 ....

(91) Correct the sentences. ✿✿

(a) Mi novio está en tercer de medicina.

....

(b) En su armario tiene más de treinta y un corbatas.

....

(c) Al ochenta para ciento de las mujeres les gusta leer.

....

(d) ¡Tengo una millón de amigas!

....

(e) El cuadro de Rubén obtuvo el primero premio.

....

(f)   A las cinco menos quarto tengo cita con el dentista.

....

(g)   Voy a pasar treinta cinco días en la playa.

....

(h)   Éste es el ocho café que tomo esta tarde.

....

(i)   España es uno país muy montañoso.

....

(j)   Mi mejor amiga ha tenido seistillizos de un solo parto.

....

13   Fractions, multiples and collectives [233–7]

(92)   Write the sums and numbers in full.   ✿✿
E.g. $8 - 7 = 1$ > **Ocho menos siete es (igual a) uno.**
(a) $3 + 5 = 8$ ....
(b) $11 - 2 = 9$ ....
(c) $4 \times 6 = 24$ ....
(d) $21 \div 3 = 7$ ....
(e)   50%   ....
(f) 7^3 ....
(g) $36m^2$ ....
(h) $^3/_4$ ....
(i)   8,5   ....

(93)   Change the words in bold for a word or phrase with the same meaning from the box.   ✿✿✿

(a)   Está muy contenta porque ha tenido **dos hijos**.

....

el doble

(b)   ¿Me pone **doce** huevos, por favor?

....

un cuarto

(c)   Este niño es **dos veces mayor** de lo que era.

....

mellizos

(d)   Mi perro pasó **cuarenta días** en la aduana.

....

una docena de

(e) $^1/_4$ de la población mundial pasa hambre.

....

la cuarentena

COMMUNICATIVE EXERCISES

▶ Answer the questions. The first word of each answer should begin with the given letter.

¿Cuándo naciste?	N ....
¿Cuántos años tienes?	T ....
¿Cuál es tu número de teléfono?	E ....
¿Cuántos hermanos tienes?	T ....
¿Cuántos alumnos hay en tu clase?	H ....
¿Cuál es tu número de la suerte?	E ....

▶ Write or role-play a dialogue that includes the following measurements:

1 l.	100 gr.	1kg.	12	¼ kg.	½ l.

▶ Ask other students for their birthdays and write out the dates in full. Alternatively, write out the birthdays of your friends and family.

▶ Write out a lot of different dates in number form on slips of paper (e.g. 2/4/1965; 8/1/1426). Take turns drawing out these slips of paper from a hat and pronouncing or writing them correctly. The winner can be the person who pronounces or writes out the most dates correctly. Alternatively, use telephone numbers and practise reading them aloud in the Spanish style (e.g. 5.71.20.45 would be rendered as *cinco – setenta y uno – veinte – cuarenta y cinco*).

Pronouns

(94)   Complete the sentences by filling in the consonants to make **subject pronouns**.   ✿

E.g.   _o soy peruano. > **Yo** soy peruano.

(1)   E_ _a vive con sus padres.
(2)   _o_o_ _o_ trabajamos mucho.
(3)   U_ _e_e_ tienen una casa preciosa.
(4)   Creo que e_ _o_ están ahora de vacaciones.
(5)   _o no tengo tiempo de sacar al perro.
(6)   _o_o_ _a_ no tenéis razón.
(7)   Yo creo que _ú sabes más de lo que dices.
(8)   _o_o_ _o_ sois franceses ¿verdad?
(9)   É_ no puede conducir porque está cansado.
(10)   ¿Es u_ _e_ la señorita López?
(11)   _o_o_ _a_ creemos en la paz.
(12)   ¿Vamos a ir con e_ _a_ al cine?

(95)   Follow a path diagonally from block to block to link up all the pronouns of a particular type. You can move up as well as down. Then complete the table below. The fourth group is done for you.   ✿

	1 ▼	2 ▼	3 ▼	4 ▼	5 ▼
	yo	me	me	mí	le	me
	te	tú	ti	te	te	nos
	él	se		conmigo	os	lo / le
	nos	ella	contigo	nosotros	la	les
		os	usted	consigo	nosotras	nos
	se	ustedes	las	ellos	os	vosotros
			ellas	los / les	vosotras	

Chain	Type of pronoun	Pronouns in group
1	Subject pronouns	
2	Reflexive pronouns	
3	Indirect object pronouns	
4	Pronouns after prepositions	mí – ti – conmigo – contigo – consigo
5	Direct object pronouns	

(96)   Insert the personal pronouns **Yo**, **Tú**, **Él**, **Ella**, **Usted**, **Nosotros/as**, **Vosotros/as**, **Ellos/as**, **Ustedes** to complete the following sentences.   ✿
E.g.   **Vosotros/Vosotras** siempre habláis de coches.

(a) .... somos amas de casa.
(b) .... tengo hambre.
(c) .... estudian la lección.
(d) .... está enferma.
(e) .... no comes nada.
(f) .... es muy alto.
(g) .... escribes por la noche.
(h) .... sois amables con el camarero.
(i) .... no sé nadar.
(j) .... creen en los Reyes Magos.

(97)   Change these sentences into the **usted/ustedes** form.   ✿

(a)   ¿Quieres un café?

....

(b)   ¿Qué hacéis vosotros aquí?

....

(c)   ¿Puedes prestarme el libro?

....

(d)   ¿Cuántos años tienes?

....

(e)   ¿Qué pensáis hacer esta tarde?

....

(98)   Complete the sentences by inserting **mí**, **ti**, **conmigo**, **contigo** or **Consigo**.   ✿✿
E.g.   Para **ti**, Silvia, todo es muy fácil.

(a)   Con Carmen y .... siempre me lo paso bien.
(b)   Si sales ...., te invito al cine.
(c)   ¿A quién esperas, a .... o a mi hermana?
(d)   No me río de ...., me río ....
(e)   No quiero volver ....
(f)   A .... no me gustan los toros.
(g)   Ella no quiere venir .... porque me odia.
(h)   Ramón me dio recuerdos para ....
(i)   Él habla .... mismo.
(j)   ¿Puedo ir ....?

(99)   Match the words of common usage in some parts of Latin America (column A) with the words of similar meaning in Peninsular Spanish (column B).   ✿✿

A		B	
(a)	milicio	(1)	vigilante
(b)	manejar	(2)	estupendo
(c)	saco	(3)	mestizo
(d)	macanudo	(4)	nene / autobús
(e)	nochero	(5)	policía, soldado
(f)	güero	(6)	patata
(g)	cholo	(7)	conducir
(h)	guagua	(8)	chaqueta
(i)	chava	(9)	nevera
(j)	papa	(10)	rubio
(k)	pieza	(11)	habitación
(l)	heladera	(12)	chica

(100)   This dialogue uses the form of **voseo** and conjugations of common usage in some parts of Latin America. Rewrite the dialogue in Peninsular Spanish.   ✿✿

Lorenzo: **Sos** imposible, Marina, de verdad.

....

Marina: ¿Por qué **decís** eso?

....

Lorenzo: Porque no **podés** llegar a tiempo nunca. **Sos** incapaz de ser puntual.

....

Marina: Yo no llego tarde, es que **vos sos** demasiado impaciente.

....

Lorenzo: Mira . . . no me **pongás** más nervioso.

....

Marina: Yo no quiero estar con **vos** así. Me voy.

....

Lorenzo: ¡Eh! ¡**Vení**! ¡No me **dejés**!

....

Marina: Está bien. Pero, ¿me **prometés** no protestar más?

....

Lorenzo: Bueno, lo pensaré.

....

Marina: ¿**Querés** ir al restaurante o **tenés** pensado otra cosa?

....

Lorenzo: Lo que **vos digás**. No voy a discutir.

....

Marina: Muy bien. Entonces, **vos invitás**.

....

(101)   Replace the words in brackets with a suitable pronoun.   ✿✿
E.g.   (A ellos) **Les** compraron un coche.

(a)   (A él)   .... gusta el cine de acción.
(b)   (A nosotros)   .... importa el cambio climático.
(c)   (A ti)   .... vemos poco.
(d)   (A vosotros)   .... aburren los deportes.
(e)   (A ustedes)   .... divierten los culebrones.
(f)   (A ella)   .... rompieron el vídeo.
(g)   (A ellos)   .... robaron el dinero de la tienda.

(h)   (A usted)   .... encantan los caballos, ¿verdad?

(i)   (A mí)   .... duele el estómago.

(102)   Underline the correct pronoun.   ✿✿

E.g.   A nosotros **nos** / os / los gusta el tenis.

(a)   El pastel es para **yo** / **mí** / **mi**.

(b)   Felipe estaba sentado entre **tú y mí** / **ti y yo** / **tú y yo**.

(c)   A todos les gustó la película excepto a **tú** / **ti** / **te**.

(d)   ¿Quiere usted probar **le** / **te** / **se** la falda?

(e)   ¿Estuviste ayer con **si** / **él** / **el**?

(f)   Según **ti** / **tú** / **tu**, ¿cómo es América?

(g)   ¿Qué **los** / **se** / **os** parece el partido?

(h)   El fax está dirigido a **nos** / **nosotros** / **les**.

(i)   Marisa **le** / **te** / **se** parece a su madre.

(j)   Es para **me** / **yo** / **mí** un gran honor conocerle.

(103)   Rearrange the words to form a sentence, starting with a word that begins with a capital letter.   ✿✿

(a)   os   Chile   vosotros   A   gusta

....

(b)   pican   El   pulgas   se   le   gato   porque   las   rasca

....

(c)   ir   para   Cuento   viaje   de   contigo

....

(d)   la   clásica   encanta   Nos   música

....

(e)   llames   ahora   le   No

....

(f)   me   que   me   médico   no   dijo   pasa   El   nada

....

(g)   el   recomiendo   italiano   de   Les   esquina   la   restaurante

....

(h)   se   a   lo   Dá   María

....

(i)   te   pendientes   Quíta   esos

....

(j)   te   Me   que   ayer   parece   vi

....

(104)   Complete the sentences using **lo, los, la** or **las**.   ✪✪

(a)   ¿Has visto a Juana? No, no .... he visto.

(b)   ¿Entregaste el paquete a Carlos? Sí, se .... entregué en mano.

(c)   ¿Compraron todos esos libros? Sí, ... compraron.

(d)   ¿Has hecho todo .... que te pedí?

(e)   Me acuerdo mucho de Teresa. No .... puedo olvidar.

(f)   ¿Conoces a las nuevas secretarias? Sí .... conozco.

(g)   Emilio es guapo ¿verdad? Pues, yo no .... creo.

(h)   ¿Dónde pongo los vasos? Pon .... encima del aparador.

(i)   ¿Llamaste a tus hermanas? No, no .... llamé.

(j)   Esta novela es muy interesante y quiero terminar .... ya.

(105)   Complete the sentences using **le, les** or **se**.   ✪✪

(a)   A mis padres .... gusta la comida china.

(b)   No puedes mentir más. .... lo tienes que decir.

(c)   No .... digas nada a mi madre.

(d)   A él .... han arrestado y a ella .... han puesto una multa.

(e)   .... me ha perdido la cartera.

(f)   La comida estaba rica. .... la comió enseguida.

(g)   A ellas .... apasiona la ópera.

(h)   Hoy .... he dado deberes difíciles a mis alumnos.

(i)   Di .... a Juan que le espero en la cervecería.

(j)   Mánda .... la carta a Julia urgentemente.

(106) Rewrite each sentence with object pronouns as indicated in the example.   ✪✪

E.g.   Mi madre dio una toalla a mi hermana > **Se la dio**.

(a)   El joyero vendió un reloj al cliente.   ....

(b)   Los invitados regalaron unas botellas de ron
       a sus anfitriones.   ....

(c)   Dije a Ana que podía llevarse el coche.   ....

(d)   El profesor explicó la metáfora a sus estudiantes.   ....

(e)   Las niñas devolvieron los juguetes a los niños.   ....

(f)   El gobierno ofreció su apoyo a los granjeros.   ....

(g)   El policía dio un aviso a los jóvenes.   ....

(h)   El cura repartió biblias entre sus fieles.   ....

(i)   Mi padre entrega la nómina a mi madre.   ....

(j)   Siempre cuentas todos tus problemas a mi hermana.   ....

(107)   Complete the text with the appropriate pronouns.   ✪✪

A mi amigo John (a) .... encanta comer. Siempre que viene a Madrid,
(b) .... llama para ir a buscar un buen restaurante. Sin embargo, a Sarah, la

novia de John, no (c) .... gusta la comida española. Por eso, siempre que
(d) .... vamos a cenar, Sarah decide quedar (e) .... en casa
y preparar (f) .... una buena ensalada. (g) .... dice que es
difícil encontrar un restaurante vegetariano y (h) .... enfada mucho cuando
(i) .... ve a todos comer carne.

(108)   Complete each sentence with an appropriate pronoun.   ✿✿✿

(a)   ¿Qué .... pasa, doña Matilde?
       .... duele mucho la cabeza.
(b)   Señor Piedra, ¿puedo hablar .... de algo importante?
       ¿ .... importaría hacer .... mañana? Ahora no puedo.
(c)   ¿Crees que a tus hermanos .... apetece salir a cenar?
       No .... sé. Creo que tienen que quedar .... a estudiar.
(d)   ¿ .... gusta esta blusa, señora?
       Sí ¿ .... puedo probar?
(e)   Papá, ¿puedo pedir .... un favor?
       Claro. Píde ....
(f)   ¿Queréis que .... cuente una historia?
       Sí. Cuénta ....
(g)   A mí .... encantan los huevos fritos.
       Pues, a .... no me gustan nada.
(h)   ¿ .... has devuelto el coche a tu padre?
       No, no .... he devuelto todavía.
(i)   Creo que .... he roto un diente.
       Deja que .... vea.
(j)   ¿Puedes ver bien las fotos?
       Sí, ... veo bien.

(109)   Correct and rewrite the sentences.   ✿✿✿

(a)   Se no preocupe.

       ....

(b)   Me se ha roto el zapato.

       ....

(c)   Según ti, todo está bien entre nos.

       ....

(d)   ¡Cómpralote! Es barato y bueno.

       ....

(e)   A me mí gusta mucho pasear.

       ....

(f)   ¿La han devuelto el dinero a tu madre?

....

(g)   Nos se ha terminado el vino.

....

(h)   Nos mi padre contó el cuento.

....

(i)   ¿Quieres un café? No, gracias. No mi apetece.

....

(j)   ¡Me da lo! Es mi collar. Le me compró David en mi aniversario.

....

15   Demonstrative pronouns and adjectives [298–319]

(110)   Insert the correct demonstrative adjective.   ✿

1 (a)   ....   periodistas son buenos.
   (b)   ....   librería es barata.
   (c)   ....   pueblo está cerca.
   (d)   ....   mujeres son altas.
   (e)   ....   escuela está en ruinas.
   (f)   ....   animales están en el zoo.

Este
Esta
Estos
Estas

2 (a)   ....   señora es amable.
   (b)   ....   juego es divertido.
   (c)   ....   barcas son blancas.
   (d)   ....   ejercicios son difíciles.
   (e)   ....   nevera no funciona.
   (f)   ....   mapas son antiguos.

Ese
Esa
Esos
Esas

3 (a)   ....   niño parece aburrido.
   (b)   ....   caballos son rápidos.
   (c)   ....   fotografías están bien.
   (d)   ....   empresa tiene problemas.
   (e)   ....   muebles están sucios.
   (f)   ....   canciones son románticas.

Aquel
Aquella
Aquellos
Aquellas

(111)   Rewrite these sentences in the plural form.   ✿✿

(a)   Éste es mi hijo y ésta es mi hija.

....

(b)   Ésa de ahí es una cotilla.

....

(c)   No me gusta aquel vestido.

....

(d)   Aquella chica es muy lista.

....

(e)   Ése es mi tío y ésa es mi tía.

....

(f)   No conozco a aquel señor.

....

(g)   Siempre pienso en aquel año con nostalgia.

....

(h)   Ese chico es un mentiroso.

....

(i)   Aquél es mi hermano y aquélla es mi hermana.

....

(j)   Esta ley es justa, pero aquélla no.

....

(112)   Which word does not belong in each group of pronouns?   ✿✿

(a)	nos les me la le
(b)	aquello esta eso ello aquella
(d)	tú ellos el nosotros ella
(e)	me le nos se os
(f)	vosotras ti él los mí

(113)   Which of the words in bold is correct? Underline the correct word.   ✿✿
E.g.   <u>Esta</u> / **Este** máquina es vieja.
(a)   **Este** / **Esto** pescado es bueno.
(b)   **Aquél** / **Aquel** señor es mi jefe.
(c)   **Este** / **Esta** agua está fría.
(d)   ¿Qué es **este** / **esto**?
(e)   No me gusta **esta** / **este** programa de la tele.
(f)   **Esos** / **Ésos** zapatos son negros y **éstos** / **estos** azules.
(g)   **Este** / **Esta** loción huele mal.
(h)   **Aquellas** / **Aquellos** jóvenes son mis nietas.
(i)   **Aquél** / **Aquel** vestido del escaparate es elegante.
(j)   Todos los relojes son bonitos, pero **éste** / **este** es especial.

(114)   Rearrange the words to form a sentence, starting with the word that begins with a capital letter.   ✿✿

(a)   bicicleta   Quiero   esa   comprar

....

(b)   ¿a   de   Conocéis   ahí   mujeres   esas?

....

(c)   está   Esa   ahí   tienda

....

(d)   casa   de   en   aquella   allí   Vivo

....

(e)   novio   que   me   tienes   No   ese   gusta.

....

(f)   resistentes   Estos   muy   muros   aquí   de   son

....

(g)   eso   fantasmas   en   creo   los   No   de

....

(h)   mucha   Aquellas   tienen   nieve   montañas

....

(i)   ¿se   actor   llama   Sabes   cómo   aquel?

....

(j)   son   gamberros   chicos   Esos   unos

....

(115)   Insert **Eso** or **Ese** where appropriate.   ✿✿

(a)   .... chico de ahí es muy valiente.
(b)   Te he dicho mil veces que .... no se hace.
(c)   ¡............. que dices es fantástico!
(d)   No me gusta verte en .... estado.
(e)   .... que acabas de hacer es una tontería.

(116)   Correct and rewrite these sentences.   ✿✿

(a)   Esto idea es interesante.

....

(b)   Esta trabajo está muy mal pagado.

....

(c)   Ese de ahí es Juan.

....

(d)   Estos raciones son pequeñas y caras.

....

(e)   Nadie cree aquel historia de fantasmas.

....

(f)   ¿Es esto tu maleta? No, es esta.

....

(g)   Todos dicen que esta año es el más lluvioso.

....

(h)   Eso de ahí, son mis mejores amigos.

....

(i)   Esta ascensor es muy lento.

....

(j)   ¿Te gusta este canción de Joaquín Sabina?

....

(117)   Translate these sentences into Spanish.   ✿✿
(a)   These apples are bad.

....

(b)   This hotel is better situated than that one.

....

(c)   My village is in those mountains.

....

(d)   I drink this because it's good for the stomach.

....

(e)   These neighbours are noisy and dirty.

....

16   Possessive pronouns and adjectives [320–41]

(118)   Rewrite these sentences according to the example.   ✿
E.g.   Es mi chaqueta. > **La chaqueta es mía**.
(a)   Es su guitarra.   ....
(b)   Es mi televisor.   ....

(c) Es tu abrigo. ....

(d) Son sus amigos. ....

(e) Son mis camisas. ....

(f) Son tus ejercicios. ....

(g) Es tu falda. ....

(h) Son mis perros. ....

(i) Es su sillón. ....

(j) Son sus plumas. ....

(119)   Answer the following questions in the style of the example.   ✿

E.g.   ¿Es tuyo este sello? > **No, no es mío**.

(a) ¿Son vuestros esos libros? ....

(b) ¿Son tuyas estas corbatas? ....

(c) ¿Es suya esta casa? ....

(d) ¿Es nuestra esta maleta? ....

(e) ¿Es mío este billete? ....

(f) ¿Es tuya esta cartera? ....

(g) ¿Es ésta su tesis? ....

(h) ¿Es tuyo este proyecto? ....

(i) ¿Son estos sus pantalones? ....

(j) ¿Son suyas estas herramientas? ....

(120)   Underline all the possessive pronouns and adjectives in the following text.   ✿✿

Después de mirar varios catálogos, hoy hemos decidido nuestras vacaciones. Nos vamos a Los Ángeles. El año pasado nuestros mejores amigos estuvieron allí y lo pasaron muy bien. Personalmente, me gustaría ir a Miami donde viven mis primos. Tenemos fotos de su casa y sus coches. Mi casa, comparada con la suya, es muy pequeña. La mía sólo tiene tres dormitorios, mientras que la suya tiene siete.

(121)   Which of the words in bold is correct? Underline the correct word.   ✿✿

E.g.   **Tu** / <u>**Mis**</u> / **Suyos** zapatos son grandes.

(a) **Suyo** / **Suya** / **Su** país es frío.

(b) Me gustan **mi** / **tuyos** / **tus** amigos.

(c) Hoy no trabajo porque **mi** / **mí** / **mía** jefa está enferma.

(d) Este sofá es **nuestro** / **de nuestro** / **nuestros**.

(e) **Suyas** / **Sus** / **Vuestra** tías son muy viejas.

(f) La mejor idea siempre es **tuyas** / **tuya** / **tu**.

(g) Estos discos son **mios** / **mis** / **míos** y éstos son **sus** / **suyos** / **su**.

(h) El poema es **de mí** / **de mi** / **mío**.

(i) Esta es **nos** / **nosotros** / **nuestra** perra.

(j) **Suyo** / **Su** / **Sus** teoría es acertada.

(122)   Change the sentences from the preceding exercise into the singular or plural form.   ✿✿
E.g.   **Mis** zapatos son grandes > **Mi zapato es grande**.

(a)   ....

(b)   ....

(c)   ....

(d)   ....

(e)   ....

(f)   ....

(g)   ....

(h)   ....

(i)   ....

(j)   ....

(123)   Rearrange the words to form a sentence, starting with the word that begins with a capital letter.   ✿✿

(a)   redacción   que   mía   Tu   mejor   es   la

....

(b)   problemas   Su   tiene   negocio

....

(c)   es   japonés   novio   Mi

....

(d)   lo   es   Todo   tengo   que   tuyo

....

(e)   No   vuestras   me   ideas   gustan

....

(f)   para   siempre   casa   está   vosotros   abierta   Nuestra

....

(g)   ¿carta   es   Esta   tuya?

....

(h)   La   el   es   reloj   suya   es   y   suyo   sortija

....

(i) playa es El padres de apartamento la sus de

....

(j) ¿es tuyo Mariano amigo?

....

(124) Read the dialogue. ✿✿✿

Cari: ¡Cuántas maletas!
Alfredo: Sí, la maleta que tengo aquí es mía y la que está al lado del sofá es de mi esposa. La maleta que está en el pasillo es de mi madre y las maletas encima de los coches son de nuestros hijos.
Cari: ¡Cuántos coches!
Alfredo: Sí, el coche al lado de la puerta es mío y el coche que está fuera del garaje es de mi mujer. Los coches que están en la calle son de nuestros hijos.
Cari: ¡Cuántos hijos!
Alfredo: Sí, los dos chicos que están con nosotros son Juan y Miguel y las dos chicas que están con ellos son María y Luisa. El que está fuera con los coches es Antonio.

Now complete the spaces in the questions using the appropriate demonstrative adjectives, bearing in mind the distance of the objects from the speaker.

(a) ¿De quién es .... maleta?
     Es mía.
(b) ¿De quién es .... maleta?
     Es de mi esposa.
(c) ¿De quién es .... maleta?
     Es de mi madre.
(d) ¿De quiénes son .... maletas?
     Son de mis hijos.
(e) ¿De quién es .... coche?
     Es mío.
(f) ¿De quién es .... coche?
     Es de mi esposa.
(g) ¿De quiénes son .... coches?
     Son de mis hijos.
(h) ¿Quiénes son .... chicos?
     Son Juan y Miguel
(i) ¿Quiénes son .... chicas?
     Son María y Luisa.
(j) ¿Quién es .... chico?
     Es Antonio.

Now use the information from the dialogue to complete the sentences with demonstrative pronouns in the following rewrite:

Cari: ¡Cuántas maletas!
Alfredo: Sí, ... es mía y .... es de mi esposa. ....
            es de mi madre y .... son de nuestros hijos.
Cari: ¡Cuántos coches!
Alfredo: Sí, ... es mío y .... es de mi mujer. ....
            son de nuestros hijos.
Cari: ¡Cuántos hijos!
Alfredo: Sí, ... son Juan y Miguel y .... son María y
            Luisa. .... es Antonio.

17   Relative pronouns [342–64]

(125)   RELATIVE CLAUSES WITH **QUE**. Rewrite each sentence in the form of the example.   ✿
E.g.   El avión va a Lisboa. Está vacío. > El avión **que** va a Lisboa está vacío.

(a)   La niñera cuida al niño. No puede venir hoy.

      ....

(b)   Las personas beben demasiado. Se emborrachan.

      ....

(c)   El cartero trae mi correo. Está enfermo.

      ....

(d)   El árbol está muerto. Es un manzano.

      ....

(e)   El puente es peligroso. Está en obras.

      ....

(f)   El asesino mató a su mujer. Está en la cárcel.

      ....

(g)   El presidente ha ganado las elecciones. Es socialista.

      ....

(h)   Los niños han estudiado mucho. Tienen buenas notas.

      ....

(i)   La lavadora es barata. No funciona bien.

      ....

(j)   La cantante tiene que actuar el domingo. Está afónica.

      ....

(126)   Complete each sentence with **que**, **quien** or **quienes**.   ✿✿

(a)   Mira las diapositivas .... tengo.
(b)   Ésta es la joven de .... te hablé.
(c)   No es la mujer .... esperaba ver.
(d)   Daré el pastel a .... me lo pida.
(e)   Dame el cuaderno .... está en el escritorio.
(f)   Fue Alfonso .... impuso el castigo.
(g)   Los chistes .... nos cuentas son divertidos.
(h)   Tengo la moto .... me gusta.
(i)   Hay que ayudar a .... más lo necesitan.
(j)   A .... madruga, Dios le ayuda.

(127)   Which of the words in bold is correct? Underline the correct word.   ✿✿

(a)   Trae la radio **que** / **cual** está en el salón.
(b)   Ésta es la chica de **cuyo** / **cual** novio te hablé.
(c)   No te compré nada en las vacaciones porque no sabía **el que** / **lo que** querías.
(d)   Las películas de Carlos Saura son **las que** / **que** más me gustan.
(e)   Puedes comer todo **cual** / **lo que** quieras.
(f)   Éstos son los libros de **los cuales** / **cual** guardo un buen recuerdo.
(g)   No seré yo **que** / **quien** te ayude.
(h)   Todo **que** / **lo que** haces está bien.
(i)   Ésta es la mujer de **cual** / **cuya** historia no puedo olvidarme.
(j)   Dime con **quien** / **que** andas y te diré **quien** / **que** eres.

(128)   Rewrite the sentences in the style of the example using **el cual**, **la cual**, **los cuales** or **las cuales**.   ✿✿✿
E.g.   El médico, **del que** te hablé, viene a visitarme. > El médico, **del cual** te hablé, viene a visitarme.

(a)   La mujer, de **la que** te hablé, ya no vive aquí.

      ....

(b)   Los mensajes, a **los que** se refiere el capitán, están en clave.

      ....

(c)   La persona, por **la que** tienes que preguntar, se llama Juan.

      ....

(d)   Esas chicas, entre **las que** está mi hermana, son pintoras.

      ....

(e)   Los edificios, en **los que** hay muchos vecinos, son ruidosos.

      ....

(f)   El restaurante, en **el que** comimos ayer, ha cerrado.

      ....

(g) Las firmas, para **las que** trabajo, están todas en Barcelona.

....

(h) El atleta, contra **el que** compites, es el campeón de Europa.

....

(i) La tesis, de **la que** voy a sacar un libro, se publicará en abril.

....

(j) Los manuscritos, en **los que** estamos interesados, están en venta.

....

18 Interrogative and exclamatory pronouns and adjectives [365–77]

(129) Complete each sentence with **cuál**, **qué**, **quién** or **cuánto/a**. ✿
E.g. ¿**Quién** es ese chico?

(a) ¡ .... alto es!
(b) ¿ .... llamará a estas horas?
(c) ¿ .... ha sido el resultado del partido?
(d) Hola Laura ¡ .... tiempo sin verte!
(e) ¿Sabes .... es ese actor?
(f) ¿ .... hora será?
(g) ¿ .... cuesta esa lámpara de ahí?
(h) Los dos collares me gustan ¡No sé .... elegir!
(i) ¿ .... quieres beber?
(j) ¡ .... hambre hay en el mundo!

(130) Match each sentence with a suitable exclamation. ✿

(a) ¡Me han publicado el libro!   (1) ¡Qué rollo!
(b) A Juan le han robado la cartera.   (2) ¡Qué bien!
(c) Mi gato ha muerto.   (3) ¡Qué suerte!
(d) Tengo que estudiar todo el verano.   (4) ¡Qué mala suerte!
(e) ¡Ha ganado mi equipo!   (5) ¡Qué pena!

(131) Rearrange the words to make sentences. ✿✿

(a) ¿tiene años la cuántos niña?

....

(b) ¡tan país caro qué!

....

(c) ¿hora la a cierra tienda qué?

....

(d) ¡hay cuánta hoy gente!

....

(e)   ¡rica   qué   paella   es   esta!

....

(f)   ¿es   casa   cuál   tu?

....

(g)   ¡se   quién   de   aquella   acuerda   época   ya!

....

(h)   ¿pozo   agua   el   cuánta   hay   en?

....

(i)   ¡me   cuánto   de   alegro   encontrarte!

....

(j)   ¿tus   compañeros   quiénes   son?

....

(132)   Write the questions.   ✿✿

(a)   ¿...?
       Tengo treinta años.

(b)   ¿...?
       Se llama Lucía.

(c)   ¿...?
       Mi deporte favorito es la natación.

(d)   ¿...?
       Trabajo en un banco.

(e)   ¿...?
       Los servicios están al fondo a la derecha.

(f)   ¿...?
       Tiene 60 minutos.

(g)   ¿...?
       La capital del Ecuador es Quito.

(h)   ¿...?
       Daniel es moreno con los ojos marrones.

(i)   ¿...?
       Fui a Cuba el año pasado.

(j)   ¿...?
       Hay un estanco cerca de aquí.

19   Indefinite pronouns and adjectives [378–535]

(133)   Change the following sentences to the plural.   ✿✿
E.g.   Ha comprado un libro. > **Han comprado unos libros**.

(a)   He salido algún día al campo.

....

(b)   ¿Has visto alguna película buena recientemente?

....

(c)   ¿Hay algún libro interesante?

....

(d)   ¿Tienes alguna moneda?

....

(e)   Algún amigo tuyo está causando problemas.

....

(f)   ¿Has comprado alguna revista interesante?

....

(g)   Creo que algún periódico de Madrid ha publicado tu artículo.

....

(h)   ¿Tiene alguna pregunta que hacerme?

....

(i)   Tengo alguna esperanza de aprobar el examen.

....

(j)   ¿Hay algún programa interesante por la tarde?

....

(134)   Answer the following questions in the style of the example.   ✿✿
E.g.   ¿Has visto a alguien? > No, no he visto a **nadie**.

(a)   ¿Hay alguna cerveza en la nevera?

....

(b)   ¿Tiene Rosa algún problema?

....

(c)   ¿Te queda algo de comida?

....

(d)   ¿Te pasa algo?

....

(e)   ¿Hay algún estudiante japonés en la clase?

....

(f)   ¿Conoces a alguien en la universidad?

....

(g)   ¿Algún amigo tuyo es mecánico?

....

(h)   ¿Este cuadro vale algo?

....

(i)   ¿Hay alguien aquí?

....

(j)   ¿Tienes algo que hacer?

....

(135)   Which of the words in bold is correct? Underline the correct word.   ✿✿
E.g.   María tiene **cuantos** / <u>**varios**</u> novios.

(a)   No han comido **todo** / **toda** la sopa.
(b)   Él siempre cuenta **distintas** / **distintos** versiones de los hechos.
(c)   Su **mismo** / **igual** hijo le traicionó.
(d)   Tenemos **ningún** / **mucho** tiempo.
(e)   Hay **demasiados** / **demasiadas** motos.
(f)   Eso que dices lo sabe **cualquiera** / **cualquier**.
(g)   Hace **demasiado** / **tan** frío para salir a la calle.
(h)   Últimamente tengo **bastantes** / **bastantas** problemas.
(i)   Hasta el **propio** / **alguien** rey bailó toda la noche.
(j)   **Toda** / **Todo** está en su lugar.

(136)   Rearrange the words to form a sentence, starting with the word that begins with a capital letter.   ✿✿

(a)   peor   está   que   La   ayer   enferma   mucho

....

(b)   el   no   antes   Mariano   de   mismo   es

....

(c)   muchas   he   horas   Hoy   trabajado

....

(d)   con   Cada   suyo   lo   uno

....

(e)   igual   nos   a   Mi   todos   madre   quiere   por

....

(f)   persona   Cualquier   derechos   tiene

....

(g)   colegios   En   la   gratis   matrícula   es   algunos

....

(h)   poco   para   la   Tenemos   hacer   comida   tiempo

....

(i)   es   con   hombre   un   Marcelo   paciencia   mucha

....

(j)   el   Algunas   copiaron   alumnas   examen

....

(137)   Indicate if **algo** is being used as a noun (**N**), as an adverb (**A**) or as a pronoun (**P**).   ✿✿

(a)   Marilyn Monroe tenía un algo que la hizo ser estrella.   ....
(b)   Mi madre se quedó algo perturbada después del accidente.   ....
(c)   A ver si echan algo interesante en la televisión esta noche. ....
(d)   Me dijo algo curioso sobre ella que no te puedo contar.   ....
(e)   Después de su sermón sentimos un algo, como un sentimiento de solidaridad.   ....
(f)   El ministro tiene un algo que le hace actuar de esta manera. ....
(g)   Me siento algo incómodo con esta situación.   ....
(h)   La muerte de mi padre es algo de lo que no quiero hablar.   ....
(i)   ¿Pasa algo importante?   ....
(j)   La película no es muy buena pero tiene un algo interesante.   ....

(138)   Correct and rewrite the following sentences.   ✿✿

(a)   Cualquiera película de Julio Medem es buena.

....

(b)   Quiero una otra cerveza, por favor.

....

(c)   Esta chaqueta es demasiada cara.

....

(d)   Tengo ninguna posibilidad de aprobar.

....

(e)   No hay muchas gente en la playa.

....

(f)   Tienen tan tiempo que no saben qué hacer.

....

(g)   María vive en alguno lugar de África.

....

(h)   El detective no tiene ningún pista.

....

(i)   He leído varias temas interesantes esta semana.

....

(j)   Le dieron un paliza tremenda.

....

(139)   Complete the following sentences with the most appropriate word or phrase.   ✪✪

(a)   No tengo .... oferta por mi casa.
        alguna / ninguna / un otra
(b)   De .... padre, ... hijo.
        tal ... tal / tal ... cual / tan ... tan
(c)   .... de los dos tiene el .... apellido.
        alguno ... misma / ninguno ... mismo / ningunos ... mismo
(d)   Pedro habla .... y trabaja ....
        mucho ... poco / nada ... poco / mucho ... poca
(e)   Él escribe sus .... poemas.
        propias / tales / propios
(f)   No tienes .... derecho a hablarme así.
        ningún / ninguno / algún
(g)   .... día está más nervioso.
        tal / cada / uno
(h)   .... sabe .... del asunto.
        nadie ... algo / nada ... nadie / nadie ... nada
(i)   No dedicas .... tiempo a estudiar.
        bastante / todo / ninguno
(j)   Ella aceptará .... trabajo que le ofrezcáis.
        cualquiera / cualquier / cualesquiera

COMMUNICATIVE EXERCISES

▶   Write or role-play a dialogue that requires the USTED form. For example, a job interview (*entrevista de trabajo*) or a conversation with a policeman (*un policía*).

▶   Write two lists or say aloud the things that you and your family most like and most dislike.

E.g.   A mí me gusta el vino, pero a mi padre no le gusta nada.

▶ Complete and continue the dialogue.

¡Qué horror! La casa se quemó completamente y no pudimos hacer nada. ¿Qué paso?

. . . .

¡Cuántos gamberros!

. . . .

¿Cuánto cuesta?

. . . .

¡Cuánto lo siento!

. . . .

▶ Write or role-play a dialogue based on the following situation:

Has organizado una fiesta donde se han reunido personas muy diferentes. Tienes que hacer presentaciones utilizando la forma de usted y los pronombres correspondientes. Los invitados son los siguientes.

El Sr. Irureta (director de banco)
Pilar y Javier (amigos de la infancia)
La Sra. Granados (ministra de cultura)
Tus padres
Tu novio/a
Los padres de tu novio/a

Impersonal Expressions

20 Uses of impersonal expressions [536–45]

(140) Rewrite the sentences using **se** as in the style of the example. ✿✿
E.g. Aquí hablan francés. > **Se** habla francés.

(a) Trabajamos mucho en la fábrica.

....

(b) Nosotros jugamos poco al baloncesto.

....

(c) El bar vende cerveza fría.

....

(d) El locutor comenta las noticias del día.

....

(e) El doctor operó al paciente sin dificultad.

....

(f) El señor Alarcos presentó una queja en la junta de vecinos.

....

(g) Los policías arrestaron al ladrón.

....

(h) Allí cambian dinero.

....

(i) En la tintorería lavan la ropa.

....

(j) No podemos pasar por el puente.

....

(141) Rewrite the sentences, starting with the word that begins with a capital letter. ✿✿

(a) pedía información el Se sobre coche

....

(b) a cantante se la entusiasmo No aplaudió con

....

(c) demasiado en Se habla bibliotecas las

....

(d) conducir beber se debe de antes No

....

(e) al denunció Se culpable

....

(f) el estropeado televisor ha Se

....

(g) alegría recogen premios los Se con

....

(h) fuego Se rápidamente apagó el

....

(i) el se manifestación domingo hizo No la

....

(j) en come mal muy este Se restaurante

....

(142) Put the verb in brackets into the correct form. ✿✿
E.g. (Ver, ellos) como se hunde y no hacen nada. > **Ven** como se hunde y no hacen nada.

(a) (Decir, ellos) .... las malas lenguas que no tienes novio.
(b) (Vivir, nosotros) .... en un mundo desigual.
(c) Siempre (llamar, ellos) .... a la puerta cuando estoy en el baño.
(d) Cuando (darse cuenta, tú) ...., siempre es demasiado tarde.
(e) Aunque (ver, nosotros) .... las cosas, no las entendemos.
(f) Ni (sentir, ellos) ...., ni padecen.
(g) Nunca (pensar, tú) .... mal de nadie y luego te traicionan.
(h) (Saber, nosotros) .... mucho sobre muchas cosas.
(i) Primero (golpear, ellos) .... y luego preguntan.
(j) (Condenar, ellos) .... a unos y a otros los soltaron.

(143)   Insert **una** or **uno** where appropriate.   ✿✿

(a)   La casa de .... es su castillo.
(b)   .... no tiene pelos en la lengua y dice lo que quiere.
(c)   A .... le gusta que le digan piropos.
(d)   .... no puede pensar en todo.
(e)   A mí .... nunca se me habría ocurrido hablar así.
(f)   El trabajo de .... es lo más importante.
(g)   .... nunca sabe que vestido ponerse.
(h)   Con este lío, no se entera .... de nada.
(i)   Hay tanto ruido que no puede .... ni dormir.
(j)   No creo que .... sepa nada.

(144)   Which of the words in bold is correct? Underline the correct word.   ✿✿

(a)   **Somos / Semos** conscientes de la situación.
(b)   **La personal / El personal** no está para bromas.
(c)   Cuando **te / tú** das cuenta de lo que ocurre, ya es demasiado tarde.
(d)   **Digan / Dicen** que estás arruinado.
(e)   **No se / Se no** discutió demasiado en la reunión.
(f)   **El personal / La persona** no está interesado en política.
(g)   Yo sabía quien era cuando **llamaran / llamaron** por teléfono.
(h)   **Se / Es** tiene que decir toda la verdad.
(i)   **Vemos / Veamos** las injusticias, pero no hacemos nada para evitarlas.
(j)   **Se / Soy** vive muy bien aquí.

(145)   Read the dialogue and then change Héctor's answers to the second person singular.   ✿✿✿

Periodista: ¿Cómo es la vida en este país?
Héctor: Pues, vamos por la calle, y nos damos cuenta de que nos miran de forma rara porque saben que somos extranjeros.
Periodista: ¿Qué es lo que piensan?
Héctor: Creen que estamos aquí por gusto. No saben que estamos aquí para trabajar y ganar un sueldo digno para poder alimentar a nuestras familias.
Periodista: ¿Es difícil esta situación?
Héctor: Hombre, no es nuestra culpa si tenemos que pedir limosna por la calle porque nadie nos va a dar trabajo sin papeles.
Periodista: ¿Qué es lo que pasa entonces?
Héctor: Que nos vamos a hablar con la policía y sólo nos dicen que no podemos trabajar sin los papeles en regla.
Periodista: ¿Y no hay otras opciones?
Héctor: No, no nos dan ninguna opción, salvo estar en la calle. Y luego nos persiguen, nos dan una charla y nos amenazan.

Periodista: ¿Cómo se puede solucionar esto?
Héctor: El problema no es que nosotros no queramos trabajar como la gente piensa; el problema es que no podemos trabajar. Venimos aquí con nuestras esperanzas y terminamos con la única ilusión de volver a nuestros propios países.

Periodista: ¿Cómo es la vida en este país?
Héctor: Pues, vas por la calle, y te das cuenta de que te miran de forma rara porque saben que eres extranjero.
Periodista:

Héctor:

Periodista:

Héctor:

Periodista:

Héctor:

Periodista:

Héctor:

Periodista:

Héctor:

COMMUNICATIVE EXERCISES

▶ Write advertisements for a newspaper using the words and phrases from the box.

E.g.   Se busca casa barata y céntrica.

trabajo   pareja   animales de compañía   alquiler de pisos

▶ Continue this story in the second person singular.

Te levantas por la mañana y piensas que la vida . . .

▶ Explain a simple recipe, such as that for *sangría*, with impersonal expressions.

E.g.   Primero, se cortan las manzanas . . .

Now do the same for *fabada asturiana*, *cocido madrileño*, *pisto manchego*, *gazpacho andaluz*, *fajitas mejicanas* and *arroz a la cubana*. If you don't know how to make these dishes you can find excellent websites in Spanish about cooking.

The Adverb

21 Adverbs of manner [546–69]

(146)   Add **mente** to the following adjectives and complete the sentences. ✿

> **constante fácil rápida lenta clara feliz
> tranquila dulce exclusiva correcta**

(a)   Este ejercicio podemos hacerlo .... con el libro de gramática.
(b)   Los obreros trabajan .... para construir la carretera a tiempo.
(c)   Se lo expliqué .... , pero no me entendió.
(d)   Tengo que andar .... porque me he roto una pierna.
(e)   El parto fue difícil, pero todo terminó ....
(f)   Ella habla .... italiano y alemán.
(g)   Julia y Manuel se pelean ....
(h)   Pasaré la tarde .... leyendo un libro.
(i)   Toda la responsabilidad es .... mía.
(j)   La madre besa .... a su hijo.

(147)   Correct and rewrite the sentences. ✿✿

(a)   Isidro habla claramente y correctamente.

....

(b)   Salió prisa del trabajo.

....

(c)   Esta película está bien muy.

....

(d)   No sé como puedes escuchar esa música.

....

(e) Sonia está loca enamorada de su marido.

....

(f) Esos coches no son mal.

....

(g) Mi padre me regaña constante porque llego tarde.

....

(h) ¿Cómo estás? Asi asi.

....

(i) Mi hijo se encuentra muy malamente.

....

(j) Estamos instalados cómodomente en la nueva casa.

....

(148) Complete each of the following sentences with an adverb from the box. ✪✪

así	**bien**	**cómo**	**mal**	**despacio**
	pronto	**según**	**cómo no**	

(a) El jardín está .... cuidado desde que te fuiste.
(b) Si no vienes ...., me voy.
(c) ¡.............. te has puesto! ¡Límpiate la cara!
(d) Estoy .... dispuesto a hacer lo que me mandes.
(e) Te llamaré .... los problemas que encuentre.
(f) El tendero se disculpó, ..., por su actitud.
(g) Si te comportas .... vas a tener muchos problemas.
(h) Mi madre me habló .... porque estaba cansada.

(149) Rearrange the words to form a sentence, starting with a word that begins with a capital letter. ✪✪

(a) bien La de está madre Juana

....

(b) casa está La limpia muy

....

(c) sé cómo miras a tanto hermana mi No

....

(d) ¿Por me hablas así qué?

....

(e) mal caballo carreras El de está

....

(f) está moral equivocada y políticamente Tina

....

(g) ¿el Cómo accidente sucedió?

....

(h) cantes alto tan No

....

(i) debe Un así coche muy rápido ser

....

(j) constante y Trabaja enérgicamente

....

22 Adverbs of degree and quantity [570–96]

(150) Insert **muy** or **mucho** where appropriate. ✿

(a) Yo tengo .... talento para el piano.
(b) Este perro es .... más listo que el otro.
(c) La sangría está .... buena.
(d) Estoy .... agobiada con tanto trabajo.
(e) Estrella traduce .... bien los libros del sueco al español.
(f) Este traje es .... más caro de lo que pensaba.
(g) El jardín está .... estropeado en invierno.
(h) El alcalde tiene .... dinero.
(i) A mí me gusta .... la lluvia.
(j) Siempre llega .... tarde al trabajo.

(151) Which of the words in bold is correct? Underline the correct word. ✿✿
E.g. <u>**Muchos**</u> / **Mucho** cocineros estropean la sopa.

(a) Es un hombre **mucho** / **muy** educado.
(b) Tengo **muchos** / **muchas** problemas con el piso nuevo.
(c) El parque está **mucho** / **muy** lejos de aquí.
(d) Hay **mucha** / **muy** violencia en el mundo.
(e) Esta cocina es **muy** / **mucho** más grande que la de antes.
(f) La mujer de mi hermano es **mucha** / **muy** alta.
(g) Te quiero **mucho** / **muy** y soy **mucho** / **muy** feliz.

(h)   Me dio **mucho / mucha** rabia suspender el examen.

(i)   Conduce **mucho / muy** rápido.

(j)   Tu hermano es **muy / mucho** amigo mío.

(152)   Find eighteen adverbs of degree and quantity in the box and then use them to complete the following dialogue. The spaces show how many letters there are in the word and you are also given one of the vowels as a clue.   ✪✪✪

d	b	a	s	t	a	n	t	e
¿c	e	s	a	n	e	p	a	m
u	o!	m	t	c	l	m	n	e
á	t	u	a	a	á	o	t	n
n	n	c	m	s	n	g	o	o
t	á	h	b	i	i	l	p	s
o?	u	o	i	y	n	a	o	ó
n	¡c	p	é	u	s	e	d	l
a	d	a	n	m	p	o	c	o

Tino: Hola Juan: ¡_ _á_ _ _ hace que no te veo!

Juan: _ _e_ _ _ salgo. Estoy _a_ _ _ _ _ _ _ mal de dinero.

Tino: Yo _ _ _ _i_ _ estoy _u_ mal de dinero, pero mi madre me ayuda.

Juan: ¿_ _á_ _ _ te da?

Tino: No _u_ _ _, la verdad; _ó_ _ lo suficiente para vivir.

Juan: Eso de ser estudiante es _á_ difícil de lo que pensaba. ¡Estoy _a_ cansado! Trabajo _a_ _ siempre, duermo _o_ _ , como _e_ _ _ y no estoy _a_ _ contento con mis notas.

Tino: Sí, te veo a_ _ _ estropeado de _a_ _ _ trabajar. _ _ _ _ _i_ _ _ trabajo no es bueno para nadie.

Juan: Sí, tienes razón. He sido _a_ aconsejado. Tenía que haberme puesto a trabajar cuando era más joven.

(153)   Change the word in bold for a phrase from the box with a similar meaning. ✪✪✪

(a)   Hace **demasiado** calor.

....

(b)   Está **medio** calvo

....

(c)   Viene **casi** todos los días a casa.

....

(d)   Duermo **sólo** por las tardes.

....

(e)   **Apenas** contestó a las preguntas.

....

más o menos
escasamente
no del todo
mucho
solamente

23 Adverbs of time [597–610]

(154)   Match each adverb of time with its opposite. ✪✪

(a)   Ayer   (1)   Anteayer
(b)   Temprano   (2)   Después
(c)   Pasado mañana   (3)   Nunca
(d)   Antes   (4)   Mañana
(e)   Siempre   (5)   Tarde

(155)   Complete the sentences with the following adverbs. ✪✪

ya   luego   todavía   jamás   antes   siempre **ahora   primero   después   recién**

(a)   El avión .... no ha llegado.
(b)   Me has engañado y .... volveré a hablar contigo.
(c)   Enrique está .... afeitado y parece más joven.
(d)   .... están durmiendo y no quieren que les molesten.
(e)   .... tomamos una copa y luego hablamos.
(f)   No has adelgazado, ... no puedes comprarte ropa nueva.
(g)   .... no tengo que estudiar más porque me lo sé todo.
(h)   Iremos al cine a las siete y .... cenaremos en mi casa.
(i)   .... de irte, quiero decirte una cosa.
(j)   Cuando pasa por aquí, ... me hace una visita.

(156) Change the word in bold for a word or phrase from the box. ✿✿

(a) **Ahora** está durmiendo la siesta.

....

(b) Marta vendrá **luego** a visitarme.

....

(c) La cena estará preparada **pronto**.

....

(d) **Jamás** contestó a mis cartas.

....

(e) El tren **aún** no ha salido.

....

> **nunca**
>
> **todavía**
>
> **en este momento**
>
> **rápidamente**
>
> **después**

(157) Insert either **todavía**, **ya** or **siempre** in the following sentences. ✿✿

(a) .... apago el horno antes de salir de casa.
(b) El tren ha salido ...., tenemos que tomar otro.
(c) Rápido, el programa no ha empezado ....
(d) Es demasiado tarde para jugar, ... está oscuro.
(e) No me han entregado sus ejercicios ....
(f) Puedes ser mi socio, ... que quieras.
(g) ¡ .... no te aguanto más!
(h) La novia no está preparada y no quiere salir ....
(i) .... que puedo, voy a San Sebastián a ver a mis padres.
(j) ¿ .... estáis aquí? La fiesta terminó hace una hora.

(158) Which of the words in bold is correct? Underline the correct word. ✿✿

(a) El teléfono suena **siempre** / **jamás** a la hora de comer.
(b) **Todavía** / **Después** no ha llegado al trabajo.
(c) Hoy me he acostado **aún** / **temprano**.
(d) **Nunca** / **Siempre** volveré a verte. Tú y yo hemos terminado.
(e) Primero iré al cine y **pronto** / **luego** comeré una hamburguesa.
(f) Tu padre es **aún** / **mañana** muy joven.
(g) **Entonces** / **Ahora** iba a llamarte para salir.
(h) **Ya** / **Pronto** no te quiero.
(i) **Ayer** / **Hoy** estrenó su coche.
(j) Hace tanto calor como **cuando** / **ya** nos conocimos.

24 Adverbs of place [611–20]

(159) Match each word with its opposite. ✿

(a)	dentro	(1)	encima
(b)	lejos	(2)	abajo
(c)	debajo	(3)	fuera
(d)	delante	(4)	atrás
(e)	arriba	(5)	cerca

(160) Complete the sentences with **aquí**, **ahí**, **allí** or **allá**. ✿✿

(a) Aquella tienda de .... vende artículos de pesca.

(b) ...., en esta mesa, está el libro que buscas.

(c) .... por los años veinte nació mi abuelo.

(d) ¿Hay algún banco cerca de ....?

(e) Ése de .... es mi novio.

(f) ...., al final del pasillo, está el probador.

(g) .... te presento a mi esposa.

(h) .... tú, si no quieres comer.

(i) .... arriba está el ático.

(j) ¿Cómo se llama esa librería de .... al lado?

(161) Change the adverbs in bold for a phrase from the box. ✿✿✿

(a) Si sigues **adelante**, encontrarás la calle.

   ....

(b) Las llaves están **dentro** de mi bolso.

   ....

(c) Vivo **cerca** del parque.

   ....

(d) **Encima** de la mesa hay una carta para ti.

   ....

(e) Saca la basura **fuera**, que huele mucho.

   ....

(f) Compró su casa **lejos** de la ciudad.

   ....

(g) **Detrás** del armario hay una puerta secreta.

   ....

(h) Pon estos recibos **aparte**.

   ....

(i) **Abajo**, en el sótano, vive un poeta.

   ....

(j) Tengo un gran jardín **alrededor de** mi casa.

   ....

> **a gran distancia**
>
> **en un lugar próximo al**
>
> **en la parte superior**
>
> **que rodea**
>
> **en la parte posterior**
>
> **más allá**
>
> **a la parte exterior**
>
> **en la parte interior**
>
> **en otro lugar**
>
> **en la parte inferior**

25   Adverbs of confirmation, negation and doubt [621–31]

(162)   Complete the sentences with **también** or **tampoco**.   ✿✿

(a)   Quiero ver la película de la televisión esta noche ¿y tú?
Yo .... quiero verla.

(b)   Vamos a ir al zoológico el sábado.
¡Qué casualidad!, nosotros .... vamos a ir.

(c)   Manuel no llama a su padre y .... me deja que yo le llame.

(d)   A mí me gusta el arte moderno. ¿Y a ti?
A mí ....

(e)   Su hija .... quiere saber nada del problema.

(f)   Si Mercedes va de maestra a África, yo .... voy.

(g)   No quiere comer y .... quiere salir porque está deprimido.

(h)   Estoy aprendiendo flamenco. ¿Quieres aprenderlo tú ....?

(i)   A ella no le gustan las aceitunas porque no le sientan bien.
No me extraña. A mí .... me sientan bien.

(j)   No he aprobado este examen y .... aprobaré el siguiente.

(163)   Which of the words in bold is correct? Underline the correct word.   ✿✿
E.g.   Rita hizo bien los deberes y Pepe **también** / **tampoco**.

(a)   **Si** / **No** prepararé la comida hasta que vuelvas.

(b)   ¿Este señor es muy serio, ¿**sí** / **no**?

(c)   No ha venido Nuria y **tampoco** / **también** Carlos.

(d)   **No** / **Sí** vendrá hasta el miércoles.

(e)   Ahora, **si** / **sí** que me entiendes.

(f)   **Si** / **Sí** que dice la verdad.

(g)   Me gusta la ópera, el jazz y **también** / **tampoco** el ballet.

(h)   **No** / **Sí** te entiendo nada.

(i)   No tengo dinero. Yo **tampoco** / **también**.

(j)   **Ya** / **Sí** sabes que te acompañaré al médico.

(164)   Insert the words from the box into the following dialogue. The number of
letters in each word is indicated by the spaces.   ✿✿

acaso	no	quizá(s)	tal vez	sí	ya
	también	tampoco	bueno		

Camarero: ¿Quiere ver la carta?
Cliente: _ _ _ _ _ .
Camarero: ¿Qué desea tomar?
Cliente: ¿Qué hay?

Camarero:	¿Le gusta la carne?
Cliente:	_ _ demasiado.
Camarero:	¿Le gusta el pescado?
Cliente:	No, _ _ _ _ _ _ _.
Camarero:	¿Una sopa, _ _ _ _ _ (_)?
Cliente:	_ _ _ _ _ _. ¿No será _ _ _ _ _ de tomate?
Camarero:	Sí, y de ajo _ _ _ _ _ _ _.
Cliente:	¡Eso _ _ que no! _ _ he comido ajo hoy. Si como más, me pondré enfermo.

26 Adverbial expressions [632–3]

(165)   Complete the text by inserting the following expressions. ✿✿✿

> **de ninguna manera   en seguida   a menudo   de repente   a veces
> por poco   a gusto   por cierto   de arriba abajo   a tiempo**

.... , me gusta salir al campo para ver pájaros. Estar en un lugar solitario, me hace sentir .... conmigo mismo.

Me levanto muy temprano para llegar .... de verlos volar por todas partes. Son unas criaturas magníficas.

El otro día, ..., aparecieron dos águilas. ¡Fue extraordinario! Volaban en círculo alrededor mío y .... se aproximaban para verme mejor (bueno, eso creía yo). Pero, ... , me di cuenta que no me miraban a mí. El objeto de su deseo era un pequeño cordero que corría .... por el monte. Tengo que confesar que pasé un poco de miedo. Intenté esconderme detrás de unas rocas y .... me caigo. Pero, ya ha pasado el susto y .... voy a renunciar al placer de salir, aunque tendré más cuidado. .... , el cordero logró escapar. ¡Qué bien!

COMMUNICATIVE EXERCISES

▶ Write or role-play a dialogue with the **adverbs of time** that you know. Check back through the chapter if you need help remembering them.

▶ Use the words in the box in exercise 155 to write or role-play a dialogue based on your actions and experiences so far today and your plans for the future.

▶ Taking exercise 165 as your example, use the words in the box to relate or write your own adventure.

▶ Use adjectives ending in MENTE to discuss and describe the following modes of transport.

E.g.   En barco se va divinamente.

> **avión   autobús   bicicleta   monopatín**
> **cintas transportadoras   patines   a pie**
> **a caballo   a gatas   metro**

▶ Write or role-play a dialogue about your studies or work using the words in the box.

> **allí   todavía   constantemente   despacio   mucho   jamás   quizás**

Comparative Constructions

27 Uses of comparative constructions [638–57]

(166)   Complete the dialogue with the phrases from the box. Note that various possibilities and combinations are possible. ✿✿

> cada día más   más y más   cada vez más
> cada día menos   menos y menos   cada vez menos

Dr. Garrido:	¿Le siguen los dolores cada vez que anda?
Sr. Carricajo:	Sí, ... / .... fuertes; apenas puedo andar.
Dr. Garrido:	Claro, ya le dije que le iba a doler .... / .... / ....
Sr. Carricajo:	Pero, camino .... / .... ¿Qué puedo hacer?
Dr. Garrido:	Se está haciendo .... / .... / .... perezoso. Esto de hacer .... / .... ejercicio es malísimo para su recuperación.
Sr. Carricajo:	Lo intento, de verdad. Pero me duele mucho.
Dr. Garrido:	¡Ya lo sé! Pero si hace un esfuerzo sus músculos se irán fortaleciendo y le dolerá .... cada día.

(167)   Make comparisons using **tan ... como, más ... que, menos ... que**. ✿✿
E.g.   La casa de mis padres tiene cinco dormitorios. La casa de mis tíos tiene dos dormitorios. > La casa de mis padres tiene **más** dormitorios **que** la casa de mis tíos.

(a)   Paco estudia diez horas. Pedro estudia dos horas.
      Pedro ....
(b)   Mi jardín mide cien metros. El de Susana mide cien metros también.
      Mi ....

(c) La gramática inglesa es fácil. La gramática china es difícil.

La gramática china . . . .

(d) Antes comía mucha verdura. Ahora como poca verdura.

Ahora . . . .

(e) El cha-cha-cha es alegre. El tango es triste.

El cha-cha-cha . . . .

(f) El tren es lento. El avión es rápido.

El avión . . . .

(g) Las fotos que tengo de Londres son buenas. Las de Barcelona son buenas también.

Las fotos de Londres . . . .

(h) La autopista nueva es segura. La carretera vieja es peligrosa.

La autopista . . . .

(i) Mi abuela es una persona discreta. Tu abuelo es un imprudente.

Tu abuelo . . . .

(j) Mi amiga pesa sesenta kilos. Yo peso ochenta kilos.

Mi amiga . . . .

(168) Complete the sentences using **tan . . . como** or **tanto/a/os/as . . . como**. ✿✿

(a) Mi coche es . . . . rápido . . . . el tuyo.

(b) Tiene . . . . amigos . . . . enemigos.

(c) Marisa lee . . . . revistas . . . . Paula.

(d) Yo soy . . . . alta . . . . mi hermana.

(e) Aquí hace . . . . frío . . . . en el Polo.

(f) Mi habitación es . . . . grande . . . . la tuya.

(g) En Madrid no hay . . . . gente . . . . en Londres.

(h) Tengo . . . . dinero . . . . mi padre.

(i) Los restaurantes de mi barrio son . . . . malos . . . . los del tuyo.

(j) Yo no conozco a . . . . cantantes . . . . tú.

(169) Correct and rewrite the following sentences. ✿✿

(a) Mi prima es tan alta que yo.

. . . .

(b) Fueron más que cuatrocientas personas al concierto.

. . . .

(c) Hoy hace menos calor de ayer.

. . . .

(d) Esta película es tanta buena como la otra.

. . . .

(e) Mi novio no es tanto listo que se cree.

. . . .

(f)   Le gusta tan la natación como el esquí.

....

(g)   Esta calle es tanta tranquila que la otra.

....

(h)   Cuantos más viejo, tan sabio.

....

(i)   Carmen es igual que baja que Julio.

....

(j)   No tiene tantos dinero de que pensaba.

....

(170)   Complete the sentences using **más de** or **más que** where appropriate.   ✿✿✿

(a)   Acudieron al estadio .... mil personas.
(b)   Lola es .... una amiga para mí.
(c)   Te he dicho .... mil veces que vengas aquí.
(d)   Este libro tiene .... ochocientas páginas.
(e)   No tengo .... deudas.
(f)   .... doscientos animales han sido sacrificados.
(g)   Estoy .... harta de la situación
(h)   En la manifestación había .... cuatro gamberros.
(i)   Tengo veinte años .... tú.
(j)   Siempre hablas .... la cuenta.

(171)   Write sentences using the three comparative structures **más ... que, menos ... que, tan ... como**.   ✿✿✿
E.g.   El libro de español es caro / El de griego / El de latín >
       El libro de español es más caro que el de griego.
       El libro de griego es menos caro que el de español.
       El libro de latín es tan caro como el de español.

(a)   Mi madre es simpática / Tu madre / Tu hermana

....

....

....

(b)   La blusa verde es bonita / La azul / La roja

....

....

....

(c)   La secretaria es eficaz / El contable / La telefonista

....

....

(d)   El sillón es cómodo / La silla / El sofá

....

....

(e)   El tigre es fuerte / El ciervo / El león

....

....

(f)   El juguete de madera es divertido / El de cartón / El de plástico

....

....

(g)   Tus ideas son raras / Mis ideas / Sus ideas

....

....

(h)   El reloj de pulsera es preciso / El reloj de pared / El despertador

....

....

(i)   El restaurante es moderno / La farmacia / El supermercado

....

....

(j)   El vino tinto es barato / El blanco / El rosado

....

....

....

COMMUNICATIVE EXERCISES

▶ Write or role-play a dialogue based on comparisons between the following pairs of objects.

internet / libro	**clásico / moderno**
ciudad / pueblo	**playa / campo**
agua / vino	**avión / coche**
amor / odio	**rojo / negro**

▶ Make comparisons with another student about the following subjects:

- tu casa
- tu coche
- tus pantalones
- tu familia
- tu novio/a

▶ Use the phrases in the box in exercise 166 to write or role-play a dialogue based on the following real or hypothetical situations:

- la salud de un familiar
- la cantidad de trabajo que tienes
- tu régimen de adelgazamiento
- los problemas con tus vecinos

Prepositions

28 Uses of prepositions [658–794]

(172) Complete the sentences with a preposition that corresponds to the position of the object in the diagram. ✿

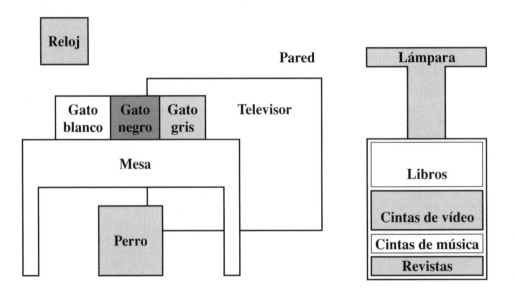

(1) El gato negro está .... el gato blanco y el gato gris.
(2) El gato blanco está .... del gato negro.
(3) El gato gris está .... del gato negro, también.
(4) El perro está .... de la mesa.
(5) Los tres gatos están .... la mesa.
(6) La mesa está .... del televisor.

(7)   El televisor está . . . . de la mesa.
(8)   La lámpara está . . . . la estantería.
(9)   El reloj está . . . . la pared.
(10)   Los libros están . . . . la estantería.
(11)   Los libros están . . . . las cintas de vídeo.
(12)   Las cintas de música están . . . . las cintas de vídeo y las revistas.

(173)   Insert the preposition **a** where necessary.   ✿✿

(a)   Me levanto . . . . las ocho y luego voy . . . . la piscina.
(b)   He tenido . . . . mucho miedo en el viaje.
(c)   Estoy escribiendo . . . . mano toda la tesis.
(d)   . . . . mí no me gustan las patatas fritas.
(e)   Elvira da comida . . . . los animales abandonados.
(f)   Es preciso . . . . decir toda la verdad.
(g)   Estaré allí . . . . las doce en punto.
(h)   Quiero . . . . comprar un regalo caro . . . . Julio.
(i)   El partido comienza . . . . la una y termina . . . . las tres.
(j)   ¿Hoy estamos . . . . jueves o . . . . viernes?

(174)   Insert the prepositions **ante**, **bajo**, **tras** or **contra** where necessary.   ✿✿

(a)   Tiene toda su fortuna . . . . el colchón.
(b)   Se reunieron . . . . el edificio de la O.N.U.
(c)   El toro iba corriendo . . . . los mozos.
(d)   El destino está . . . . mí.
(e)   No pudo controlar el coche y chocó . . . . el árbol.
(f)   Se presentó . . . . el juez.
(g)   El sol se ocultó . . . . la luna.
(h)   . . . . todo, quiero daros las gracias.
(i)   Los niños están . . . . la tutela de su padrastro.
(j)   Esperé . . . . el portal de su casa toda la noche.

(175)   Use the prepositions **en** or **de** with the words or phrases in the box to complete the following sentences.   ✿✿

otro	lana	telefonista	casa	pie	el hospital
	Sevilla	ocho	cinco minutos	la calle	

(a)   La cena estará preparada . . . .
(b)   La manta es . . . . de Escocia.
(c)   Estás enfermo y tienes que quedarte . . . . hasta el lunes.
(d)   ¿Te gustaría vivir . . . . país?

(e)   Tengo un nieto .... meses.
(f)   Trabajo .... en una empresa importante.
(g)   La lluvia .... es una maravilla.
(h)   La fiesta fue .... de Amparo.
(i)   La papelería está al final .... principal.
(j)   Estoy cansada porque llevo todo el día ....

(176)   Insert the prepositions **a**, **de** or **en** where necessary.   ✪✪

(a)   Coloca esa ropa .... el armario.
(b)   La señora Iglesias va .... visitar a su esposo.
(c)   Eva sólo ve el lado negativo .... las cosas.
(d)   Llevo una hora esperándote .... casa.
(e)   El avión que va .... Portugal es .... carga.
(f)   Hemos comprado muchas cosas .... San Francisco.
(g)   Cecilia va al gimnasio .... martes .... sábado.
(h)   ¿Dónde quedamos, ... tu casa o .... la mía?
(i)   ¿Quién llamará .... estas horas?
(j)   Comeremos el resto .... la merienda más tarde.

(177)   Rewrite the sentences, starting with a word that begins with a capital letter.   ✪✪

(a)   cinco a Hoy grados cero estamos bajo

....

(b)   trabajaré el Mañana turno noche de en

....

(c)   a vacaciones Iré de Italia

....

(d)   ¿por Hay aquí algún bar?

....

(e)   salir tren está El a de punto

....

(f)   películas son acción Las divertidas de

....

(g)   la vasos cocina Coloca los mesa sobre de la

....

(h)   desde en Vivo París agosto

....

(i) pared el contra Tiró plato la

....

(j) muy para Está su edad joven

....

(178) Link the beginnings and endings of the sentences with the appropriate preposition. ✿✿

(a)	Me gusta la tortilla	**DE**	ira por tu culpa.
(b)	Le envié las noticias	**A**	el campanario.
(c)	Las zapatillas están	**PARA**	más cebolla.
(d)	Mariano está rojo	**BAJO**	arreglar el vídeo.
(e)	Me voy	**CON**	la farmacia y el banco.
(f)	La cigüeña vuela	**DESDE**	correo electrónico.
(g)	Me he gastado	**ENTRE**	el verano pasado.
(h)	El bar está	**POR**	el último euro en ti.
(i)	No he visto a mis padres	**HASTA**	la cama.
(j)	El técnico está aquí	**SOBRE**	la playa mañana.

(a) ....

(b) ....

(c) ....

(d) ....

(e) ....

(f) ....

(g) ....

(h) ....

(i) ....

(j) ....

(179) Insert the prepositions **por** or **para** where necessary. ✿✿

(a) Quiero felicitarte .... tu ascenso.

(b) Todo está listo .... celebrar tu cumpleaños.

(c) .... ser la primera vez, has tenido mucha suerte.

(d) El Quijote fue escrito .... Cervantes.

(e) Está.............. que le encierren.

(f) Compré todos los muebles .... poco dinero.

(g) Le gusta pasear . . . . la calle con su abrigo nuevo.

(h) La película está autorizada . . . . todos los públicos.

(i) No voy a hacer nada . . . . ti.

(j) Alicia ha salido temprano . . . . la universidad.

(180) **Sin** or **según**. Underline the correct word. ✿✿

(a) He conseguido terminar el trabajo **sin** / **según** esfuerzo.

(b) **Sin** / **Según** tu padre, yo soy una mala influencia para ti.

(c) Lo hizo **según** / **sin** ayuda, pero lo consiguió.

(d) **Sin** / **Según** ti, no podemos jugar a las cartas.

(e) Se fue **según** / **sin** despedirse.

(f) **Según** / **Sin** el mapa, la carretera está a la derecha.

(g) **Sin** / **Según** Natalia, Pedro llegará mañana por la mañana.

(h) La paella me gusta **sin** / **según** pollo.

(i) No puedo viajar **según** / **sin** dinero.

(j) Seguiremos con el plan **según** / **sin** lo acordado.

(181) Answer the following questions using appropriate prepositions. ✿✿

(a) ¿Dónde está Madrid?

. . . .

(b) ¿Cómo escribes los ejercicios? (mano/máquina)

. . . .

(c) ¿Dónde viven tus padres?

. . . .

(d) ¿Cómo te gusta el café? (leche)

. . . .

(e) ¿A qué hora empieza la clase de español? (9 en punto)

. . . .

(f) ¿De qué material es la silla? (madera)

. . . .

(g) ¿Por dónde pasa este río? (centro del pueblo)

. . . .

(h) ¿Cuándo terminó la película? (11 . . . noche)

. . . .

(i) ¿Cómo cortó el árbol? (sierra)

. . . .

(j) ¿Es una casa cara? (un millón de euros)

. . . .

(182)   Insert the prepositions **entre, sobre** or **con** where appropriate.   ✿✿

(a)   He quedado .... mi profesor para hablar del examen.
(b)   No quiero hablar más .... el asunto.
(c)   Estaré en tu casa .... las cuatro y las cinco.
(d)   Tiene mucha paciencia .... los niños.
(e)   .... una cosa y otra no he podido terminar el libro.
(f)   .... tanto sol me voy a poner muy morena.
(g)   La clase de hoy fue .... el subjuntivo.
(h)   Le gustan las chicas .... personalidad.
(i)   El gato está durmiendo .... la alfombra.
(j)   .... tú y yo, ya no hay nada.

(183)   Complete the following sentences with these phrases.   ✿✿

de mármol	**sobre la delincuencia juvenil**
con mucho respeto	**para vivir bien**
de mal humor	**en media hora**
a pie al trabajo	**entre el camión y la señal**
por la antigua casa	**desde el mes de abril**

(a)   Ha estado sin trabajo ....
(b)   Le trataron ....
(c)   Hay que tener dinero ....
(d)   El coche está aparcado ....
(e)   Cuando tiene resaca está ....
(f)   Nos dieron mucho dinero ....
(g)   El suelo de la cocina es ....
(h)   Me gusta ir ....
(i)   La comida estará preparada ....
(j)   El debate fue ....

(184)   Begin at the centre and spiral out to find 31 prepositions in alphabetical order (including contractions such as *al* and *del*) that complete the spaces of the following sentences.   ✿✿

t	a	p	a	r	a	p	o	r	s	e	g	ú	n
s	c	i	m	a	d	e	e	n	c	o	n	t	s
a	n	t	e	d	e	d	e	n	t	r	o	r	i
h	e	n	d	e	b	a	j	o	c	o	d	a	n
a	n	a	s	a	l	r	e	d	e	n	e	d	s
i	e	l	é	e	c	a	d	e	d	c	d	e	o
c	e	e	v	d	r	▶	a	a	o	o	e	e	b
a	d	d	a	o	e	c	a	l	r	n	s	n	r
h	s	e	r	d	a	l	l	a	d	t	d	f	e
a	á	d	t	a	e	t	n	a	e	r	e	r	t
e	r	o	j	a	b	e	d	e	d	a	d	e	r
t	t	e	d	e	d	s	é	u	p	s	e	n	a
n	e	r	f	e	r	t	n	e	e	d	e	t	s

(1)   Voy .... Madrid para trabajar en el aeropuerto.
(2)   El jefe quiere hablarte .... la reunión.
(3)   Desde aquí veremos .... alcalde en el balcón.
(4)   En esta fotografía mi padre está .... mi madre.
(5)   Hay árboles .... la piscina para dar sombra.
(6)   Tengo .... mí el retrato de mi novia.
(7)   Miraba jugar a los niños .... la ventana.
(8)   Mi vecino está .... sospecha.
(9)   A mi abuelo le gusta comer chorizo .... pan.
(10) El coche chocó .... la pared.
(11) No quiero hablar .... mis problemas.
(12) El gato se ha metido .... la alfombra.
(13) ¿Por qué hay tanta gente .... nuestra casa?
(14) Te veré .... unos días.
(15) No hemos visto a mi hermana .... el verano.
(16) .... todo he decidido casarme con Juan.
(17) Creo que el libro se ha caído .... la estantería.
(18) Estoy especializado .... la literatura argentina.
(19) He dejado tus llaves .... la mesa como me dijiste.
(20) Estamos .... los experimentos con animales.
(21) El policia está .... la puerta y no creo que podamos pasar.

(22)   El partido .... el Real Madrid y el Valencia fue decepcionante.

(23)   No tengo miedo de hablar .... ti, pero es más difícil con otras personas.

(24)   El coche vino .... mí demasiado rápido.

(25)   Anoche te quedaste viendo la televisión .... muy tarde ¿verdad?

(26)   Gracias. Este premio es un gran honor .... mí.

(27)   La película *Días contados* fue dirigida .... Imanol Uribe.

(28)   Todo ocurrió muy deprisa, ... el testigo.

(29)   He salido de mi casa .... las gafas y no veo nada.

(30)   No tengo nada que decir .... el asunto.

(31)   El perro corrió .... el camión de bomberos.

(185)   Insert the words and phrases from the box into the following presentation.   ✪✪

alrededor de/del	antes de/del
acerca de/del	debajo de/del
delante de/del	detrás de/del
después de/del	en contra de/del
dentro de/del	junto a/al
enfrente de/del	

Sr. Rivero: (1) .... nada, quiero hablarles (2) .... proyecto de la remodelación del casco antiguo. (3) .... cada uno de ustedes encontrarán un plano con los detalles.

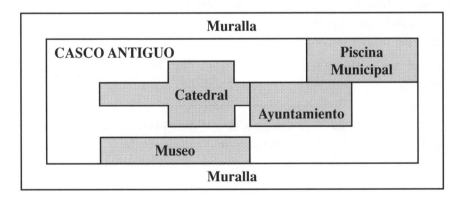

Pensamos empezar las obras (4) .... 15 de mayo. Como pueden ver, el casco antiguo está (5) .... la muralla romana. En el centro se encuentra la catedral que está (6) .... ayuntamiento. (7) .... ayuntamiento está la piscina

municipal que, (8) .... lo que muchos dicen, no altera el equilibrio histórico,
ya que se construyó encima de las antiguas termas romanas. De hecho, (9) ....
ayuntamiento se han encontrado restos de una villa con mosaicos. (10) ....
muchas discusiones, hemos decidido construir el nuevo museo (11) .... la
catedral y así conseguiremos un equilibrio arquitectónico. ¿Alguna pregunta?

(186)   Insert the prepositions **hasta**, **hacia** or **desde** where appropriate.   ✿✿

(a)   Llegaré a tu casa .... las seis.
(b)   El autobús llega .... el final de la línea.
(c)   No he visto a Marisa .... mayo.
(d)   El trabajo estará terminado .... media tarde.
(e)   .... Santander .... Burgos hay 200 kilómetros.
(f)   No me pondré a régimen .... después de Navidad.
(g)   Ha viajado en coche .... Moscú .... París.
(h)   Espérame que ya voy .... el restaurante.
(i)   .... aquí podemos ver todo el escenario.
(j)   Te he estado llamando .... las seis .... las diez y no
      estabas.

(187)   Underline the correct preposition.   ✿✿

(a)   Se disfrazaron **de** / **a** Reyes Magos.
(b)   Es una nación rica **para** / **en** recursos.
(c)   Las llaves deben de estar **por** / **desde** algún sitio.
(d)   El comercio cerrará **en** / **a** las nueve y media.
(e)   La manta está **sobre** / **de** el sofá.
(f)   Estoy enamorado **con** / **de** Susana.
(g)   Está **entre** / **bajo** la sombrilla porque hace mucho calor.
(h)   **Según** / **Sobre** el periódico, hoy va **de** / **a** llover.
(i)   Pedro durmió **en** / **hasta** la tarde.
(j)   Tengo que decidir **entre** / **por** el mar o la playa.

(188)   Insert the prepositional phrases from the box in the following
sentences.   ✿✿

antes de	dentro de	en contra de	debajo de	a través de
detrás de	alrededor de	delante de	después de	acerca de

(a)   Todos están .... Juan.
(b)   Se presentó .... Pilar vestido de payaso.
(c)   El tesoro está escondido .... las piedras.
(d)   .... marcharte, dame un beso.
(e)   Este castillo tiene .... doscientos años.

(f)   Mi hermano corrió .... mí, pero no me alcanzó.

(g)   .... comer, jugaremos a las cartas.

(h)   Los cigarros están .... la pitillera.

(i)   Tenemos que hablar .... la hipoteca.

(j)   Me enteré de la noticia .... la televisión.

(189)   Complete the following text with prepositions from the box.   ✿✿✿

> **salvo   de   hacia   del   por   entre**
> **hasta   contra   del   con**

Mientras la policía hablaba (a) .... los testigos, el fotógrafo (b) .... periódico *La verdad*, sacaba fotos (c) .... los restos (d) .... tren que, (e) .... la media noche, había chocado (f) .... un vagón abandonado. (g) .... ahora, él era el único representante (h) .... la prensa que estaba allí. (i) .... dos o tres curiosos, nadie más parecía tener interés (j) .... el accidente.

(190)   Insert the most appropriate preposition (none are repeated).   ✿✿✿

(a)   Estoy harta .... esperarte tanto.

(b)   Está triste .... tu culpa.

(c)   Beber es malo .... la salud.

(d)   Soy profesor en la escuela .... enero .... septiembre.

(e)   Mi cumpleaños es .... invierno.

(f)   El probador está al fondo .... la derecha.

(g)   No podía entenderle porque hablaba .... los efectos del alcohol.

(h)   Se expresa .... mucha facilidad.

(i)   El policía corre .... el ladrón.

(j)   Yo no veo tanta diferencia .... tu casa y la mía.

(191)   **Por** or **para**? Underline the correct word.   ✿✿✿

(a)   No encuentro a Juan **por** / **para** ninguna parte.

(b)   Yo creo que hoy está **por** / **para** nevar.

(c)   Estaré lista **para** / **por** salir en unos minutos.

(d)   Le dispararon **para** / **por** la espalda.

(e)   El enfermo fue dado de alta **por** / **para** el médico.

(f)   Trabaja **por** / **para** las mañanas en un estanco.

(g)   Estas cartas son **para** / **por** ti.

(h)   El ladrón fue detenido **por** / **para** la policía.

(i)   **Para** / **Por** cantar así, mejor que se calle.

(j)   Está muy alto **por** / **para** su edad.

(192) Insert the prepositional phrases from the box in the following announcement.   ✿✿✿

en el transcurso de/del		**en razón de/del**
a raíz de/del	**a nivel de/del**	**a través de/del**
en el marco de/del	**en torno a/al**	**a lo largo de/del**
en función de/del		**en calidad de/del**

D. Agustín: (1) .... los problemas (2) .... la remodelación de las aulas, la universidad ha decidido cerrar el edificio (3) .... las normas de seguridad. Intentaremos arreglar la situación (4) .... verano para que vuelvan a funcionar (5) .... institución escolar. Sabemos que esto es un inconveniente (6) .... período de los exámenes, pero esta vez tendremos en cuenta lo que han hecho (7) .... año para no perjudicar sus notas. Esta medida se tomará (8) .... todos los departamentos. Espero que se acepte este acuerdo (9) .... compromiso y (10) .... las necesidades. Les mantendré informados en la próxima reunión. Gracias.

COMMUNICATIVE EXERCISES

▶   Write or role-play a dialogue with the following pairs of VERBS and VERBS + PREPOSITION so that the differences between them are clear.

Correr   ....

Correr con   ....

Arreglarse   ....

Arreglarse con   ....

Contar   ....

Contar con   ....

Acabar   ....

Acabar con   ....

▶   When you move house (*mudarse de casa*) you have to give clear instructions to the removal workers. Make phrases that link different items of furniture with the rooms where they must go, using appropriate prepositions.

E.g.   La nevera va **a** la cocina. El cuadro grande es **para** la habitación de matrimonio. El sillón irá **junto a** la chimenea.

► Take a good look around your place of study and then close your eyes. A fellow student will now test your memory by asking you where certain objects are located. Describe their position using prepositions. See how many objects you can place correctly and then test your partner.

► Alternatively, without looking directly at the object, choose something in your place of study and describe its location to a fellow student, who must guess which object you are describing.

    E.g.   *Pedro*:   Está en la mesa al lado de la ventana, entre el libro azul y el cuadro.
           Ana: ¿Es el reloj?
           Pedro: ¡Sí!

► Use the words and phrases from the box to describe your ideal home both inside and out.

alrededor de	**detrás de**	**frente a**	**fuera de**	**debajo de**
dentro de	**encima de**	**cerca de**	**lejos de**	

Constructions with Verbs and Nouns

29 General rule and use [795–822]

(193) Complete these sentences with the dependent infinitives from the box. ✿

---

compartir   dar   estudiar   llamar   lavar   hacer   volar
escuchar   estar   llegar

(a) Me alegra .... feliz a los demás.
(b) ¿Te apetece .... una vuelta por el pueblo?
(c) Conviene .... al aeropuerto una hora antes del vuelo.
(d) Agradezco .... estas horas contigo.
(e) ¿Crees que no te hace falta .... para el examen?
(f) A Fernando le toca .... el coche esta semana.
(g) Me molesta .... los ruidos de los vecinos.
(h) ¿Te gusta .... o te da miedo?
(i) A mí no me interesa .... todo el día en la playa.
(j) Cada vez que intento .... por teléfono, está estropeado.

(194) NON-REFLEXIVE VERBS TAKING **A** WITH A DEPENDENT INFINITIVE. Complete the text with the phrases from the box. ✿✿

---

un actor profesional   profesor   compañías independientes
cierto éxito   la deuda   famoso   arte dramático
papeles dramáticos   festivales de teatro   audiciones

Emilio Sanz aspira a ser (a) .... Aprendió a interpretar (b) .... en la universidad, donde comenzó a estudiar (c) .... en serio. Ahora contribuye a organizar (d) .... Piensa llegar a ser (e) .... y así podrá pagar (f) .... que tiene contraída con la universidad. Probará a hacer (g) ...., pero no renunciará a trabajar con (h) .... Aunque empieza a lograr (i) ...., él dice que siempre puede volver a ser (j) .... y ayudar a formarse a otros actores jóvenes.

(195)   Make twenty sentences by matching the verbs in the first part (1–20) with their dependent infinitives in the second part (I–XX). ✿✿

(1)	Nadie consiguió . . .	I	. . . ir a la fiesta?
(2)	Los budistas creen . . .	II	. . . estar muerto.
(3)	Debes . . .	III	. . . conducir un Ferrari?
(4)	El jefe buscó . . .	IV	. . . comer otro trozo de pastel?
(5)	Los jóvenes de hoy dudan . . .	V	. . . vivir conmigo!
(6)	Mi hija ha decidido . . .	VI	. . . cazar pájaros sin éxito.
(7)	¿Podemos evitar . . .	VII	. . . ganar el concurso.
(8)	El malo de la película fingió . . .	VIII	. . . vivir sola.
(9)	Ha sufrido tanto que merece . . .	IX	. . . quererme para siempre.
(10)	Prefiero . . .	X	. . . morir con dignidad.
(11)	Logré . . .	XI	. . . estar de viaje.
(12)	Mi gato intenta . . .	XII	. . . ver a Dios en cada animal.
(13)	¿Te imaginas . . .	XIII	. . . programar el vídeo.
(14)	¡Espero que no pretendas . . .	XIV	. . . encontrar trabajos permanentes.
(15)	¡Quiero . . .	XV	. . . leer un libro que ver la tele.
(16)	Llamé a su casa, pero él resultó . . .	XVI	. . . aguantar este ruido más.
(17)	Tú me prometiste . . .	XVII	. . . ir a mi escuela en bicicleta.
(18)	Tengo hambre, ¿puedo . . .	XVIII	. . . terminar tus deberes pronto.
(19)	Cuando era joven, solía . . .	XIX	. . . ser bailarín!
(20)	No pienso . . .	XX	. . . arreglar la disputa entre sus socios.

(196)   VERBS OF ORDERING AND INFLUENCE, TAKING **A** WITH A DEPENDENT INFINITIVE. Complete the dialogue with the infinitives from the box. ✿✿

> **interpretar   salir   aprovechar   cantar
> pagar   entrar   aprender   tocar**

Jorge: ¿Cómo empezaste tu carrera de cantante?
Pedro: Mis padres me animaron a (a) .... a cantar. Desde que era pequeño me acostumbré a (b) .... canciones para el resto de la familia. Luego, me ayudaron a (c) .... mis estudios.

Jorge: ¿Cuándo llegó tu oportunidad de hacerte famoso?

Pedro: A los quince años me invitaron a (d) .... en un concurso de la tele. Como tenía mucho miedo, tuvieron que obligarme a (e) .... en el escenario. Y, contra todos los pronósticos, lo gané. La experiencia fue muy buena.

Jorge: ¿Qué podrías aconsejarme si decidiera empezar una carrera artística?

Pedro: Pues, si yo te enseñara a (f) .... , lo primero que haría sería animarte a (g) .... todas las oportunidades que tuvieras para actuar. Incluso te obligaría a (h) .... un instrumento y a cantar en la calle para que adquirieras experiencia y encima ganaras algo de dinero.

(197)   VERBS TAKING **DE** WITH A DEPENDENT INFINITIVE. Complete the text with the correct conjugations of the verbs from the box.   ✿✿

dispensar de	**disuadir de**	**consolar de**	**culpar de**	**acusar de**

Juan me (a) .... ser egoísta con los demás y me (b) .... no ayudar a mi padre nunca. Pero no es verdad. Yo también necesito que me (c) .... haber perdido a mi madre y no le (d) .... criticarme de esta forma. Lo que pasa es que todos sus comentarios me (e) .... llamarle porque sé, que si le llamo, volverá a hacerme reproches otra vez.

(198)   REFLEXIVE AND NON-REFLEXIVE VERBS TAKING **DE** WITH A DEPENDENT INFINITIVE. Complete the sentences with appropriate verbs from the box.   ✿✿

ver	preparar	decir	dar	localizar
comprar	pintar	fumar	sacar	comer

(a)   ¡Acaban de .... un bocadillo y ya tienen hambre otra vez!

(b)   Desde que dejé de .... no he vuelto a toser.

(c)   Trato de .... a mi hermano, pero tiene el teléfono móvil apagado.

(d)   He terminado de .... la cerca y ha quedado muy bien.

(e)   Mi mujer se abstiene de .... chocolate cuando está de régimen.

(f)   ¿Os acordaréis de .... comida al perro?

(g)   Me alegro de .... a mis padres.

(h)   Nunca me canso de .... lo mucho que te quiero.

(i)   No te olvides de .... algo rico para cenar esta noche.

(j)   Estos chicos se vanaglorian de .... mejores notas que nosotros.

(199)   REFLEXIVE VERBS TAKING **EN** WITH A DEPENDENT INFINITIVE.
Complete each sentence with a phrase from the box.   ✿✿

> **se ocupe en arreglar**   **nos divertíamos en parecer**
> **se recrea en asustar**   **te deleitabas en causar**
> **me esmero en preparar**

(a)   Cuando éramos jóvenes .... mayores con la ropa de nuestros padres.
(b)   Estoy segura de que .... todo tipo de problemas.
(c)   Espero que tu abogado .... los asuntos de la herencia.
(d)   Siempre .... la casa antes de Navidad.
(e)   La nueva maestra .... a sus alumnos.

(200)   Complete the sentences with either **con**, **para** or **por**.   ✿✿

(a)   El matón me amenazó .... pegarme si intentaba entrar en el bar.
(b)   Eres tan insistente que terminaré .... darte todo lo que tengo.
(c)   Aunque mi perro es muy grande, se contenta .... correr por el jardín.
(d)   Me muero .... conocer a tu novio.
(e)   Su edad lo imposibilita .... trabajar como camionero.
(f)   Mi jefe me ha autorizado .... cerrar este trato en su ausencia.
(g)   Los trabajadores han optado .... terminar la huelga.
(h)   ¿Nunca has soñado .... tener tu propio negocio?
(i)   El diseñador acabó .... limitar su colección de primavera.
(j)   Marisa rabiaba .... tener un trabajo como el mío.

(201)   Insert the verbs with dependent gerunds from the box into the sentences.   ✿✿
E.g.   Mi perro (continuar + aullar) **continúa aullando** porque no ha comido.

> **seguir + pensar**   **llevar + esperar**   **continuar + actuar**
> **seguir + querer**   **llevar + vivir**

(a)   .... con mis padres muchísimos años y no sé cuidar de mí mismo.
(b)   No entiendo por qué .... a Alejandro después de todo lo que te ha hecho.
(c)   No conseguí el trabajo porque mi reloj se estropeó y cuando llegué a la entrevista lo primero que me dijeron fue que me .... más de media hora.

(d)   .... que ha sido una mala idea venir a ver a tus padres.

(e)   ¿Vais a .... de esta manera tan infantil?

(202)   Complete the sentences with a suitable conjugation of **seguir**, **continuar** or **llevar**.   ✿✿

(a)   Mi profesor me dijo que me callara, pero yo .... hablando hasta que me expulsó de la clase.

(b)   Creo que el horno está estropeado. .... diez minutos esperando a que se caliente y no noto nada.

(c)   No me importa lo que digan, ... haciendo mi vida como hasta ahora.

(d)   Aunque estamos en octubre la hierba .... creciendo.

(e)   Tu perro .... una hora esperándote en la puerta.

(203)   NON-REFLEXIVE VERBS TAKING **EN** WITH A DEPENDENT INFINITIVE. Complete each sentence with a phrase from the box.   ✿✿✿

ha tardado en llegar	**insistió en no comer**
vacilaron en arreglarme	**consintió en aplazar**
condescendió en posar	**perseveró en terminar**
dudaba en poner	**insistimos en tener**
quedaron en escuchar	**hicieran bien en mandarme**

(a)   No creo que mis padres .... a un colegio interno.

(b)   El paquete .... cuatro semanas.

(c)   Aunque estaba lesionado .... la carrera.

(d)   Mi esposa y yo siempre .... una habitación con vistas al mar.

(e)   Maribel .... fin a su relación con su novio.

(f)   Los del taller .... el coche.

(g)   Charo .... nada hasta el día de su boda.

(h)   Las autoridades .... nuestras quejas.

(i)   La famosa actriz .... para nuestra revista.

(j)   El profesor .... el examen.

(204)   Complete the text with the reflexive verbs in parentheses.   ✿✿✿

Yo estaba empezando a (aburrirse de) (1) .... las relaciones pasajeras, cuando conocí a Marina. Yo (asombrarse de) (2) .... su inteligencia la primera vez que la conocí y casi, me atrevo a decir, que fue amor a primera vista. Lo cierto es que de pronto (enamorarse de, yo) (3) .... ella. Claro está que mis amigos (escandilizarse de, ellos)

(4) .... oírme hablar de una mujer de esta forma, pero los
que me conocen de verdad no (extrañarse de, ellos) (5) ....
mi actitud porque saben que en el fondo soy un romántico.

Sin embargo, al principio, Marina (preocuparse de, ella) (6) ....
mi fama de mujeriego y mis amigos, desde luego, no ayudaban nada, pero yo le
expliqué que no (jactarse de, yo) (7) .... esa reputación y
tampoco (vanagloriarse de, yo) (8) .... haber salido con tantas
mujeres. Yo temía que ella (espantarse de, ella) (9) ....
mí, así que un día hablamos mucho y terminamos por (reírse de, nosotros) (10)
.... el pasado y pensar en nuestro futuro juntos.

Yo creo que nuestra relación (beneficiarse de) (11) ....
tanta honestidad y nunca pienso (aprovecharse de, yo) (12) ....
la confianza que ella ha puesto en mí. Ahora, puedo decir que ella (reírse de)
(13) .... mi pasado y mis amigos (maravillarse de, ellos)
(14) .... lo bien que nos va, mientras Marina y yo (admirarse
de, nosotros) (15) .... llevar casados y felices más de diez
años.

COMMUNICATIVE EXERCISES

▶   Use the phrases in the box in exercise 201 to write or role-play a dialogue
    based on the following situations:

    •   una conversación de tú a tú [a heart to heart conversation] con un
        amigo
    •   aconsejar a un compañero sobre su futuro

▶   Use the phrases in the box in exercise 203 to write or role-play a dialogue
    based on the following situations:

    •   tu boda
    •   una fiesta familiar
    •   una reunión de trabajo

Conjunctions

30 Use of some conjunctions [823–56]

(205) Insert either **pero** or **sino** into the following sentences. ✪

(a) Yo no soy sagitario, ... acuario.
(b) No me gustan los perros, ... los gatos, sí.
(c) Tu padre no era simpático, ... era popular.
(d) Tu padre no era simpático, ... bastante desagradable.
(e) El soldado fue un cobarde, ... le trataron como a un héroe.
(f) El atleta belga no llegó el primero, ... el último.
(g) Sus abuelos nunca han sido pobres, ... han tenido problemas de dinero.
(h) Sus abuelos nunca han sido pobres, ... ricos.
(i) Sois listos, ... perezosos.
(j) No sois trabajadores, ... vagos.

(206) Complete the sentences with **ni**, **o**, **pero**, **sino**, **y** or **e**. ✪✪

(a) Tengo muchos proyectos .... ideas en la cabeza.
(b) Petra es una mujer buena .... cariñosa.
(c) Es muy valiente, ... no le gustan las arañas.
(d) No sé si ponerme el vestido azul .... el rojo.
(e) La paella está buena, ... un poco salada.
(f) No sólo se comió su comida, ... la mía.
(g) Entre hoy .... mañana decidiremos las vacaciones.
(h) *Fresa y chcocolate* no es una película española, ... cubana.
(i) Estoy estudiando la carrera de Geografía .... Historia.
(j) No tengo .... idea de lo que me hablas.

(207) Underline the correct conjunction. ✪✪

(a) Nos quedamos en el estadio **y** / **pero** vimos el final del partido.
(b) Decídete Anita: **o** / **ni** te pones los pantalones **o** / **ni** te pones la falda.

(c)   Está muy deprimida **sino** / **porque** no adelgaza.

(d)   No quiero **ni** / **que** oír hablar de tu hermana.

(e)   El problema no es el dinero, **pero** / **sino** el tiempo.

(f)   Ponte el abrigo, **que** / **qué** hace mucho frío.

(g)   Es guapo, simpático **e** / **y** inteligente.

(h)   Quiero tomarme un helado, **pero** / **si** me duelen los dientes.

(i)   No sólo estudia, **sino** que / **pues** que trabaja.

(j)   No sé **si** / **sí** decírselo ahora o luego.

(208)   Answer the questions in the style of the example.   ✿✿

E.g.   ¿Te gustan los perros y los gatos? > **No, no** me gustan **ni** los perros **ni** los gatos.

(a)   ¿Han llegado Clemente y Arturo?

No, ...

(b)   ¿Desayuna fruta y cereales por la mañana?

....

(c)   ¿Has estudiado las lecciones una y dos?

....

(d)   ¿Irás a Méjico y a Venezuela este verano?

....

(e)   ¿Preparas la ensalada con tomate y cebolla?

....

(f)   ¿Hoy llueve y hace frío?

....

(g)   ¿Este ordenador tiene internet y DVD?

....

(h)   ¿Te robaron el televisor y el equipo de música?

....

(i)   ¿Le compraron tarta y helado en su cumpleaños?

....

(j)   ¿Me escribirás y me llamarás por teléfono?

....

(209)   Rewrite the sentences, starting with the word that begins with a capital letter.   ✿✿

(a)   sal las a Es lentejas y añadir necesario más pimienta

....

(b)   hambre   a   porque   Voy   comer   tengo

....

(c)   de   fui   tan   que   la   fiesta   Estaba   harta   me

....

(d)   ¿frío   No   sin   sin   tienes   abrigo   jersey   y?

....

(e)   leer,   no   muchos   pero   libros   tenemos   gusta   Nos

....

(f)   al   compra   Si   mercado,   vas   huevos

....

(g)   que   sino   descanses   No   trabajes,   que   quiero

....

(h)   roja   herida   Esta   inflamada   está   e

....

(i)   todos   mas   días,   Practico   no   bailar   los   puedo

....

(j)   un   pequeño   aunque   Tengo   coche,   es

....

(210)   Translate the following sentences into English.   ✿✿

(a)   A mí no me gusta ni el marisco ni el pescado.

....

(b)   Luis es serio, pero amigable.

....

(c)   Raquel e Ignacio no sólo son hermanos, sino amigos.

....

(d)   Tengo que dar un discurso, pero no sé que decir.

....

(e)   Él no es ni tímido ni estúpido, sino cauteloso.

....

(211)   Match the two parts of a sentence together with **porque**.   ✿✿
E.g.   Tengo que colgar el teléfono. Tengo prisa. > **Tengo que colgar el teléfono porque tengo prisa**.

(a)	Necesito los apuntes	(1)	estoy con gripe.
(b)	Tengo que vender el coche	(2)	es muy tímida.
(c)	Me quedé en casa	(3)	me gusta viajar y hablar con la gente.
(d)	El trabajo me gusta	(4)	llegó dos horas tarde a la cita.
(e)	No sale nunca a bailar	(5)	no tengo dinero.
(f)	Estudia a todas horas	(6)	no podía dormir.
(g)	No puedo ir a trabajar hoy	(7)	quiere ser médico.
(h)	Está enfadada con Emilio	(8)	quería ver el partido.
(i)	Se fue a pasear de madrugada	(9)	tengo un examen.
(j)	Estudio idiomas	(10)	no es aburrido.

(212)   Insert either **y** or **e** in the following sentences.   ✿✿

(a)   Me encanta la música, el cine .... el teatro.
(b)   Hablo inglés, español .... italiano.
(c)   Cuando como deprisa me da tos .... hipo.
(d)   A mis dos gatos, Chufa y Flynn, les gusta comer pescado .... hígado.
(e)   Lavo el arroz .... hiervo el agua antes de meterlo.
(f)   No sé que le pasa a Ana que se ha vuelto llorona .... hipocondríaca.
(g)   Mi compañero de piso es un hombre vulgar .... ignorante.
(h)   Javier dice que *Sonrisas* .... *lágrimas* es una película sentimental ....
      entretenida.
(i)   Los médicos aseguran que la comida con potasio .... hierro es buena
      para la salud.
(j)   Tengo que lavarme .... irme deprisa.

(213)   Can you insert the parts of the sentences (a–j) in the spaces (1–10) to complete a single sentence?   ✿✿

(1) .... **no**

(2) .... **ni**

(3) .... **ni**

(4) ...., **sino**

(5) ....; **pero**

(6) .... **porque**

(7) .... **e**

(8) .... **luego**

(9) .... **y**

(10) ....

(a) las películas de terror	(f) las películas de aventuras
(b) histérica que	(g) dormirme
(c) apenas las veo	(h) me gustan
(d) las películas románticas	(i) me ponen tan nerviosa
(e) tengo problemas para irme a la cama	(j) A mí

(214) Complete the sentences with **porque**, **por qué** or **porqué**. ✿✿✿

(a) ¿ . . . . no me escribes?
(b) No puedo ser médico . . . . me desmayo con la sangre.
(c) Quiero saber el . . . . de tu decisión.
(d) Iré a la playa este verano . . . . me encanta el sol.
(e) Tiene dinero . . . . ahorra mucho.
(f) ¿ . . . . estás enfadado conmigo?
(g) No sé . . . . quieres jugar con él.
(h) ¿ . . . . no me llamas? . . . . no quiero.
(i) Ahora entiendo . . . . no querías venir.
(j) No conocemos el . . . . de tu silencio.

(215) Complete the following sentences with appropriate conjunctions selected from the box. ✿✿✿

pero   conque   porque   o   ni   si   ni   u
que   pero   sino   e

(a) Me gusta Luis . . . . es sociable . . . . imaginativo.
(b) Tiene mucha hambre, ... prepárale una buena comida.
(c) Puedo recordar su cara, ... no puedo recordar su nombre.
(d) ¿Quieres jugar al golf . . . . estás demasiado cansado?
(e) . . . . preguntan por mí, estoy en una conferencia.
(f) Saben . . . . tienen que estudiar.
(g) No creo en su clemencia, ... en su castigo.
(h) Ya sé que es feo, ... me gusta un montón.
(i) Tengo diez . . . . once libros repetidos.
(j) . . . . a ti . . . . a mí nos interesa esta relación.

(216) Answer each question with a phrase from the box. ✿✿✿

Porque quiere.	Que no, que no quiero.
Mientras dormía.	Roberto e Isabel.
Para que cocines.	Dice que pares.
Ni una palabra.	Dos hijos y una hija.
Ni frío, ni calor.	¡Ni lo sueñes!

(a)   ¿Qué dice el policía?

....

(b)   ¿Hablas esperanto?

....

(c)   ¿Bailas?

....

(d)   ¿Me regalas tu abrigo de piel?

....

(e)   ¿Cuándo robaron en tu casa?

....

(f)   ¿Por qué es tan extravagante?

....

(g)   ¿Cómo se llaman tus primos?

....

(h)   ¿Por qué me has comprado una olla?

....

(i)   ¿Qué tiempo hizo en el viaje?

....

(j)   ¿Tiene mucha familia?

....

(217)   Correct and rewrite the sentences where necessary.   ✪✪✪

(a)   En el zoo hay leones, jirafas y hipopótamos.

....

(b)   Me ha mentido, mas no me importa.

....

(c)   Sí me llamas esta tarde, podemos ir de compras.

....

(d)   En este restaurante no se puede no fumar no beber alcohol.

....

(e)   No irá a Brasil este invierno, si no que se quedará en Gales.

....

(f)   ¿Qué prefieres con el tomate: perejil o orégano?

....

(g)   Quiero estudiar español por qué quiero ser profesor.

....

(h)   Dile a tu madre por qué no has ido al colegio.

....

(i)   Paco es tan inútil qué nadie quiere trabajar con él.

....

(j)   La cena cuesta 100 o 150 euros.

....

COMMUNICATIVE EXERCISES

▶   Write or role-play a dialogue based on the following:

La ilusión de tu vida es hacer un viaje solo/a por China. A tus padres no les gusta la idea de que viajes solo/a y además les preocupa que no hables chino. El diálogo será en términos de discusión. Utiliza las conjunciones que has estudiado para dar fuerza a los argumentos.

▶   Use the conjunctions from the box to discuss your likes and dislikes.

E.g.   No me gustan ni los gatos ni los perros, sino los pájaros porque son muy simpáticos y no cuesta mucho mantenerlos.

sino	**ni . . . ni**	**pero**	**y**	**e**	**o**	**porque**

▶   Use **pero** and **sino** to write or role-play a description of yourself that might be useful for a curriculum vitae.

E.g.   No hablo japonés, pero domino el español.
No soy vago, sino cuidadoso.

The Verb: Conjugation

REGULAR VERBS

31 Present indicative [857–60]

(218) Complete the verbs using the endings that correspond to the present indicative. ✿

ESTUD<u>IAR</u>

(a) Ellos/Ellas/Ustedes **estudi**.......   (d) Él/Ella/Usted **estudi**.......
(b) Yo **estudi**.......   (e) Tú **estudi**.......
(c) Nosotros/as **estudi**.......   (f) Vosotros/as **estudi**.......

LE<u>ER</u>

(a) Él/Ella/Usted **le**.............   (d) Nosotros/as **le**.............
(b) Ellos/Ellas/Ustedes **le**.............   (e) Yo **le**.............
(c) Vosotros/as **le**.............   (f) Tú **le**.............

ESCRIB<u>IR</u>

(a) Vosotros/as **escrib** ....   (d) Tú **escrib** ....
(b) Él/Ella/Usted **escrib** ....   (e) Ellos/Ellas/Ustedes **escrib** ....
(c) Nosotros/as **escrib** ....   (f) Yo **escrib** ....

(219) Complete the sentences using the conjugations of the verbs from exercise 218. ✿

(a) Mis hermanos .... con una letra muy clara.
(b) Yo .... mejor en la biblioteca que en casa.
(c) Alejandra .... cartas a sus amigos.
(d) ¿Usted .... el periódico en inglés o en español?
(e) Vosotros .... latín y griego en la escuela.
(f) Tú .... novelas de Bernardo Atxaga.

(220)   Write the following sentences in the plural form.   ✿
(a)   Ella mira el cuadro del museo.

....

(b)   Yo nado mejor en la playa que en la piscina.

....

(c)   El profesor explica el ejercicio.

....

(d)   El avión llega con retraso.

....

(e)   Usted canta muy bien.

....

(f)   Vendo la casa y el coche a mi amigo.

....

(g)   El perro guarda la casa.

....

(h)   Él discute con el vecino.

....

(i)   El jefe gana mucho dinero.

....

(j)   El niño llora siempre.

....

(221)   Answer the following questions with an affirmative.   ✿
E.g.   ¿Escribes muchas cartas? > **Sí, (yo) escribo muchas cartas**.
(a)   ¿Comes mucho chocolate?   ....
(b)   ¿Vivís en una ciudad grande?   ....
(c)   ¿Ella baila flamenco?   ....
(d)   ¿Estudian español?   ....
(e)   ¿Cantas canciones populares?   ....
(f)   ¿Escribís muchas cartas?   ....
(g)   ¿Bebes vino?   ....
(h)   ¿Él prepara la ensalada?   ....
(i)   ¿Hablas por teléfono con Sara? ....
(j)   ¿Pronuncias bien las erres?   ....

(222)   Write the following sentences in the singular form.   ✿
(a)   Ustedes copian las lecciones.

....

(b)   Los atletas corren los maratones.

....

(c)   Vosotras miráis las obras de arte.

....

(d)   Ellas viajan por todo el mundo.

....

(e)   Nosotros compartimos los despachos.

....

(f)   Las niñas saltan en los patios.

....

(g)   Ustedes aplauden con entusiasmo.

....

(h)   Vosotros coméis con vuestros compañeros.

....

(i)   Mis amigas viven cerca de mi casa.

....

(j)   Las vendedoras gritan mucho.

....

(223)   Correct the sentences.   ✿

(a)   Ustedes abrís la tienda a la una.

....

(b)   Amparo y José fumas mucho en casa.

....

(c)   Mis hermanos veís demasiada televisión.

....

(d)   El jardinero cortar los árboles todas las primaveras.

....

(e)   Mi madre lavas la ropa cada semana.

....

(f)   Yo no comprendes la gramática.

....

(g)   ¿Qué bebéis tus invitados en la cena?

....

(h)   Tú vende la moto porque no te gusta.

....

(i)   El perro subes al sofá.

....

(j)   ¿Vosotros vivis en el centro de la ciudad?

....

(224)   Complete the dialogues with the conjugated forms of the given verb.   ✿

(a)   CANTAR

Penélope: ¿Tienes algún talento especial?
Ariadna: Sí, ... flamenco.
Penélope: ¿ .... bien?
Ariadna: Sí, ... bastante bien. .... en un
            grupo de tres que se llama 'Toquecita'.
Penélope: ¿Dónde .... vosotros normalmente?
Ariadna: .... por los bares de Madrid.
Penélope: ¿Cómo os recibe la gente?
Ariadna: Las personas que van a estos bares ya conocen nuestras canciones
            y .... con nosotros.

(b)   COMER

Jorge: Tengo hambre, pero no puedo comer porque estoy un poco gordo.
Eduardo: .... demasiado.
Jorge: No, no .... demasiado. Es que .... mal.
Eduardo: ¿Qué .... ?
Jorge: .... mucha carne porque mi padre es carnicero.
          Mis hermanos y yo .... carne a todas horas.
Eduardo: ¿Qué tipo de carne .... vosotros?
Jorge: .... carne de vaca, de cerdo, de cordero, de todo.
Eduardo: ¿Tus padres nunca .... pescado?
Jorge: No, nunca. Mi familia sólo .... carne.

(c)   VIVIR

Isabel: ¿Dónde .... tus amigos?
Vicente: La mayoría .... en la ciudad, pero hay uno que se
            llama Miguel que .... en el campo.
Isabel: ¿Miguel .... en una granja?
Vicente: No, su familia .... en un chalet. Y tú y tus padres,
            ¿dónde .... ?

Isabel: Nosotros .... en un apartamento cerca del puerto.
Vicente: ¿Ah, sí? Pues yo .... cerca del puerto también.
Isabel: ¿En qué calle .... ?
Vicente: .... en la calle Estrella.
Isabel: ¡Anda, la calle Estrella! Allí .... mis abuelos.

(225)   Conjugate the verbs that appear in brackets.   ✿

(a)   Los españoles (tomar) .... mucho vino.
(b)   Ella (creer) .... que tú eres un mentiroso.
(c)   Nosotros nunca (hablar) .... inglés en la clase.
(d)   Yo (escribir) .... a todos mis amigos.
(e)   Vosotros (recibir) .... muchas tarjetas en Navidad.
(f)   Yo (responder) .... siempre a todas las preguntas.
(g)   ¿Pepe (vender) .... su casa de la playa?
(h)   Nosotras (llorar) .... con frecuencia.
(i)   Ustedes no (contestar) .... nunca al teléfono.
(j)   El pintor (mirar) .... el paisaje con admiración.

(226)   Complete the text by conjugating the verbs indicated in brackets.   ✿

Teresa (vivir) (1) .... en Lima con sus padres. Ella (trabajar)
(2) .... en un hospital que está muy lejos de su casa, por eso
(levantarse) (3) .... muy temprano todos los días. Sus padres y
ella (desayunar) (4) .... juntos y después (compartir)
(5) .... el mismo coche para ir al trabajo. A Teresa le (gustar)
(6) .... mucho su trabajo y las personas que (trabajar)
(7) .... con ella. Ella (comer) (8) .... en el hospital
y, así, (ahorrar) (9) .... dinero porque (ganar) (10) ....
muy poco. En el futuro quiere (estudiar) (11) .... para ser médica.

(227)   The answers to questions about the text in exercise 226 are given below.
Now write the questions.   ✿

(a)   ¿ ....?
      Teresa vive en Lima con sus padres.

(b)   ¿ ....?
      Se levanta muy temprano.

(c)   ¿ ....?
      Sí, desayunan juntos.

(d)   ¿ ....?
      El hospital está lejos de su casa.

(e)   ¿ ....?
      Sí, comparten el mismo coche.

(f)   ¿ . . . .?
      Sí, le gusta su trabajo.

(g)   ¿ . . . .?
      No, come en el hospital.

(h)   ¿ . . . .?
      Porque ahorra dinero.

(i)   ¿ . . . .?
      No, no gana mucho dinero.

(j)   ¿ . . . .?
      Quiere estudiar para ser médica.

(228)   Match up the beginnings and the endings of these ten sentences.   ✿

(a)   El médico   (1)   escribe su primera novela.
(b)   Nosotros   (2)   bebe demasiado.
(c)   Los actores   (3)   votáis en las elecciones.
(d)   Mi amigo   (4)   bailamos muy mal.
(e)   El gato   (5)   come mucha grasa.
(f)   La escritora   (6)   ganas amigos cada día.
(g)   Yo   (7)   cura a los enfermos.
(h)   Vosotras   (8)   maúlla sin parar.
(i)   Usted   (9)   actúan muy bien.
(j)   Tú   (10) corto el césped del jardín.

(229)   Can you find 20 stems for verbs ending in -IR that have a vowel change from **E** to **I**? The first letter of each stem is indicated in bold.   ✿✿

C	O	N	C	E	B	M	E	D
A	O	O	G	O	R	E	N	D
G	E	M	S	E	R	V	T	E
A	I	M	P	E	D	R	P	L
C	O	N	S	E	G	U	E	E
E	R	E	P	E	T	U	X	G
D	E	R	R	E	T	R	P	S
P	E	R	S	E	G	U	E	R
E	E	D	E	S	P	E	D	E
D	R	E	G	V	E	S	T	Ñ

(230) Rearrange the words to form a sentence, starting with the word that begins with a capital letter and changing the verb in bold to the appropriate conjugation in the present indicative. ✿✿

(a) dinero Los **ganar** dentistas mucho

....

(b) aprobar el **esperar** Alicia de conducir examen

....

(c) muchas Los cosas **preguntar** niños

....

(d) siempre en **comer** mismo restaurante el Vosotros

....

(e) **aprender** tocar guitarra la Yo a

....

(f) en de **trabajar** Usted compañía una seguros

....

(g) las con Vosotras notas **esperar** ansiedad

....

(h) amigo varios Mi idiomas **hablar**

....

(i) los tu Tú de hermano **esconder** juguetes

....

(j) hijos yo todos **correr** Mis el y por días parque los

....

32 Imperfect and preterite indicative [861–4]

(231) Complete the verbs with the endings that correspond to the imperfect and then the preterite tenses of the verbs. ✿

BAIL<u>AR</u>

(a) Ellos/Ellas/Ustedes **bail**............../...............
(b) Yo **bail**............../...............
(c) Nosotros/as **bail**............../...............
(d) Tú **bail**............../...............
(e) Vosotros/as **bail**............../...............
(f) Él/Ella/Usted **bail**............../...............

COMER

(a)   Él/Ella/Usted **com**.............../..............
(b)   Ellos/Ellas/Ustedes **com**.............../..............
(c)   Vosotros/as **com**.............../..............
(d)   Nosotros/as **com**.............../..............
(e)   Yo **com**.............../..............
(f)   Tú **com**.............../..............

ABRIR

(a)   Tú **abr**.............../..............
(b)   Ellos/Ellas/Ustedes **abr**.............../..............
(c)   Vosotros/as **abr**.............../..............
(d)   Nosotros/as **abr**.............../..............
(e)   Yo **abr**.............../..............
(f)   Él/Ella/Usted **abr**.............../..............

(232)   Complete the sentences using the conjugations of the verbs from exercise 231. ✿

(a)   El granjero .... la puerta del corral a la misma hora.
(b)   Las tiendas .... temprano sus puertas.
(c)   Ustedes .... en el mismo restaurante todos los lunes.
(d)   Yo .... ayer en casa de mi madre.
(e)   Mis amigas y yo .... salsa durante las vacaciones.
(f)   Vosotros .... muy mal el tango.

(233)   Change these sentences from the present indicative to the imperfect. ✿✿

(a)   Nosotros recibimos a los invitados.

....

(b)   Yo vivo con mi abuela y mis dos gatos.

....

(c)   Ellos fuman como chimeneas.

....

(d)   Usted abre la ventana con cuidado.

....

(e)   Tú caminas lentamente.

....

(f)   Ellas compran muchas cosas en las rebajas.

....

(g)   Mi mujer gasta mucho dinero.

    ....

(h)   Juan no contesta a mis cartas.

    ....

(i)   Vosotros respondéis rápidamente al teléfono.

    ....

(j)   Ustedes hablan demasiado de dinero.

    ....

(234)   Change the sentences in exercise 233 into the preterite.   ✿✿

(a)   ....

(b)   ....

(c)   ....

(d)   ....

(e)   ....

(f)   ....

(g)   ....

(h)   ....

(i)   ....

(j)   ....

(235)   Underline the correct form of the imperfect.   ✿✿

(a)   Pedro siempre **comía** / **comías** en casa de su madre.
(b)   Vosotras **ahorrabais** / **ahorrábais** para comprar el coche.
(c)   El profesor **enseñabas** / **enseñaba** griego.
(d)   Ellos **veíais** / **veían** la televisión todas las tardes.
(e)   Nosotros **ganábamos** / **ganabais** los partidos todos los veranos.
(f)   Julia **trabajabas** / **trabajaba** en una perfumería.
(g)   Ustedes **celebraban** / **celebrabán** su cumpleaños.
(h)   Tú **asistias** / **asistías** a todas las entregas de premios.
(i)   Yo **abraba** / **abría** la caja de las galletas.
(j)   Usted nunca **contestaba** / **contestía** a mis cartas.

(236)   Rearrange the words to form a sentence, starting with the word that begins with a capital letter and changing the verbs in bold into the imperfect.   ✿✿

(a)   **creer**   Ellos   palabras   en   tus

....

(b)   no   que   un   **tener**   Nosotros   tú   nuevo   coche   **saber**

....

(c)   periódicos   la   de   Alicia   en   su   puerta   **vender**   escuela

....

(d)   mucho   al   **tener**   profesor   miedo   Ellas

....

(e)   usted   **saber**   no   Antes,   conducir

....

(f)   **llamar**   mi   mucha   Vosotras   con   a   casa   frecuencia

....

(g)   unos   malísimos   **contar**   Ellos   chistes

....

(h)   Cari   el   muy   piano   bien   **tocar**

....

(i)   pocas   **tener**   La   ventanas   casa

....

(j)   **comprar**   tarjeta   Ustedes   con   crédito   de

....

(237)   Underline the correct form of the preterite.   ✿✿

(a)   Tina **sales** / **salió** de casa temprano.
(b)   Los niños **estudiarón** / **estudiaron** la lección.
(c)   Yo **aprendió** / **aprendí** inglés el año pasado.
(d)   Tú y tu hermana no **vivís** / **vivisteis** en Granada.
(e)   Ellas **esperaron** / **esperar** con mucha paciencia.
(f)   Nacho **hablo** / **habló** de ir de vacaciones.
(g)   Usted **salidó** / **saludó** a una mujer que no era mi madre.
(h)   Vosotros **asististeis** / **asistísteis** a la inauguración de la galería.
(i)   Ustedes **respondierón** / **respondieron** con amabilidad.
(j)   Él **tomó** / **tomo** el tren de las cinco y cuarto.

(238)   Write the following sentences in the plural form.   ✿✿

(a)   El concierto terminó temprano.

....

(b)   Él no podía ver bien desde su asiento.

....

(c)   Usted no entendió mi razonamiento.

....

(d)   Tú caminabas muy deprisa por el campo.

....

(e)   Ella vivía rodeada de comodidades.

....

(f)   Yo le pregunté si podía venir conmigo.

....

(g)   La abogada defendió a mi amigo en el jucio.

....

(h)   Tú necesitabas dinero, y yo te lo presté.

....

(i)   El policía estudió el lugar del crimen.

....

(j)   Antes, yo fumaba mucho.

....

(239)   Answer the questions in the style of the example.   ✿✿
E.g.   ¿**Comiste** con Carlos? > No, no **comí** con Carlos.

(a)   ¿Esperaste a Marta?

....

(b)   ¿Raquel vivía en León?

....

(c)   ¿Hablaste con tu madre?

....

(d)   ¿Comprasteis muchos juguetes?

....

(e)   ¿Ellos tenían mucho dinero?

....

(f)   ¿Comimos bien en Bilbao?

....

(g)   ¿Tú tratabas a la gente con respeto?

....

(h)   ¿Bebías vino con la comida?

....

(i)   ¿Fumaste todos los cigarrillos?

....

(j)   ¿Ellas esperaban una propina?

....

(240)   Transform the verbs in the following sentences into the preterite and the imperfect forms.   ✿✿

E.g.   Mi amiga patina muy bien.
        Mi amiga **patinaba** muy bien.
        Mi amiga **patinó** muy bien.

(a)   Nuestro padre canta en el coro.

....

....

(b)   Roberto trabaja de sol a sol.

....

....

(c)   No tratamos nuestra relación de una forma seria.

....

....

(d)   Ellas necesitan más educación.

....

....

(e)   Mi abuelo saluda a todos mis amigos.

....

....

(f)   Nunca aprendes nada.

....

....

(g)   Gastamos todos los ahorros en la casa nueva.

....

....

(h)   Siempre contestas a mis preguntas.

....

....

(i)   No hablo con usted.

....

....

(j)   El perro corre detrás del gato.

....

....

(241)   Complete the dialogue with the imperfect or preterite form of each verb in brackets.   ✪✪

Irene:	¿Qué te (pasar) .... ayer?
Pepe:	Pues, que (estar) .... paseando tranquilamente, cuando (resbalarse) .... y (caerse) ....
Irene:	¿(Estar) .... solo?
Pepe:	No, (estar) .... con mi mujer y mi hija. Ellas me (llevar) .... al hospital.
Irene:	¿(Ir, vosotros) .... directamente a urgencias?
Pepe:	No sé. (Estar) .... inconsciente. (Despertarse) .... después de varias horas.
Irene:	¿Cómo (reaccionar) .... tu mujer?
Pepe:	Bueno, ya sabes como es. (Asustarse) .... mucho al principio, pero luego (quedarse) .... más tranquila.
Irene:	Seguro que (ser) .... un gran susto para ella.

33   Future and conditional [865–8]

(242)   Complete the verbs with the endings that correspond to the future and the conditional tense of the verbs.   ✪

ESTUDI<u>AR</u>

(a)   Ellos/Ellas/Ustedes **estudiar**............../..............
(b)   Yo **estudiar**............../..............
(c)   Nosotros/as **estudiar**............../..............
(d)   Tú **estudiar**............../..............
(e)   Vosotros/as **estudiar**............../..............
(f)   Él/Ella/Usted **estudiar**............../..............

LE<u>ER</u>

(a) Él/Ella/Usted **leer**.............../..............
(b) Ellos/Ellas/Ustedes **leer**.............../..............
(c) Vosotros/as **leer**.............../..............
(d) Nosotros/as **leer**.............../..............
(e) Yo **leer**.............../..............
(f) Tú **leer**.............../..............

VIV<u>IR</u>

(a) Vosotros/as **vivir**.............../..............
(b) Tú **vivir**.............../..............
(c) Nosotros/as **vivir**.............../..............
(d) Ellos/Ellas/Ustedes **vivir**.............../..............
(e) Él/Ella/Usted **vivir**.............../..............
(f) Yo **vivir**.............../..............

(243) Complete the sentences using the conjugations of the verbs from exercise 242. ✿✿

(a) Antonio .... en Méjico el año que viene.
(b) Antonio .... en Méjico si tuviera amigos.
(c) Mañana .... tu tesis, te lo prometo.
(d) .... tu tesis, pero estoy muy ocupado.
(e) Ellos .... para el examen del miércoles.
(f) Ellos .... para el examen si estuvieran menos cansados.

(244) Change these sentences from the present indicative to the future tense. ✿✿

(a) Compro un vestido para la fiesta.

....

(b) Ellos hablan con el director del colegio.

....

(c) Mi hermano estudia arquitectura.

....

(d) El portero abre la calefacción porque hace frío.

....

(e) Terminas tus ejercicios muy pronto.

....

(f) Vosotras compráis en las rebajas de enero.

....

(g)   ¿Dónde veranean tus padres?

....

(h)   Mi jefe me invita a su fiesta de cumpleaños.

....

(i)   Los peatones circulan por las aceras.

....

(j)   Usted espera el correo de la tarde.

....

(245)   Some irregular stems are valid for both the future and the conditional tenses. Can you find the stems for the following thirteen verbs in the box?   ✿✿

caber   hacer   querer   satisfacer   decir   poder
saber   tener   haber   poner   salir   valer   venir

S	S	R	B	A	H	I	D
S	A	B	R	P	L	A	I
C	L	T	N	R	P	B	R
A	D	E	I	O	D	Q	I
B	R	N	N	S	U	O	B
R	M	D	L	E	F	A	P
P	R	R	R	D	L	A	V
M	S	R	V	E	N	D	R

(246)   Put the verbs in brackets into their conditional forms.   ✿✿

(a)   El profesor nos aseguró que (mirar) .... las notas.
(b)   Él me dijo que (hablar) .... contigo en seguida.
(c)   Yo no (comer) .... el pollo, porque huele mal.
(d)   Pepa me prometió que (jugar) .... al tenis conmigo.
(e)   Él insistió en que (regresar) .... el sábado.
(f)   Tú prometiste que (comprar) .... la casa.
(g)   Nosotros pensábamos que vosotros (llegar) .... con retraso.
(h)   La modista prometió que (terminar) .... el vestido para el lunes.
(i)   Vosotros pensasteis que yo no (leer) .... vuestras cartas.
(j)   La periodista dijo que (trabajar) .... toda la noche.

(247)   Underline the correct forms of the verbs.   ✿✿

(a)   **Gastaré / Gastarés** todo el dinero en un viaje.
(b)   Si bebes tanto te **encontraras / encontrarás** mal.
(c)   ¿Con qué **limpiarás / limpiará** el suelo tu tía? ¡Está reluciente!
(d)   El gobierno dijo que **costaría / costaríamos** una fortuna renovar el país.
(e)   Ellas dijeron que nos **esperaríais / esperarían** en la estación.
(f)   ¿**Cantaréis / Cantareréis** en la boda de Sergio?
(g)   Mis abuelos **pasarás / pasarán** la Navidad con nosotros.
(h)   Ustedes **deberíais / deberían** tener otra actitud.
(i)   Mi profesora **bailarás / bailará** en la función del colegio.
(j)   **Serían / Sería** las seis cuando llamaste.

(248)   Rearrange the words to form a sentence, starting with the word that begins with a capital letter, and change the verbs in bold into the future or the conditional.   ✿✿

(a)   el   de   Te   paquete   **enviar**   chorizos   mañana

....

(b)   que   ricos   El   viene,   mes   **ser**   nosotros

....

(c)   **terminar**   trabajo   las   Ustedes   el   ocho   la   noche   de   a

....

(d)   ¿**gustar**   conmigo   próximo   Te   salir   fin   el   semana   de?

....

(e)   bien   cualquier   **vivir**   en   Yo   sitio

....

(f)   **deber**   50   Mi   adelgazar   kilos   hermana

....

(g)   tarde   a   Esta   os   nadar   **enseñar**   instructor   el

....

(h)   No   dinero   antes   **ganar**   como   tanto

....

(i)   cocinar   como   madre   saber   **Deber**   vuestra

....

(j)   **lavar**   coche   nosotros   Vosotros   la   **planchar**   el   ropa   y

....

(249)   Change the sentences in exercise 248 into the singular or the plural form.   ✿✿

(a) ....

(b) ....

(c) ....

(d) ....

(e) ....

(f) ....

(g) ....

(h) ....

(i) ....

(j) ....

(250)   Complete the text by putting the verbs indicated in brackets into the future tense.   ✿✿

El hombre del futuro no (ser) (1) .... como ahora. (Vestir) (2) .... como un astronauta y (viajar) (3) .... por el espacio. Los niños (estudiar) (4) .... sin ir al colegio y un robot (limpiar) (5) .... la casa. No (comprar) (6) .... comida y (beber) (7) .... muy poca agua. Las autopistas (cruzar) (8) .... el centro de las ciudades y los peatones (caminar) (9) .... sobre cintas móviles. Y, sobre todo, no (necesitar) (10) .... dinero para vivir.

(251)   Use these bricks to build a wall.   ✿✿

		he comido	
		hablé	
		habría vivido	habría hablado
comía		vivo	hablaba
hablaré	viviría	había vivido	habré comido
habría comido	he hablado	hablo	viviré
habré vivido	había hablado	comí	comería
viví	comeré	vivía	habré hablado
como	había comido	hablaría	he vivido

	AR	ER	IR
present			
perfect			
imperfect			
preterite			
pluperfect			
future			
future perfect			
conditional			
future conditional			

34   Present subjunctive [869–70]

(252)   Complete the verbs using the endings that correspond to the present subjunctive.   ✿

PREGUNT<u>AR</u>

(a)   Ellos/Ellas/Ustedes **pregunt**.......   (d)   Él/Ella/Usted **pregunt**.......
(b)   Yo **pregunt**......   (e)   Vosotros/as **pregunt**.......
(c)   Nosotros/as **pregunt**......   (f)   Tú **pregunt**.......

TEM<u>ER</u>

(a)   Ellos/Ellas/Ustedes **tem**..............   (d)   Tú **tem**..............
(b)   Vosotros/as **tem**..............   (e)   Él/Ella/Usted **tem**.............
(c)   Nosotros/as **tem**..............   (f)   Yo **tem**..............

ABR<u>IR</u>

(a)   Yo **abr**..............   (d)   Vosotros/as **abr**..............
(b)   Él/Ella/Usted **abr**..............   (e)   Tú **abr**..............
(c)   Nosotros/as **abr**..............   (f)   Ellos/Ellas/Ustedes **abr**...........

(253)   Complete the sentences using the conjugations of the verbs from exercise 252.   ✿✿

(a)   Es preciso que ella .... el regalo ahora.
(b)   No creo que tú .... decir la verdad.
(c)   Dile a Miguel que .... el libro por la página seis.
(d)   ¿No quieres que yo .... cuánto valen las entradas?

(e)   No es posible que ellos .... volar en avión.

(f)   ¿No esperarás que ella .... por tu salud? ¿verdad?

(254)   Change the verbs in brackets into the subjunctive.   ✿✿

(a)   Es necesario que tus hermanas (bailar) .... en la función.

(b)   No creo que ella (ayudar) .... mucho a su madre.

(c)   A él no le gusta que su hijo (comer) .... con la boca abierta.

(d)   Es preciso que ellos (comprar) .... estas casas.

(e)   El profesor no quiere que tú (hablar) .... en la clase.

(f)   ¡No (abrir, tú) .... la ventana, que hace frío!

(g)   No me gusta que vosotros (trabajar) .... tanto.

(h)   No deseamos que ustedes (vivir) .... cerca de nosotros.

(i)   Es importante que nosotros (comprender) .... que la situación
      es difícil.

(j)   ¿Quieres que yo (cantar) .... el día de tu boda?

(255)   Change the sentences in exercise 254 into the singular or the plural form.   ✿✿

(a)   ....

(b)   ....

(c)   ....

(d)   ....

(e)   ....

(f)   ....

(g)   ....

(h)   ....

(i)   ....

(j)   ....

(256)   Complete the sentences with suitable subjunctive forms of the verbs in
the box.   ✿✿

| trabajar   regalar   discutir   escuchar   correr   beber   vivir |
| abrir   comprar   limpiar |

(a)   No es justo que ella .... toda la comida.

(b)   Prefiero que tú .... agua porque tienes que conducir.

(c)   Es importante que ellos .... con más energía.

(d) No creo que mis padres .... nunca entre ellos.

(e) Es posible que Laura .... cerca de tu casa.

(f) No es importante que él me .... nada el día de mi aniversario.

(g) ¡Ojalá que mis alumnos me .... cuando hablo!

(h) Es necesario que vosotros .... el coche para mañana.

(i) Deja que .... el agua porque está muy caliente.

(j) No me gusta que usted .... mis cartas.

(257) Write the following sentences in the negative, in the style of the example. ✿✿

E.g. Mi coche está estropeado. > **No creo que** mi coche **esté** estropeado.

(a) Me caso la próxima semana.

....

(b) Les duele el estómago.

....

(c) Viajaremos a Holanda este verano.

....

(d) Gasta mucho dinero en ropa y perfume.

....

(e) Contestas al teléfono deprisa.

....

(f) Vosotros habláis siempre mal de los demás.

....

(g) Ana saluda a todo el mundo.

....

(h) Siempre responde a mis preguntas.

....

(i) Pedro espera impaciente tu carta.

....

(j) Regalamos flores todos los meses.

....

(258) Correct the sentences when necessary. ✿✿

(a) Te suplico que no gastas tanto dinero.

....

(b) Quiero que ustedes me esperan en el hospital.

....

(c)   Sus padres no quieren que ella entra en casa.

....

(d)   El profesor nos recomienda que estudiemos.

....

(e)   El jefe no quiere que Emilia trabajes con él.

....

(f)   Es hora de que arreglamos las cosas entre tú y yo.

....

(g)   No creo que necesitas más dinero para vivir.

....

(h)   No me miras usted así, que no me guste.

....

(i)   Hay personas que no se conformen nunca.

....

(j)   Es necesario que vosotros termineis el viaje.

....

35   Imperfect subjunctive [871–4]

(259)   Complete the verbs using the endings that correspond to the two forms of the imperfect subjunctive.   ✿

ENSEÑAR

(a)   Él/Ella/Usted **enseñ**................/...............
(b)   Ellos/Ellas/Ustedes **enseñ**.............../...............
(c)   Vosotros/as **enseñ**.............../...............
(d)   Nosotros/as **enseñ**.............../...............
(e)   Yo **enseñ**.............../...............
(f)   Tú **enseñ**.............../...............

COSER

(a)   Ellos/Ellas/Ustedes **cos**.............../...............
(b)   Yo **cos**.............../...............
(c)   Nosotros/as **cos**.............../...............
(d)   Tú **cos**.............../...............
(e)   Vosotros/as **cos**.............../...............
(f)   Él/Ella/Usted **cos**.............../...............

SALIR

(a)   Él/Ella/Usted **sal**.............../..............
(b)   Ellos/Ellas/Ustedes **sal**.............../..............
(c)   Vosotros/as **sal**.............../..............
(d)   Nosotros/as **sal**.............../..............
(e)   Yo **sal**.............../..............
(f)   Tú **sal**.............../..............

(260)   Complete the sentences using the conjugations of the verbs from exercise 259. ✪✪

(a)   Ignoraba que tú .... el vestido tan rápido.
(b)   Si el libro .... mañana, vendería muchos ejemplares.
(c)   Os estaríamos muy agradecidos si nos .... a leer.
(d)   No es verdad que Pablo y Susa .... de casa sin despedirse.
(e)   Si tu hermana .... mejor, tendría trabajo en la sastrería de mi padre.
(f)   No creo que, después de tantos años, Mauricio me .... nada nuevo.

(261)   Transform the sentences in the style of the example.   ✪✪
E.g.   (Tú) Comer mejor, estar más fuerte. > **Si comieras/ieses mejor, estarías más fuerte**.

(a)   (Ella) Tomar la medicina, estar mejor.

....

(b)   (Ustedes) Les tocar la lotería, estar muy contentos.

....

(c)   (Nosotros) Tratar con más cuidado el coche, durar más.

....

(d)   (Usted) Trabajar más horas, ganar más dinero.

....

(e)   (Vosotras) Tomar el autobús a las tres, llegar pronto.

....

(f)   (Tú) Anular la cita, estar muy decepcionada.

....

(g)   (Él) gustar estudiar, aprobar sin problemas.

....

(h)   (Yo) Salir pronto del trabajo, ir a buscarte.

....

(i)   (Ellos) Jugar con más frecuencia, ganar todos los partidos.

....

(j)   (Nosotras) Hablar español, viajar por Suramérica.

....

(262)   Correct these sentences.   ✿✿

(a)   Él me aconsejó que no me casaría con su hija.

....

(b)   Si bajarían los precios de las casas, nos las compraríamos.

....

(c)   Ellos no creían que terminamos tan pronto.

....

(d)   Me suplicaron que saldría inmediatamente.

....

(e)   Temía que mis padres empezarán a discutir otra vez.

....

(f)   No esperaba que mi novio cambiasen de opinión.

....

(g)   Le rogué al juez que me escuchará.

....

(h)   No esperábais que vuestros hijos aprueban los exámenes.

....

(i)   Me pidieron que me quedó en su casa.

....

(j)   El jefe me aconsejó que no habló con las secretarias.

....

(263)   Change the sentences in exercise 262 into the singular or the plural form.   ✿✿

(a)   ....

(b)   ....

(c)   ....

(d)   ....

(e)   ....

(f)   ....

(g)   ....

(h)   ....

(i)   ....

(j)   ....

(264)   Change the verbs in brackets into the imperfect subjunctive.   ✿✿
E.g.   No me gustó que (salir, tú) **salieras/ieses** de mi casa tan enfadada.

(a)   Esperó a que (abrir, ella) .... la puerta.
(b)   El taxista pidió al pasajero que le (pagar, él) .... antes de llegar.
(c)   Si (participar, yo) .... , no llegaría a la meta.
(d)   Carolina nos rogó que (cuidar, nosotros) .... de su perro.
(e)   No había forma de que los niños se (callar, ellos) ....
(f)   Era preciso que me (operar, yo) .... inmediatamente.
(g)   Si (ver, usted) .... menos la televisión, tendría más tiempo para leer.
(h)   No podía esperar que Ana (comprender, ella) .... lo nuestro.
(i)   Si Alberto (cocinar, él) .... como tú, me casaría con él.
(j)   Esperaba que nos (llamar, ellas) .... para disculparse.

36   Perfect and pluperfect of indicative [878–9]

(265)   Write the participle of the following verbs.   ✿
E.g.   mirar > **mirado**

(a)   contar   ....   (f)   sufrir   ....
(b)   comer   ....   (g)   aprobar   ....
(c)   aprender   ....   (h)   encender   ....
(d)   volar   ....   (i)   viajar   ....
(e)   suspender   ....   (j)   cerrar   ....

(266)   Transform the sentences into the perfect tense in the style of the example.   ✿
E.g.   Como cereales. (Esta mañana) > **Esta mañana he comido cereales.**

(a)   Aprendéis mucho en la clase de español. (Hoy por la mañana)

....

(b)   Hablo con mi jefe para pedirle la tarde libre. (Hace una hora)

....

(c)   El precio de la comida sube mucho. (Este mes)

....

(d)   Ellos visitan al enfermo. (Hoy por la tarde)

....

(e)   Pasamos las tardes en la playa. (Este verano)

....

(f)   Gastas todo el dinero en las rebajas. (Este fin de semana)

....

(g)   Usted conduce el mejor coche del mundo. (Hace un rato)

....

(h)   Vosotras paseáis por el centro de la ciudad. (Hoy por la noche)

....

(i)   Ella lee todos los libros de Agatha Christie. (Este año)

....

(j)   Mi madre me pega porque ensucio la casa. (Hoy)

....

(267)   Change the sentences in exercise 266 into the singular or the plural form.   ✿✿

(a)   ....

(b)   ....

(c)   ....

(d)   ....

(e)   ....

(f)   ....

(g)   ....

(h)   ....

(i)   ....

(j)   ....

(268)   Rearrange the words to form a sentence, starting with the word that begins with a capital letter and changing the verb in bold to the participle.   ✿✿

(a)   flamenco   año   **poder**   Este   no   aprender   he

....

(b)   ¿**acabar**   deberes   Ya   los   habéis?

....

(c)   verano   pronto   han   las   Este   fiestas   **terminar**

....

(d)   ha   mucho   el   en   Mi   **invertir**   negocio   dinero   padre

....

(e)   no   viaje   ellos   ha   les   **gustar**   el   A

....

(f)   conducir   el   **suspender**   de   Ustedes   examen   han

....

(g)   porque   **reñir**   los   malos   Hemos   a   niños   son

....

(h)   interés   ti   **mostrar**   en   Ellos   mucho   han

....

(i)   ¿**reparar**   coche   no   Aún   el   has?

....

(j)   mi   La   ha   película   a   novia   **asustar**

....

(269)   Underline the correct form of the pluperfect.   ✿✿

(a)   Cuando llegué a casa, las alarmas se **habían conectados / habían conectado**.
(b)   Pilar **habías decidido / había decidido** dejar de fumar.
(c)   **Había oscureciendo / Había oscurecido** cuando llegamos a casa.
(d)   Nunca **había pasando / había pasado** nada entre nosotros.
(e)   Siempre **había querido / he queriendo** cantar con vosotros.
(f)   Cuando entramos en el restaurante, la comida se **habían terminado / había terminado**.
(g)   Antes de empezar el trabajo, ya **había estudiado / había estudiando** sobre ello.
(h)   A las ocho ya se **habías acostado / habían acostado** los niños.
(i)   ¿**Habíais experimentado / Habiais experimentado** esta sensación antes?
(j)   Parece que tú **había calculando / habías calculado** mal la distancia.

(270)   Transform the sentences in the style of the example.   ✿✿✿
E.g.   Conocí a Juan, terminar su doctorado. > **Cuando** conocí a Juan, **aún no había terminado** su doctorado.

(a)   Salí de casa, empezar a llover.

....

(b)   Llegó mi hermana, terminar de comer.

....

(c)   Subían al autobús, dejar de discutir.

....

(d)   Llegamos al aeropuerto, despegar el avión.

....

(e)   Llamasteis, acabar de ducharme.

....

(f)   Regresé a casa, cenar mi marido.

....

(g)   Encendieron el televisor, comenzar las noticias.

....

(h)   Mi perro murió, cumplir un año.

....

(i)   Vendimos la casa, comprar otra.

....

(j)   Terminasteis de trabajar, oscurecer del todo.

....

37   Future perfect and conditional perfect [881–2]

(271)   Conjugate the future perfect and the conditional perfect of the following
verbs.   ✿
E.g.   **bailar** (yo)
       habré bailado
       habría bailado

	FUTURO PERFECTO	CONDICIONAL PERFECTO
(a) **salir** (ella)	....	....
(b) **mirar** (nosotros/as)	....	....
(c) **jugar** (yo)	....	....
(d) **caminar** (ustedes)	....	....
(e) **recibir** (ellos/as)	....	....
(f) **diseñar** (usted)	....	....
(g) **discutir** (vosotros/as)	....	....
(h) **enseñar** (tú)	....	....
(i) **capturar** (él)	....	....

(272)   Change the verb in brackets into the future perfect.   ✪✪

(a)   ¿(Aprobar, ellos) .... ya la nueva ley?

(b)   El ayuntamiento ya (publicar) .... la lista electoral.

(c)   Cuando regreses a casa, ya (hablar, yo) .... con tu madre.

(d)   Dentro de quince días, ya (nacer, él) .... nuestro hijo.

(e)   Creo que en el futuro ya (descubrir, ellos) .... la vacuna
contra el SIDA.

(f)   Si conduces así, en poco tiempo te (matar, tú) ....

(g)   Para diciembre, ya (terminar, vosotros) .... de arreglar la casa.

(h)   ¿(Llegar, ellas) .... ya las revistas que pedí?

(i)   A las cinco ya (solucionar, nosotros) .... el problema.

(j)   Para la semana que viene, ya (acabar, tú) .... tus exámenes.

(273)   Rearrange the words to form a sentence, starting with the word that
begins with a capital letter and changing the verbs in bold to make the conditional perfect.   ✪✪
E.g. jugar Él al **preferir** ajedrez > **Él habría peferido jugar al ajedrez.**

(a)   Le **ayudar** mucho con gusto

....

(b)   **reaccionar** yo Tú igual con película que la

....

(c)   pero prisa Él **acompañar**, te tenía

....

(d)   no sin **ganar** Vosotras su ayuda

....

(e)   ser me cantante A mí **gustar**

....

(f)   más peso camiones **correr** con Los menos

....

(g)   **remitir** con adecuada virus vacuna una El

....

(h)   mejor La **engordar** una niña con alimentación

....

(i)   más otra **aprender** profesora con Nosotras

....

(j)   **jugar** futbolista tanta sin El mejor presión

....

(274)   Connect the two parts of dialogue.   ✿✿✿

(a)   ¿Por qué nos sigue el camarero?
(b)   Está muy cansada.
(c)   Me duele el estómago.
(d)   No sé por qué suspendí un módulo.
(e)   Estamos muy blancas.
(f)   ¿Por qué no llegarán a tiempo?
(g)   Nuestra relación ha terminado.
(h)   ¿Qué te preocupa?
(i)   Ayer nos mudamos de casa.
(j)   Creo que la secretaria nos oyó.

(1)   Habrías estudiado poco.
(2)   No habréis tomado el sol.
(3)   Sí, ya lo sé, pero me habría gustado continuar.
(4)   Habrás olvidado pagar la cuenta.
(5)   Habrás comido demasiado.
(6)   Habérmelo dicho, yo os habría ayudado.
(7)   ¡Vaya! Se habrá enterado toda la oficina.
(8)   Habrá trabajado mucho.
(9)   ¿Habré apagado bien el horno?
(10)   Habrán tenido problemas con el tráfico.

38   Perfect and pluperfect subjunctive [883–5]

(275)   Conjugate the perfect subjunctive and the pluperfect subjunctive of the following verbs.   ✿✿

E.g.   **bailar** (yo)
    haya bailado
    hubiera/hubiese bailado

		PERFECTO DE SUBJUNTIVO	PLUSCUAMPERFECTO DE SUBJUNTIVO
(a)	**trabajar** (ella)	....	....
(b)	**vivir** (nosotros/as)	....	....
(c)	**pintar** (yo)	....	....
(d)	**corregir** (ustedes)	....	....
(e)	**tener** (ellos/as)	....	....
(f)	**acabar** (usted)	....	....
(g)	**querer** (vosotros/as)	....	....
(h)	**hablar** (tú)	....	....
(i)	**opinar** (él)	....	....

(276)   Underline the correct form of the verb.   ✿✿

(a)   Me iré cuando **hayas terminando / haya terminado** de trabajar.
(b)   No creían que **hubieseis aguantado / hubiéséis aguantando** toda la carrera.
(c)   Siento que el paquete no **haya llegado / haya llegando** a tiempo.
(d)   Me **hubieras comido / hubiera comido** ese bocadillo con mucho gusto.
(e)   Dudo que ellos **hayan cumplido / hayáis cumplido** con su palabra.
(f)   Castigaré a todos los que no **haya estudiado / hayan estudiado** lo suficiente.
(g)   Mis padres no podían imaginar que yo **hubieses suspendiendo / hubiese suspendido** todas las asignaturas.
(h)   Desconocían que el general **hubiera renunciando / hubiera renunciado** a su puesto.
(i)   Esperaré hasta que **hayáis cerrado / hayáis cierrado** todas las puertas.
(j)   Ignorábamos que los diputados **hubiesen anulado / hubieses anulado** todas las leyes.

(277)   Complete the sentences in the style of the example.   ✿✿
E.g.   ¡Ojalá (buscar, ellas) al perro! > ¡Ojalá **hayan buscado** al perro!

(a)   ¡Ojalá (traer, ella) el dinero!

....

(b)   ¡Ojalá (comprar, ellos) la casa!

....

(c)   ¡Ojalá (venir) el cartero!

....

(d)   ¡Ojalá (contestar, usted) al teléfono!

....

(e)   ¡Ojalá (cambiar, vosotros) de opinión!

....

(f)   ¡Ojalá (triunfar) mi equipo!

....

(g)   ¡Ojalá (aprobar, nosotros) el examen!

....

(h)   ¡Ojalá (encontrar, tú) la felicidad!

....

(i)   ¡Ojalá (hablar, vosotras) con él!

....

(j)   ¡Ojalá (explicarse, él) bien!

....

(278)   Change the verb that appears in brackets into the pluperfect subjunctive.   ✿✿✿

E.g.   Nosotros (preferir) otro gobierno. > Nosotros **hubiéramos/hubiésemos
preferido** otro gobierno.

(a)   No pensé que él (levantarse) tan temprano.

....

(b)   Nadie (pensar) que Raúl era el asesino.

....

(c)   Si vosotros (empeñarse) en hacer la huelga, yo os habría apoyado.

....

(d)   Si yo (saber) la verdad, te habría comprendido mejor.

....

(e)   Dudo que tú (reñir) con el director del banco.

....

(f)   Nuria nos contó que le (gustar) ser pianista.

....

(g)   Ustedes (querer) que ellos participaran más.

....

(h)   ¡Ojalá ella (poder) llegar a ser bailarina!

....

(i)   Si nosotros (nacer) en otra época, no tendríamos tantos problemas.

....

(j)   No podía creer que usted (perder) todo lo que tenía.

....

39   The imperative [887–97]

(279)   Write the imperative forms of the following verbs. Remember the exclamation marks.   ✿

	TÚ	USTED	VOSOTROS
(a) Correr	....	....	....
(b) Responder	....	....	....
(c) Tomar	....	....	....
(d) Saludar	....	....	....
(e) Escurrir	....	....	....
(f) Bajar	....	....	....
(g) Abrir	....	....	....
(h) Estudiar	....	....	....
(i) Cantar	....	....	....
(j) Mirar	....	....	....

(280) Now transform the imperatives of exercise 279 into **negative imperatives**.   ✿

	TÚ	USTED	VOSOTROS
(a) Correr	....	....	....
(b) Responder	....	....	....
(c) Tomar	....	....	....
(d) Saludar	....	....	....
(e) Escurrir	....	....	....
(f) Bajar	....	....	....
(g) Abrir	....	....	....
(h) Estudiar	....	....	....
(i) Cantar	....	....	....
(j) Mirar	....	....	....

(281)   Transform the sentences in the style of the example.   ✿
E.g.   Quiero que estudies. > **¡A estudiar!**

(a)   Quiero que te levantes.   ¡......................!
(b)   Quiero que trabaje.   ¡......................!
(c)   Quiero que os lavéis.   ¡......................!
(d)   Quiero que corras.   ¡......................!
(e)   Quiero que cantéis   ¡......................!

(282)   Change the following imperatives to negative imperatives.   ✿✿
E.g.   ¡Come todo! > **¡No comas** todo!

(a)   ¡Salta el muro!   ....
(b)   ¡Copiad la lección!   ....
(c)   ¡Bajen de la casa!   ....
(d)   ¡Corre al banco!   ....
(e)   ¡Tira la basura!   ....
(f)   ¡Desalojad el edificio!   ....
(g)   ¡Telefoneen al médico!   ....
(h)   ¡Cose el vestido!   ....
(i)   ¡Escribe a tu hermana!   ....
(j)   ¡Escuchad la radio!   ....

(283)   Transform the following sentences in the style of the example.   ✿✿
E.g.   ¿Abrimos la puerta? > **Sí, abridla**.

(a)   ¿Ponemos la lavadora?   ....
(b)   ¿Pago la cuenta?   ....
(c)   ¿Repito la dirección?   ....
(d)   ¿Cerramos la ventana?   ....
(e)   ¿Saco a los perros?   ....
(f)   ¿Hacemos el crucigrama?   ....
(g)   ¿Bato los huevos?   ....
(h)   ¿Compramos la tarta?   ....
(i)   ¿Limpio la mesa?   ....
(j)   ¿Pintamos el garaje?   ....

(284)   Complete the sentences with the imperative form of the verb that appears in brackets.   ✿✿

(a)   (Llevar, tú) .... el paraguas, que llueve mucho.
(b)   No (hablar, usted) .... tanto, que me duele la cabeza.
(c)   No (leer, vosotros) .... sin luz, que es malo.
(d)   (Cambiarse, usted) .... el uniforme, que está muy sucio.
(e)   María, (lavar, tú) .... la camisa de Juan ahora mismo.

(f)   No (tirar, vosotros) .... papeles al suelo.

(g)   (Preparar, vosotros) .... la comida, que es muy tarde.

(h)   Si te duele la cabeza, (tomarse, tú) .... estas pastillas.

(i)   (Pagar, tú) .... la cena y no protestes.

(j)   (Cubrir, usted) .... el coche con una lona para que no se estropee.

(285)   Transform the following sentences into affirmative imperatives in the style of the example.   ✿✿

E.g.   No tomes el autobús circular. > **Toma el autobús circular.**

(a)   No abras el libro por la página veinte.

....

(b)   No fuméis todo el paquete de cigarrillos.

....

(c)   No coma el pescado.

....

(d)   No gritéis a los niños.

....

(e)   No suban las escaleras de la plaza.

....

(f)   No pares aquí.

....

(g)   No bajéis la radio del coche.

....

(h)   No cante tangos en el café.

....

(i)   No escribas con letra clara.

....

(j)   No corráis por el parque.

....

(286)   Transform the imperatives in the style of the example.   ✿✿

E.g.   Cuénta**le** el accidente. > **No le** cuentes el accidente.

(a)   Quédate en el hotel.   ....

(b)   Mírese en el espejo.   ....

(c)   Levántate, por favor.   ....

(d) Escúcheme atentamente.   ....

(e) Sentaos allí.   ....

(f) Túmbese en la cama.   ....

(g) Terminaos la cena.   ....

(h) Lávate las manos.   ....

(i) Marchaos de aquí.   ....

(j) Cállate.   ....

(287) Correct the mistakes in the following sentences.   ✿✿

(a) ¡Me escucha cuando te hablo!

....

(b) Te quita esa falda tan ajustada.

....

(c) No comaste el pastel tan deprisa.

....

(d) Marchados inmediatamente de aquí.

....

(e) No discutes con tus amigos.

....

(f) Ana, prestas atención a tu padre.

....

(g) Te come el postre.

....

(h) No subáis os a aquella montaña.

....

(i) Le deja el juguete ahora mismo.

....

(j) Preguntar vosotros al policía, porque estoy perdido.

....

(288) Select an appropriate verb from the box and complete the text with imperatives in the 3rd person singular form (i.e. the *usted* form).   ✿✿✿

> **dejar   guardar   acudir   apuntar   llamar   abrir
> desesperarse   comentar**

VACACIONES SIN PREOCUPACIONES

A continuación, podrá leer una serie de consejos de la policía que deberá seguir cuando esté de vacaciones:

1.   Durante los meses de verano no .... la puerta a desconocidos.
2.   .... todas las joyas en una caja de seguridad.
3.   .... el número de serie de los aparatos eléctricos.
4.   No .... con nadie que se va de vacaciones.
5.   .... de vez en cuando a algún vecino para estar más tranquilo.
6.   .... al perro en un hotel para perros.
7.   .... a la comisaría más cercana si comprueba que le han robado.
8.   No .... y confíe en la policía.

---

40   Irregular verbs [903–70]

(289)   Conjugate the present indicative and the present subjunctive of the following irregular verbs.   ✿

E.g.   cerrar (yo)
     cierro
     cierre

		PRESENTE DE INDICATIVO	PRESENTE DE SUBJUNTIVO
(a)	**ser** (nosotros/as)	....	....
(b)	**defender** (él)	....	....
(c)	**estar** (ellos/as)	....	....
(d)	**haber** (vosotros/as)	....	....
(e)	**tener** (usted)	....	....
(f)	**salir** (yo)	....	....
(g)	**cocer** (ustedes)	....	....
(h)	**jugar** (tú)	....	....
(i)	**mover** (ella)	....	....

(290)   Insert the present indicative of the verbs that appear in brackets.   ✿

(a)   Los obreros (almorzar) .... en la fábrica.
(b)   Marisa (tener) .... los ojos negros y el pelo castaño.
(c)   Siempre que (volver, yo) .... de las vacaciones estoy deprimido.
(d)   ¿(Poder, tú) .... pasarme la sal, por favor?
(e)   La portera (regar) .... las plantas de todos los vecinos.
(f)   Raquel (querer) .... ir al teatro esta noche.
(g)   Yo (hacer) .... la comida y tú (encender) .... la chimenea, ¿vale?
(h)   ¿(Tener, usted) .... hora, por favor?
(i)   Hoy me (poner) .... el abrigo porque hace frío.
(j)   ¿(Recordar, ustedes) .... las vacaciones en Méjico?

(291)   Write the infinitive of each verb.   ✿

(1)	Tú **cuentas**	....	(11) Ellos **contribuyen**	....
(2)	Yo **conozca**	....	(12) Él **construye**	....
(3)	Usted **tiene**	....	(13) Ustedes **empiecen**	....
(4)	Ella **instruya**	....	(14) Yo **almuerce**	....
(5)	Yo **ofrezco**	....	(15) Tú **sirvas**	....
(6)	Él **encuentra**	....	(16) Ella **destruya**	....
(7)	Ella **produzca**	....	(17) Yo **traduzca**	....
(8)	Ustedes **despidan**	....	(18) Nosotros **digamos**	....
(9)	Tú **calientes**	....	(19) Ellas **cierren**	....
(10)	Usted **repita**	....	(20) Usted **duerme**	....

(292)   Insert the infinitives from exercise 291 into the correct group in the following table.   ✿

O→UE				
E→IE				
E→I				
1st Pers. ZC				
UIR→UYE				

(293)   Transform the following verbs into gerunds.   ✿

(a)	**creer**	....	(f)	**morir**	....
(b)	**decir**	....	(g)	**seguir**	....
(c)	**dormir**	....	(h)	**construir**	....
(d)	**ser**	....	(i)	**sentir**	....
(e)	**traer**	....	(j)	**venir**	....

(294)   Transform the following verbs into the imperative.   ✿

		TÚ	USTED
(a)	poner	....	....
(b)	salir	....	....
(c)	dar	....	....
(d)	ir	....	....
(e)	oír	....	....
(f)	ser	....	....
(g)	decir	....	....
(h)	haber	....	....
(i)	tener	....	....
(j)	venir	....	....

(295)   Correct the following sentences where necessary.   ✿✿

(a)   La criada calenta el baño del señorito.

....

(b)   Hoy habemos comido dos bocadillos de morcilla.

....

(c)   Tú prefieres la playa más que el campo.

....

(d)   Él eres un hombre muy complicado.

....

(e)   Teno una hermana y un hermano.

....

(f)   El abuelo de Víctor conduzco como un loco.

....

(g)   Yo no perdo la esperanza de encontrarla con vida.

....

(h)   Nosotros duermimos con las ventas abiertas todo el año.

....

(i)   Vosotras juegáis con los juguetes de vuestros primos.

....

(j)   Traduzco sin problemas cualquier idioma.

....

(296)   Now transform the sentences in exercise 295 into either singular or plural sentences.   ✿✿

(a)   ....

(b)   ....

(c)   ....

(d)   ....

(e)   ....

(f)   ....

(g)   ....

(h)   ....

(i)   ....

(j)   ....

(297)   CROSSWORD. All the answers are the irregular first persons of the present indicative of the verbs indicated in the clues.   ✿✿

Horizontales				Verticales			
(1)	valer	(12)	satisfacer	(1)	ir	(8)	estar
(4)	saber	(14)	seguir	(2)	oír	(9)	caer
(6)	poner	(16)	caber	(3)	venir	(10)	decir
(7)	haber	(17)	guiar	(4)	ser	(11)	hacer
(10)	dar	(18)	salir	(5)	tener	(13)	teñir
						(15)	ver

(298)   Complete the sentences with the present subjunctive of each verb that appears in brackets.   ✿✿

(a)   Te ruego que (pensar) .... las cosas antes de hacerlas.
(b)   Espero que nadie (tener) .... problemas con los impuestos.
(c)   No creemos que ella (salir) .... tan pronto de la cárcel.
(d)   Vosotras no (hacer) .... caso de lo que hable la gente.
(e)   Dudan que él (ser) .... capaz de terminar la novela.
(f)   Tienen la esperanza de que ellos (volver) .... algún día.
(g)   No es posible que usted (decir) .... esas cosas de su esposa.
(h)   Es importante que tú (traer) .... buenas notas a casa.
(i)   Es posible que ella (seguir) .... la carrera de Físicas.
(j)   No es necesario que te (poner) .... tan elegante.

(299)   Underline the correct form of the verb.   ✿✿

(a)   El libro de texto **incluie / incluye** un índice de materias.
(b)   No es necesario que **repetáis / repitáis** el ejercicio de nuevo.
(c)   Yo **conosco / conozco** muy bien a los padres de Elena.
(d)   No **encuentro / encontro** el disco por ninguna parte.
(e)   Colombia **produzce / produce** el mejor café del mundo.
(f)   ¿**Puede / Pode** usted repetir la pregunta, por favor?
(g)   Es posible que él **sea / se** culpable del robo.
(h)   Es preciso que Silvia **destruyan / destruya** todas las cartas.
(i)   Los británicos **almorzan / almuerzan** más tempranо que los españoles.
(j)   Las personas mayores **preferen / prefieren** escuchar música clásica.

(300) Can you find the following by adding the appropriate verb endings?   ✿✿

(a)   10 verbs ending in -AR that have a vowel change from E to IE.
(b)   10 verbs ending in -ER that have a vowel change from O to UE.
(c)   10 verbs ending in -ER that have a vowel change from E to IE.
(d)   10 verbs ending in -AR that have a vowel change from O to UE.

	llov	tembl	entend	calent	mord	
cont	perd	sol		volv	cost	prob
pens	ascend	absolv	resolv	gobern	almorz	encontr
empez		defend		acord		pod
despert	comenz	vert	acost	mov	dol	neg
encend	colg	cerr		atend	disolv	quer
	record	mostr	tend	descend	apret	

-AR with E to IE	-AR with O to UE	-ER with E to IE	-ER with O to UE

(301)   Use the words to form a sentence, starting with a word that begins with a capital letter and conjugating the verbs in bold in the present tense. Add necessary conjunctions, articles and prepositions. ✿✿

E.g.   Ella **pedir**   café   leche > **Ella pide un café con leche**.

(a)   **Colgar** (yo)   ropa   patio

....

(b)   Luis   Ismael   **preferir**   cine   teatro

....

(c)   Ellos   **volver**   vacaciones   relajados

....

(d)   Normalmente, tienda   **cerrar**   dos   cinco

....

(e)   No   **encender** (tú)   calefacción   todavía

....

(f)   **Reconocer** (yo)   que   casa   tus   padres   es   muy   lujosa

....

(g)   Ella   él   **almorzar**   tostadas   mermelada

....

(h)   Mónica   **querer**   cambiar   mundo

....

(i)   ¿Cuándo   **empezar**   película?

....

(j)   Usted   **despedirse**   nosotros   aeropuerto

....

(302)   Correct the following verbs.   ✿✿

(1)	él **delincue**	(11)	yo **traduco** ....
(2)	nosotros **siguimos**	(12)	ellos **venen** ....
(3)	él **dorme**	(13)	vosotros **caisteis** ....
(4)	ella **almorza**	(14)	nosotros **saqamos** ....
(5)	vosotros **ois**	(15)	yo **empieco** ....
(6)	usted **juga**	(16)	usted **coce** ....
(7)	ustedes **poden**	(17)	ellos **salgen** ....
(8)	tú **construies**	(18)	yo **cogo** ....
(9)	yo **ha**	(19)	ella **rega** ....
(10)	Ustedes **olen**	(20)	yo **sabo** ....

(303)   Can you fit the irregular participles of these verbs into the spaces?   ✿✿

> **prender   resolver   cubrir   transcribir   escribir   decir
> desenvolver   volver   romper   morir   poner   abrir   subscribir
> descubrir   ingerir   adscribir   ver   imprimir   satisfacer
> disolver   ir   hacer**

(304)   Transform the sentences in the style of the example.   ✿✿

E.g.   Ellos hacen la comida. > (Yo) Yo **hago** la comida.

(a)   Ella actúa en la representación teatral.
(Nosotros) ....

(b)   Nos dirigimos hacia la estación del metro.
(Yo) ....

(c)   Yo delinco porque no puedo hacer otra cosa.
(Vosotros) ....

(d)   Distingo muy bien entre la verdad y la mentira.
(Ellos) ....

(e)   Prohíbes a tus alumnos que canten en el patio.
(Vosotros) ....

(f)   Las ancianas zurcen los calcetines con un huevo de madera.
(Yo) ....

(g)   Conocen el remedio contra el envejecimiento.
(Yo) ....

(h)   ¡No oigo lo que me dice!
¡(Tú) ....!

(i)   Nosotros cabemos en el coche de Pilar.
(Yo) ....

(j)   Los albañiles construyen el edificio rápidamente.
(Vosotros) ....

(305)   Conjugate in the preterite the verbs that appear in brackets.   ✿✿

(a)   Ayer (ir, yo) .... al centro para hacer unas compras.

(b)   (Venir, tú) .... demasiado temprano y no tenía nada preparado.

(c)   (Hacer, ella) .... todos los deberes sin equivocarse.

(d)   ¿(Estar, tú) .... con José la otra noche?

(e)   La anciana (caerse) .... en mitad del paso de cebra.

(f)   ¿(Poner, vosotros) .... sal en la ensalada?

(g)   (Decir, ellos) .... palabras ofensivas sobre Ana.

(h)   (Tener, nosotros) .... que decidir el destino de los refugiados.

(i)   Carmen (leer) .... el libro que estaba sobre la mesa.

(j)   (Querer, usted) .... salir temprano, pero no pudo.

(306)   Rewrite the following sentences as negative imperatives.   ✿✿

(a)   Díle a Matías que le quiero.

....

(b)   Pon la mesa.

....

(c)   Haced los deberes.

....

(d)   Sal de aquí.

....

(e)   Tened cuidado.

....

(f)   Vete por el otro camino.

....

(g)   Propónselo.

....

(h)   Satisface tu curiosidad.

....

(i)   Sigue así.

....

(j)   Sé valiente.

....

(307)   Change the verbs that appear in brackets into the future tense.   ✿✿

(a)   El coche que he comprado, no (valer) .... mucho en dos años.
(b)   El nuevo libro no (salir) .... hasta la primavera.
(c)   ¿Tú crees que (caber) .... todos en el bote?
(d)   En un año (haber) .... terminado mis estudios.
(e)   Ellas no (decir) .... nada porque tienen miedo.
(f)   Elena (tener) .... unos cincuenta años.
(g)   Vosotros nunca (saber) .... mis ideas políticas.
(h)   El chófer (venir) .... a buscarte sobre las siete.
(i)   El mes que viene, te (poder) .... ir de vacaciones.
(j)   Este fin de semana, ellos (hacer) .... todo el trabajo pendiente.

(308)   Transform the following verbs into the 3rd person plural of the preterite and the two forms of the imperfect subjunctive.   ✿✿

E.g.   oír

oyeron

oyeran/oyesen

		PRETÉRITO	**IMPERFECTO DE SUBJUNTIVO**
(a)	andar	....	....
(b)	haber	....	....
(c)	tener	....	....
(d)	poner	....	....
(e)	venir	....	....
(f)	saber	....	....
(g)	querer	....	....
(h)	caber	....	....
(i)	ver	....	....

(309)   Change the verbs that appear in brackets into the imperfect subjunctive.   ✿✿

(a)   No creo que ellos (decir) .... nada de lo sucedido.

(b)   Si Darío (ser) .... más simpático, tendría muchos amigos.

(c)   ¿Podría sugerirte que no (traer) .... a tu novia a la fiesta?

(d)   Si vosotros (ir) .... a buscarme, os lo agradecería.

(e)   Si (tener) .... dinero, me daría la vuelta al mundo.

(f)   No querías que ella (leer) .... tu guión.

(g)   Si nosotros (satisfacer) .... todos sus caprichos, nos dejaría en paz.

(h)   No me extrañaría que vosotros (estar) .... relacionados con la mafia.

(i)   Les pediría que ustedes (venir) .... a verme.

(j)   Si (saber) .... dónde está, te lo diría.

(310)   Accent or no accent? Add an accent to these conjugations if necessary.   ✪✪

(a)	1st person plural of the **imperfect subjunctive** of the verb *morir*	murieramos / muriesemos
(b)	2nd person plural of the **present subjunctive** of the verb *ser*	seais
(c)	1st person singular of the **imperfect subjunctive** of the verb *tener*	tuviera / tuviese
(d)	1st person plural of the **present indicative** of the verb *reír*	reimos
(e)	2nd person plural of the **imperfect subjunctive** of the verb *haber*	hubierais / hubieseis
(f)	2nd person plural of the **imperfect subjunctive** of the verb *poder*	pudierais / pudieseis
(g)	1st person plural of the **conditional** of the verb *estar*	estariamos
(h)	2nd person plural of the **preterite** of the verb *estar*	estuvisteis
(i)	1st person singular of the **preterite** of the verb *pedir*	pedi
(j)	1st person plural of the **present subjunctive** of the verb *confiar*	confiemos

(311)   Indicate the verbs that do not belong in the following sequences and
explain the reason.   ✪✪✪

(a)   abolir – soler – volver – acontecer – agredir – regar – incumbir

. . . .

(b)   nevar – atardecer – hacer – clarear – oír – llover – acaecer

. . . .

(c)   abierto – roto – prescrito – hecho – dormido – visto – amado

. . . .

COMMUNICATIVE EXERCISES

▶ Recount all the actions and activities that you do habitually during the week. Use only the present tense.

E.g.   Los martes tengo clase de baile. Estudio mucho y siempre termino muy tarde . . .

▶ Using the construction IR + A, write or explain what you are going to do.

- el verano que viene
- esta tarde
- después de aprobar tus exámenes
- dentro de un rato

▶ Use the following pieces of information to construct sequential narratives in different tenses.

- ahorrar mucho dinero / poder comprar la casa de tus sueños / decorar la casa / casarse / tener hijos
- recibir una invitación / ir a una fiesta / encontrar mucha gente borracha / quedarse con hambre / volver a casa
- encontrar una cartera / llevarla a la policía / esperar unas semanas / recibir una carta / quedarse con la cartera y el dinero

▶ What would you do in the following situations? Answer with conditional phrases.

E.g.   Llamaría a mi madre . . .

- Estás en una restaurante y has olvidado la cartera.
- Vives sola y oyes ruido en la cocina.
- El vecino te deja las plantas y todas se mueren.

▶ Express the causes of the following situations by narrating the chains of events which led up to them. Use the pluperfect indicative so that the sequence is clear.

(a)   Te has roto una pierna.
- sacar al perro / no llevar botas de goma / llover

(b)   Te enfadas con tu amigo/a.
- no limpiar la casa / traer a tus padres / manchar la ropa / echar la culpa

▶ Now invent your own chain of events to explain the following situations. Use the pluperfect indicative to express the sequence of events.

- perder un trabajo
- salir con un chico / una chica
- recibir una herencia
- tener una mascota

▶ Write or express your ideas about the following future events and occurrences.

- avances en la medicina
- viajes espaciales
- la escuela del futuro

▶ Imagine, plan and express a tourist route around your home town or city. Use the future tense to explain the itenerary.

E.g.   Primero iremos al parque, luego pasaremos por el museo . . .

▶ Express your responses to the following prompts, using the subjunctive.

E.g.   Si yo fuera rico, compraría un yate.

- ser más joven
- ahorrar más dinero
- pensar en el futuro
- tener hijos
- hacer un doctorado
- ser un hombre / mujer

▶ Write or role-play a dialogue based on the following situation. Use the verbs in the box to construct your dialogue.

El libro que has entregado a la editorial ha sido rechazado. Tu agente va a ayudarte a que lo mejores.

aconsejar	**suplicar**	**rogar**	**recomendar**	**pedir**
	desear	**no creer**		

▶ Use the expressions from the box to write or role-play a dialogue based on the following situations:

- una entrevista sobre los cambios en el medioambiente;
- una discusión sobre los países afectados por el terrorismo.

es justo que	**es importante que**	**es posible que**
	ojalá que **puede que**	

▶   Write or express imperative phrases in answer to the following situations.

(a)   Eres el/la nuevo/a director/a de un colegio caótico. Tienes que dar órdenes para que todo vuelva a la normalidad.

(b)   Eres director/a de cine. Tienes que dirigir una escena complicada.

▶   Construct a series of instructions as in exercise 288, suitable for the following situations:

- consejos para escribir un libro;
- instrucciones para conducir bien en la ciudad;
- consejos para eligir una mascota.

Use of the Tenses

41 Present indicative [971–7]

(312) Put the verbs in brackets into the present indicative. ✿

E.g. ¿(Oír, tú) .... ladrar al perro? > ¿**Oyes** ladrar al perro?

(a) (Acostarse, usted) .... pronto porque (tener, usted) ....
sueño.

(b) Las cigüeñas (volar) .... hacia España en invierno.

(c) ¿Cómo (preferir) .... tu prima el café?

(d) Yo no (conocer) .... a mi nuevo profesor de español.

(e) Si ustedes (volver) .... más tarde, les (ir, yo) .... a
preparar una cena riquísima.

(f) Siempre (empezar, vosotros) .... las cosas y nunca las (terminar,
vosotros) ....

(g) El conferenciante (sentarse) .... porque no (sentirse) ....
bien.

(h) No (entender, nosotras) .... la película.

(i) (Decir, él) .... mi amigo que (parecerse, yo) .... a Ricky
Martín.

(j) Tú (dormirse) .... en cualquier sitio.

(313) Change the sentences from exercise 312 into the corresponding plural or
singular form. ✿

E.g. ¿**Vosotros oís ladrar a los perros?**

(a) ....

(b) ....

(c) ....

(d) ....

(e) ....

(f) ....

(g) ....

(h) ....

(i) ....

(j) ....

(314)   Transform the verbs in brackets into the present continuous form (ESTAR + GERUND). ✿

(a)   Yo (preparar) la comida para mis hijos.

....

(b)   Todos los soldados (dormir) en el campamento.

....

(c)   Londres es una ciudad que siempre (crecer).

....

(d)   Ella (escuchar) un programa magnífico por la radio.

....

(e)   Luis (decir) la verdad.

....

(f)   Yo (divertirse) un montón.

....

(g)   Ustedes (leer) la novela con mucha atención.

....

(h)   La portera (lavar) la ropa con un nuevo detergente.

....

(i)   Vosotros no (prestar) atención a lo que os decimos.

....

(j)   Nosotros (ser) muy estrictos con nuestros hijos.

....

(315)   Conjugate the verbs in brackets and match up the two parts of the five sentences. ✿

(a)   Mañana (terminar) de trabajar   (1)   como las de antes.
(b)   No (llorar) más,   (2)   con la tuya.
(c)   La gente (llegar) cansada   (3)   que te pones muy fea.
(d)   No (comparar) a mi hija   (4)   y me voy de vacaciones.
(e)   Ya no (construir) casas   (5)   después de hacer ejercicio.

(a) ....

(b) ....

(c) ....

(d) ....

(e) ....

(316)   Link up the three parts of the six sentences. ✿
E.g.   **(a) > 4 > B** = Los deportistas están jugando al tenis.

(a)	**Los deportistas**	(1)	estoy sustituyendo	A	una nueva melodía.
(b)	El fontanero	(2)	estamos preparando	**B**	**al tenis**.
(c)	Yo	(3)	estás cansado	C	las cañerías.
(d)	Mis amigos y yo	**(4)**	**están jugando**	D	de tanto correr.
(e)	Isidro	(5)	está arreglando	E	una cena sorpresa.
(f)	Tú	(6)	está componiendo	F	al actor principal.

(317)   Complete the dialogue with the present continuous (ESTAR + GERUND)
of the verbs in brackets. ✿✿

Madre: Mira, Juan, el león de allí (dormir) (1) .... la
siesta. Mira como se mueve. ¡Qué gracioso!

Juan: ¿Tú crees?

Madre: Oye, ¿(divertirse, tú) (2) .... o no?

Juan: Pues no, no mucho.

Madre: No lo entiendo. En casa siempre me (pedir, tú) (3)
.... que te lleve a ver cosas, y ahora, mira la cara
que tienes.

Juan: No (decir, yo) (4) .... que esté aburrido, sino que
hace mucho calor y (cansarse, yo) (5) ....

Madre: ¿Pero, (oír, tú) (6) .... lo que dices? Eres un mimado
y (pensar, yo) (7) .... que no voy a salir contigo
nunca más.

Juan: Bueno, vale.

Madre: (Ser, yo) (8) .... demasiado buena y (tener, yo)
(9) .... más paciencia de la que creía. De modo
que, ahora mismo, nos vamos a ver a la abuela.

Juan: ¿A la abuela? ¿(hablar, tú) (10) .... en serio? ¡Pero,
si me odia!

Madre: ¿Sí? ¿Por qué será?

(318)   Correct the errors in the following sentences.   ✿✿

(a)   Me parecer que alguien estás llamando a la puerta.

....

(b)   Yo salo a comprando el pan y tú recojes la cocina.

....

(c)   Ahora no te podo llamar porque estoy vendo la televisión.

....

(d)   Él siempre andas pediendo dinero prestado.

....

(e)   El avión están aterrizado en este momento.

....

(f)   Los gatos preferen comer pescado.

....

(g)   Emilio estáis caiendo en una fuerte depresión.

....

(h)   Yo estoy juegando a la pelota en la plaza.

....

(i)   Los actores españoles estás teniendo un gran éxito.

....

(j)   Vosotros bais hacendo la tortilla y yo haré la ensalada.

....

(319)   Underline the correct form of the verb.   ✿✿

(a)   ¿Me **dece** / **dice** el precio de esos pantalones, por favor?
(b)   José **está hacendo** / **está haciendo** la mili.
(c)   Paula, **renueva** / **renova** tu vestuario que está muy anticuado.
(d)   En estos momentos **estamos saqando** / **estamos sacando** el pavo del horno.
(e)   Esta mañana, por poco me **cae** / **caya** un tiesto en la cabeza.
(f)   Vivimos aquí desde **haciendo** / **hace** diez años.
(g)   Vosotras os **estáis portado** / **estáis portando** muy mal.
(h)   Estoy temblando porque por poco me **tocando** / **toca** la lotería.
(i)   Su hijo **llevas** / **lleva** tres años **estudia** / **estudiando** en el extranjero.
(j)   Tú siempre **estás pareciendo** / **pareces** aburrido con todo.

(320)   Complete the dialogue with conjugations in the present indicative of the verbs from the box.   ✿✿

saber	estar	ser	decir	ser	cantar	ser	dormir	bailar	creer
llevar	sentir	ser	poder	querer	tener	ser	estar	saber	bailar

Maité: (1) .... sorprendida de lo moderna que (2) ....
Sevilla.

Pepe: Y tradicional, también.

Maité: ¿Por qué (3) .... eso?

Pepe: Porque nosotros (4) .... costumbres muy antiguas como la
Semana Santa.

Maité: ¡Ah, sí! (5) .... una fiesta donde todos (6) .... ,
(7) .... y nadie (8) ....

Pepe: Bueno, (9) .... algo más que eso. Nosotros (10) ....
que (11) .... una fiesta religiosa.

Maité: Pero, vosotros (12) .... flamenco ¿verdad?

Pepe: Pues, yo no (13) .... bailar ni flamenco ni nada.

Maité: Yo (14) .... profesora de baile en Cuba. Allí nosotros
(15) .... el baile profundamente.

Pepe: ¿Tú (16) .... enseñarme algunos pasos?

Maité: Si (17) .... aprender, yo (18) .... encantada. Pero,
¿ (19) .... ? el ritmo se (20) .... en la sangre.

(321) Answer the questions with the information from the brackets. ✿✿

(a) ¿Cuánto hace que no vas al dentista? (1 año)

....

(b) ¿Desde cuándo estudiáis español? (3 meses)

....

(c) ¿Cuánto hace que no ve a Ana? (2 semanas)

....

(d) ¿Desde cuándo esperas a tu novio? (4 horas)

....

(e) ¿Cuánto tiempo están ustedes haciendo régimen? (un día)

....

(322) Decide whether the following sentences refer to the past, present or
future, or a command. ✿✿

E.g. Ponen una película de miedo esta noche. > **futuro**

(a) La película se estrena en el 65 y es todo un éxito. ....

(b) Todos los días vamos al parque. ....

(c)   Mañana te vas al colegio y hablas con el profesor.   ....

(d)   Venga, abre el libro y lee en voz alta.   ....

(e)   ¿Te cuento lo de mi hermana más tarde?   ....

(323)   Read the text, conjugate the verbs in brackets and match the words in bold to their definitions.   ✿✿

La opinión general sobre los españoles **está dividida**: medio mundo (creer) (1) .... que (ser) (2) .... **perezosos** y el otro medio que (ser) (3) .... apasionados. ¿Es posible combinar estas dos características que (ser) (4) ...., **sin duda**, muy diferentes? Además, el español **tiene fama** de comer y beber excesivamente. La gente (opinar) (5) .... que la vida social de los españoles (ser) (6) .... muy activa y que **no pegan ojo** porque no (tener) (7) .... tiempo. El estereotipo de un español, (ser) (8) .... el de una persona que (conducir) (9) .... **como un loco**, que **pierde los estribos** con facilidad y siempre **lo pasa bomba**. Pero, ¿es verdad esto? Sinceramente, no. Los prejuicios y generalizaciones (ser) (10) .... producto de la **ignorancia** dentro y fuera del país.

En un período de inestabilidad política, con el **lío** de la independencia del País Vasco y de la autonomía de Cataluña, el estereotipo nacional (dar) (11) .... paso al regional. Los políticos, los **humoristas** y la gente de la calle, lo (usar) (12) .... para hacer **chistes**: el andaluz (ser) (13) .... el **gracioso**; el madrileño es el **chulo**; el aragonés es el **terco**; el catalán es el **serio** . . .

(1)   confusión, complicación   ....
(2)   personas que no quieren ni trabajar ni estudiar   ....
(3)   no dormir en toda la noche   ....
(4)   persona que se divierte poco   ....
(5)   ser famoso/a por algo   ....
(6)   bromas, historias cortas, divertidas y con humor   ....
(7)   no saber nada; no tener ni ideas ni opiniones   ....
(8)   evidentemente; seguro   ....
(9)   persona obstinada, de ideas muy fijas   ....
(10)   hacer algo muy rápido, muy deprisa   ....
(11)   persona con actitud arrogante y superior   ....
(12)   persona divertida y humorística   ....
(13)   divertirse mucho   ....
(14)   personas que escriben o cuentan chistes como trabajo   ....
(15)   cosas diferentes, separadas   ....
(16)   enfadarse mucho   ....

(324)   Complete the dialogue with the missing pieces. Note how the present tense can have meanings in the past, present and future.   ✿✿✿

	sólo **traigo**		**está** la carretera	
estoy aquí	**vuelve**	**es**	Si **traigo**	**termina**
te **importa**	que **viene**	**Es** un	noche **duermes**	**vengo** hasta
hago	**sale** con	**das**	dónde **duerme**	**tomamos**
¿**Traes**	**levanto** pronto	**Está**	**termina** ya	lo **aprueba**
	vamos a		**hace**	
va a	**puede**	**digo** una	**creo** que **sale**	**está** un poco
Estudia todos	él **puede**	**quiero** mucho	**es** mi	**Viene**
digo que no	**vuelve** el	**Es**	**apetece**	**nos vemos**
Tiene	**es**	no **puedo**	**duermo**	**Estás**
	necesita un		**llega** muy	

Eva: Hola, Paz. Ya (1) ....

Paz: Hola, Eva. Bienvenida a casa. ¿Qué tal el viaje?

Eva: ¡Uff! El viaje desde Granada (2) .... horroroso. Me (3) .... para evitar el tráfico y a las seis de la mañana (4) .... a tope.

Paz: Vaya. (5) .... mucho equipaje?

Eva: No, (6) .... una maleta. (7) .... más, (8) .... meterlo en el coche. Bueno, ¿dónde (9) ....?

Paz: Esta (10) .... en el sofá. No (11) .... ¿verdad? Y mañana duermes en la habitación de Agustín.

Eva: ¿Y (12) .... Agustín?

Paz: Agustín (13) .... Barcelona mañana. (14) .... un examen.

Eva: ¿Cuándo (15) ....?

Paz: Creo que (16) .... domingo.

Eva: Anda, de haberlo sabido, no (17) .... la semana (18) .... Así (19) .... estar más tranquilo.

Paz: Y yo te (20) .... hay ningún problema, ¿vale?

Eva: Vale, vale. ¿ (21) .... examen importante?

Paz: Si no (22) .... , no (23) .... terminar la carrera.

Eva: ¿Tan importante (24) ....?

Paz: Sí, mucho. Agustín (25) .... asustado.

Eva: ¿Cuándo la (26) ....?

Paz: Pues, la (27) .... Pero te (28) ....
cosa, creo que es la última vez que (29) .... una
cosa así.

Eva: (30) .... un chico valiente.

Paz: Sí, y trabajador. (31) .... los días y trabaja en una
fábrica, también.

Eva: (32) .... muy orgullosa de él, ¿verdad?

Paz: Claro, (33) .... hermano pequeño y le
(34) .... (35) .... aquí a vivir
conmigo cuando (36) .... poco de tranquilidad.

Eva: Bueno, a ver si (37) .... ¿ (38) ....
aquí?

Paz: No, (39) .... sus amigos los viernes por la noche y
(40) .... tarde a casa.

Eva: Pues, ¿le (41) .... un beso de mi parte?

Paz: Si le veo, lo (42) ...., pero (43) ....
muy pronto mañana por la mañana. Bueno, (44) ....
dejar tu maleta en su habitación y (45) .... un café
en la terraza. ¿Te (46) ....?

Eva: Mucho.

42   Past tenses of the indicative [978–98]

(325)   Put the verbs in brackets into either the imperfect or the preterite.   ✿✿

(a)   Lidia (llegar) .... tarde al examen porque (dormirse) ....

(b)   Doña Luisa (caerse) .... por las escaleras.

(c)   Cuando (ser, yo) .... estudiante, (soler) .... faltar mucho
a clase.

(d)   El año pasado mis padres (irse) .... a la India.

(e)   Él no (poder) .... entender su comportamiento.

(f)   No (venir, vosotros) .... a mi despedida de soltera y me (doler)
.... mucho.

(g)   La vida que (llevar) .... nuestros abuelos (ser) .... más
tranquila.

(h)   El día que (morir) .... mi gato, (sentirse, yo) .... fatal.

(i)   Cuando usted (acostarse) ...., ya (estar) .... amaneciendo.

(j)   Ayer (encontrarse, yo) .... con un amigo de mi infancia.

(326)   Underline the correct form of the verb.   ✿✿

(a)   Vosotros **recibisteis / recibíais** la noticia ayer por la noche.

(b)   Me **ayudó / ayudaba** tanto con los deberes que le compré un regalo.

(c)   Cuando **estaba / era** pequeña, siempre **hacía / hice** travesuras.
(d)   Todos los días **daban / dieron** un paseo por el parque.
(e)   Mientras él **hacía / hizo** la cena, yo **vi / veía** la televisión.
(f)   Como **fui / estuve** un niño malo, no **fui / estuve** a la verbena.
(g)   El tiempo se **arreglabla / arregló** y **pudimos / podíamos** salir al campo.
(h)   Cuando **supo / sabía** las notas, se **ponía / puso** a llorar.
(i)   ¿**Pudisteis / Podíais** conseguir buenos asientos?
(j)   El cartero **trajo / traía** la correspondencia todos los lunes y los jueves.

(327)   Rearrange the sentences, starting with a word that begins with a capital letter and putting the verbs in bold in the appropriate past tense.   ✿✿

(a)   **caer**   trampa   El   en   zorro   la   pobre

....

(b)   **hablar**   sin   y   **hablar**   Carlota   parar

....

(c)   rápidamente   se   barco   El   **hundir**

....

(d)   tan   que   nada   **ser**   casa   La   pequeña   no   **caber**

....

(e)   nadie   a   **conocer**   Cuando   España,   **llegar**   no   a

....

(f)   año   **pasar**   vacaciones   Caribe   El   la   pasado,   el   en   mis

....

(g)   dinero   todo   padre   a   mundo   **deber**   Mi   el

....

(h)   me   cuarenta   **casar**,   años   **tener**   Cuando

....

(i)   foto   El   hermano   estupenda   **sacar**   fotógrafo   una   mi   de

....

(j)   los   **ganar**   equipo   todos   El   años

....

(328)   Complete the sentences with either the imperfect or the preterite.   ✿✿

(a)   La semana pasada (ver, nosotros) .... a Leo y (llevar) ....
      cara de pocos amigos.
(b)   Ayer me (decir, él) .... que me (querer) ....
(c)   (Hacer) .... mucho tiempo que no (hablar, nosotras) ....

(d)   Ellos siempre (ir) .... a comer a casa de sus padres los domingos.
(e)   Mientras el ladrón (robar) .... las joyas, el perro (dormir) .... la siesta.
(f)   Anoche (beber, yo) .... y (fumar) .... demasiado.
(g)   Como Juan no (recibir) .... noticias tuyas, (tener) .... que llamar a la policía.
(h)   (Gastar, tú) .... todos tus ahorros y ahora no tienes nada.
(i)   Siempre que (salir, vosotros) .... juntos, (volver) .... enfadados.
(j)   Ustedes nunca (saber) .... la verdad.

(329)   Correct the errors in the following sentences.   ✪✪
E.g.   Mi hermana conduzo hasta su casa sin parar. > Mi hermana **condujo** hasta su casa sin parar.

(a)   ¿Qué estabas hacendo tu hermano en casa de mi abuelo?

....

(b)   Como estaba perdido, andé y andé sin rumbo.

....

(c)   Hace muchos años que no víamos a tu suegro.

....

(d)   Él no sabió qué decir cuando recivió la llamada.

....

(e)   Usted podo arreglar las cosas, pero no querió.

....

(f)   ¿Por qué no dijistes la verdad?

....

(g)   La partida de mus servió para calmar a la gente.

....

(h)   Nosotros ívamos todos los días al cine.

....

(i)   ¿Dónde dormió el vagabundo?

....

(j)   Ayer se caió tu hijo en el mercado.

....

(330)   Change the sentences from exercise 329 into the corresponding plural or singular form.   ✪✪
E.g.   **Mis hermanas condujeron hasta sus casas sin parar.**

(a) ....

(b) ....

(c) ....

(d) ....

(e) ....

(f) ....

(g) ....

(h) ....

(i) ....

(j) ....

(331)   Complete the sentences with imperfect conjugations of the verbs in the style of the example.   ✿✿

E.g.   Ahora me gusta el vino blanco. (tinto) > **Antes me gustaba el vino tinto**.

(a)   Ahora jugamos al tenis. (rugby)

....

(b)   Ahora vemos teatro clásico. (teatro independiente)

....

(c)   Ahora sois dueños de una empresa. (empleados)

....

(d)   Ahora vas a veranear a Cancún. (tu pueblo)

....

(e)   Ahora está divorciado. (casado)

....

(f)   Ahora soy profesor. (estudiante)

....

(g)   Ahora prefieren comer carne. (verdura)

....

(h)   Ahora veis el fútbol en el estadio. (la televisión)

....

(i)   Ahora voy siempre a ver a mis padres. (nunca)

....

(j)   Ahora es un político de derechas. (izquierdas)

....

(332)   Put the following verbs into the preterite.   ✿✿

(a)   Mi compañera me **cuenta** un secreto.

....

(b)   Los camareros **ponen** las cervezas sobre la mesa.

....

(c)   Yo **traduzco** el libro para la editorial.

....

(d)   Él **viene** a mi casa con el vino que le **pido**.

....

(e)   Ellos **dicen** la verdad ante el juez.

....

(f)   **Traigo** el traje limpio de la tintorería.

....

(g)   Teresa **sabe** lo de tu tía con Carlos.

....

(h)   Nuestros conejos **mueren** de una pulmonía.

....

(i)   La nueva medicina **reduce** el riesgo de infección.

....

(j)   Los muebles **caben** en el salón de mis abuelos.

....

(333)   **Preterite** or **imperfect**? Underline the appropriate tense.   ✿✿

(a)   ¡Qué raro! **Estuve** / **Estaba** pensando en ti cuando me llamaste.
(b)   El francés **fue** / **iba** en primer lugar cuando su coche **perdió** / **perdía** una rueda.
(c)   **Puse** / **Ponía** el vídeo a grabar cuando me **desperté** / **despertaba**.
(d)   Cuando **fui** / **era** niña **leí** / **leía** *Robinson Crusoe*.
(e)   Mis abuelos **vivieron** / **vivían** en Madrid cuando se **conocieron** / **conocían**.
(f)   Cuando **vi** / **veía** esa película por primera vez no me **gustó** / **gustaba** nada, pero anoche la **volví** / **volvía** a ver y me **encantó** / **encantaba**.
(g)   ¿Quieres decirme que mientras **estuve** / **estaba** casado con Charo, ella **tuvo** / **tenía** una relación contigo?
(h)   Nosotros **fuimos** / **íbamos** a ir al parque, pero **empezó** / **empezaba** a llover, así que nos **quedamos** / **quedábamos** en casa viendo la tele.
(i)   —Hace seis años **voté** / **votaba** al Partido Centrista, pero hace un año **cambié** / **cambiaba** al Partido Independiente.
       —Anda, pues yo **pensé** / **pensaba** que tú siempre **votaste** / **votabas** a los Verdes.

(j)   —¿**Viste** / **Veías** las noticias anoche?
—Sí, **salió** / **salía** Juan otra vez. **Fue** / **Iba** a la cabeza de los manifestantes en la Plaza Mayor.
—¿Qué **pasó** / **pasaba** al final?
—Pues, que la policía le **detuvo** / **detenía** y le **llevó** / **llevaba** a la cárcel.

(334) **Preterite** or **imperfect**? Underline the appropriate tenses in the dialogue. ✪✪

Diego: Anoche no **dormí** / **dormía** nada gracias al perro de al lado.
María: Gracias por recordármelo; yo **supe** / **sabía** que **tuve** / **tenía** que decirte algo. **Fui** / **Iba** a decírtelo esta tarde, pero me **olvidé** / **olvidaba**.
Diego: ¿Qué es?
María: Pues, mientras tú **hiciste** / **hacías** la compra esta mañana, **fui** / **iba** a hablar con la vecina.
Diego: ¿Qué te **dijo** / **decía**?
María: Me **contó** / **contaba** que su perro **tuvo** / **tenía** razón. Yo no lo **supe** / **sabía**, pero la semana pasada **hubo** / **había** dos robos en este barrio.
Diego: ¿Crees que el perro **ladró** / **ladraba** tanto porque **hubo** / **había** un ladrón?
María: Puede ser. Anoche cuando **cerré** / **cerraba** la puerta de atrás con llave, **vi** / **veía** a un hombre en la calle.
Diego: ¿Y por qué no me **dijiste** / **decías** nada?
María: Pues, no sé, en ese momento no me **pareció** / **parecía** nada raro.
Diego: ¿Qué aspecto **tuvo** / **tenía**?
María: **Fue** / **Era** bajo y **tuvo** / **tenía** un abrigo largo. **Llevó** / **Llevaba** gafas, de esto me acuerdo, porque **reflejaron** / **reflejaban** la luz de la farola.
Diego: ¿No **viste** / **veías** nada sospechoso?
María: Pues, ahora que lo pienso, él me **miró** / **miraba** cuando **saqué** / **sacaba** la llave del bolso y luego se **escondió** / **escondía**.
Diego: Anda, pues, quizás el perro nos **salvó** / **salvaba** de un posible robo.

(335) IRREGULAR IMPERFECT TENSES. Can you complete the conjugations of the verbs? ✪✪

	1st singular	2nd singular	3rd singular	1st plural	2nd plural	3rd plural
SER						**eran**
IR			**iba**			
VER	**veía**					

(336) **Preterite** or **imperfect**? Underline the appropriate tenses in the dialogue.   ✿✿

Antonio: ¡Mira qué jóvenes tan altos y sanos! Nosotros no **fuimos** / **éramos** así cuando **tuvimos** / **teníamos** su edad.

Ricardo: ¡Hombre! No puedes comparar lo de antes con lo de ahora. Nosotros **estuvimos** / **estábamos** en plena guerra. No **hubo** / **había** comida.

Antonio: Claro, claro. Yo recuerdo que **fuimos** / **íbamos** al campo a recoger hortigas para hacer sopa. También **recogimos** / **recogíamos** setas.

Ricardo: **Tuviste** / **Tenías** suerte. Durante la guerra yo **viví** / **vivía** en la ciudad. No **comí** / **comía** carne hasta que **cumplí** / **cumplía** diez años.

Antonio: ¿Tan mala **fue** / **era** la vida?

Ricardo: Bueno, hablo de carne de verdad porque las tiendas **siguieron** / **seguían** vendiendo algo que **dijeron** / **decían** que **fue** / **era** conejo, pero todo el mundo **supo** / **sabía** que **fue** / **era** gato. Y como en aquella época todos **tuvimos** / **teníamos** hambre, pues nadie **dijo** / **decía** nada.

Antonio: ¿De modo que **fue** / **era** más fácil comer esa carne si **creíste** / **creías** que **estuviste** / **estabas** comiendo conejo?

Ricardo: Exacto.

Antonio: Pues, en el campo **comimos** / **comíamos** mucho conejo. Yo recuerdo una Navidad cuando **comimos** / **comíamos** seis conejos entre toda la familia.

Ricardo: ¿Quién **cocinó** / **cocinaba** en tu casa? ¿Tu madre?

Antonio: Normalmente sí, pero la cena de Navidad siempre **fue** / **era** el deber de mi padre. ¿Sabes? A pesar de la guerra, **fueron** / **eran** tiempos felices.

(337)   Complete the dialogue with the present perfect of the verbs in brackets.   ✿✿

Paco: ¡Qué asco! (cubrirse, yo) (1) .... de barro otra vez.

Toñi: Te lo (decir, yo) (2) .... mil veces, pero sigues haciendo estos trabajos sin llevar ropa adecuada. Dime, listo, ¿por qué no (prepararse) (3) .... bien esta vez?

Paco: Pues, ¿por qué no lo haces tú? Tú (romper, tú) (4) .... la cerca del jardín, no yo.

Toñi: ¿Yo? (Hacer, yo) (5) .... muchas cosas en el jardín y tú no me lo (agradecer, tú) (6) ....

Paco: Bueno. Cambia el rollo. ¿(Regar, tú) (7) .... ya las lechugas?

Toñi: ¿Regar? Pero, ¿(volverse, tú) (8) .... loco? Si llovió ayer.

Paco: ¿Qué? ¡Ay, claro! Con este calor … No sé que me pasa. Creo que (trabajar, yo) (9) ……………… demasiado. ¿(Preparar, tú) (10) ……………… la cena?

Toñi: No, y no pienso hacerla.

Paco: ¿Qué (decir, tú) (11) ……………… ?

Toñi: Que no pienso hacerla y (decidir, yo) (12) ……………… que me voy con mis amigas al bingo.

Paco: Pero … ¡Toñi!

(338)   Complete the sentences with the present perfect of the verbs in brackets. ✿✿

(a) Esta mañana (desayunar, yo) …………………… chocolate con churros.
(b) (Decidir, nosotros) …………………… no veranear en la playa.
(c) Los niños (cubrir) …………………… de arena la habitación.
(d) El lechero (olvidar) …………………… traer la leche.
(e) ¿Cuántos (venir, ellos) …………………… a la fiesta?
(f) Hoy (romper, yo) …………………… con mi prometida.
(g) Este fin de semana (ver, nosotros) …………………… la peor película del año.
(h) El ministro (morir) …………………… en un accidente.
(i) ¿(Divertirse, vosotros) …………………… en el concierto?
(j) ¿Quién le (contar, usted) …………………… esa sucia mentira?

(339)   Complete the sentences by changing the verb to either the present perfect or preterite. ✿✿

(a) Anoche (acostarse, nosotros) ……………… muy tarde porque hacía mucho calor.
(b) ¿(Estar, tú) ……………… alguna vez en Gales?
(c) Aún no (tener, yo) ……………… tiempo de leer tu tesis.
(d) ¿Todavía no (hacer, vosotros) ……………… el trabajo?
(e) El domigo pasado nos (prometer, él) ……………… salir con nosotros.
(f) El año pasado (poder, vosotros) ……………… empezar un nuevo negocio, pero no lo (hacer) ………………
(g) Esta mañana, en la entrevista, (tener, usted) ……………… mucha paciencia conmigo y se lo agradezco.
(h) El otro día (tropezar, yo) ……………… en el bordillo de la acera y me (romper) ……………… el tobillo.
(i) Anteayer (estar, ustedes) ……………… a punto de tener un accidente.
(j) Tú siempre (llevar) ……………… una vida muy aburrida.

(340)   Answer the questions with sentences in the present perfect. ✿✿
E.g. ¿Has comido toda la sopa? > **Sí, ya la he comido / No, aún no la he comido**.

(a)   ¿Habéis puesto los libros en la estantería?   ....

(b)   ¿Ha salido Juan de vacaciones?   ....

(c)   ¿Has roto el televisor nuevo?   ....

(d)   ¿He olvidado nuestro aniversario?   ....

(e)   ¿Habéis medido bien la habitación?   ....

(f)   ¿Ha escrito usted a su familia?   ....

(g)   ¿Has traído el dinero?   ....

(h)   ¿Habéis hecho la comida?   ....

(i)   ¿Te has duchado?   ....

(j)   ¿Se ha afeitado Jaime?   ....

(341)   Complete the dialogue by using either the present perfect or the preterite of the verbs in the box.   ✿✿

estar   reponerse   comer   hacer   pesar   ser   hacer   ponerse

Emilse: Estoy agotada. Hoy (1) .... un millón de ejercicios.

Marina: Mira que eres exagerada. Eso te pasa porque ayer no (2) .... ninguno.

Emilse: ¿Ninguno? Raúl, el entrenador, (3) .... todo el día machacándome.

Marina: Bueno. La verdad es que es muy estricto. El mes pasado (4) .... durísimo. Aún no (5) .... del todo.

Emilse: El problema es que (6) .... muy gorda con toda la fabada que (7) .... durante las vacaciones.

Marina: ¡Es horrible! Hace unas horas me (8) .... y estoy un kilo más gorda que ayer.

Emilse: En fin. Tendremos que sufrir un poco más.

(342)   Underline the correct form of the verb.   ✿✿

(a)   Ayer **estuve** / **he estado** en la comisaría.

(b)   Hoy **hemos oído** / **oímos** las sirenas de los bomberos; anoche **oímos** / **hemos oído** las de las ambulancias.

(c)   ¿Qué **habéis hecho** / **habeis hecho** esta mañana?

(d)   El otro día **has pasado** / **pasaste** mucho miedo sola en casa, ¿verdad?

(e)   Este fin de samana nos **hemos aburrido** / **aburrimos** mucho.

(f)   ¿Cómo **has encontrando** / **has encontrado** a Catalina?

(g)   ¿Ya **han visitado** / **han visitando** la Alhambra de Granada?

(h)   El profesor no **ha supido** / **ha sabido** imponer disciplina.

(i)   ¿Quién **ha rompido** / **ha roto** el juego de café?

(j)   **Construiste** / **Construyiste** una valla muy fea en el jardín.

(343)   Put the verbs in brackets into the pluperfect.   ✿✿

(a)   En el año 1900, mis abuelos ya (instalarse) .... en Buenos
       Aires.
(b)   ¿Me dijisteis que (comprar) .... una casa en el campo?
(c)   En el momento en que le vi, supe que (suceder) .... algo
       terrible.
(d)   Cuando llegamos al teatro, el coro ya (empezar) ....
(e)   Nos dijo el abogado que ellos no (contar) .... toda la
       verdad ante el juez.
(f)   No (pasar) .... ni un minuto, cuando llamaste otra vez.
(g)   El profesor tenía remordimientos porque (suspender) ....
       a un alumno injustamente.
(h)   Cuando llegué al mercado, (terminarse) .... el pescado.
(i)   Como usted (predecir) ...., los dos equipos empataron.
(j)   Tú no (nacer) .... cuando yo ya estudiaba en la universidad.

(344)   Complete the dialogue by putting the verbs in brackets into the
pluperfect.   ✿✿

Clara: ¿(Estudiar, tú) (1) .... antes de empezar el viaje?
Pepa: No, realmente no. (Terminar, yo) (2) .... la escuela
          y (pensar, yo) (3) .... viajar un poco antes de
          irme a la universidad, pero al cabo de un año ya me (establecer, yo)
          (4) .... en Perú.
Clara: ¿Cómo llegaste?
Pepa: Pues, antes (viajar, yo) (5) .... por los Estados
          Unidos y América Central. (Pasar, yo) (6) .... por
          Perú y me (parecer) (7) .... un lugar bonito para
          quedarme un par de días.
Clara: ¿No (estar, tú) (8) .... aquí antes?
Pepa: No, qué va. (Leer, yo) (9) .... sobre este país y
          (ver, yo) (10) .... un par de documentales por la
          tele, pero nada más.
Clara: ¿(Vivir, tú) (11) .... aquí, en Perú, mucho tiempo
          antes de conocer a tu marido? ¿Cómo se llama?
Pepa: Se llama Javier, y ni siquiera (llegar, yo) (12) ....
          a Perú cuando le conocí.
Clara: ¿Y eso?
Pepa: Pues, porque le (conocer, yo) (13) .... antes de
          llegar, porque vino en el tren conmigo desde Colombia.
Clara: Ah, (estar, tú) (14) .... en Colombia también, no
          lo sabía.

Pepa: Sí, pero sólo de paso. Siempre (tener, yo) (15) ....
ganas de conocer ese país.
Clara: ¿Y ya llevas diez años aquí, en Perú, con hijos y todo?
Pepa: Sí, diez años y dos niños. (Pensar, yo) (16) ....
irme a trabajar a Argentina, pero nunca llegué a hacerlo. Ya ves,
cosas de la vida.

(345)   Rewrite the sentences with the verb in the pluperfect and then complete
the sentences with **pero** and an appropriate conclusion.   ✿✿
E.g.   El farmacéutico receta un medicamento de forma equivocada >
El farmacéutico **había recetado** un medicamento de forma equivocada,
pero el paciente se dio cuenta antes de tomarlo.

(a)   La enfermera pone la inyección al paciente.

....

....

(b)   El piloto hace todo lo posible por salvar el avión.

....

....

(c)   Las carreteras están cortadas por las inundaciones.

....

....

(d)   Nuestro ejército derrota al enemigo.

....

....

(e)   Tú decides cambiar de casa sin decírmelo.

....

....

(f)   El autobús tarda más tiempo de lo previsto.

....

....

(g)   El conductor adelanta muy deprisa.

....

....

(h)   Su llegada es una sorpresa para nosotros.

....

....

(i)   Enrique pasa mucho tiempo fuera del país.

....

....

(j)   La señora Puerto quiere invitarles a la inauguración de su nueva casa.

....

....

(346)   Underline the correct form of the verb.   ✿✿

(a)   Ellos se enfadaron porque no **había limpiado / he limpiando** la casa después de la fiesta.
(b)   Te acordaste del bañador cuando ya **has terminado / habías terminado** de cerrar las maletas.
(c)   Yo **he sabido / había sabido** por Margarita que te casas mañana.
(d)   ¿**Habéis tenido / Habíais tenido** un buen viaje?
(e)   Paulina me contó que Pablo **había caído / ha caído** en una terrible depresión.
(f)   Cuando llegó al hospital, el médico se **ha ido / había ido**.
(g)   Es difícil para usted venir, aunque sé que **ha hecho / había hecho** todo lo posible.
(h)   Les **han dicho / habían dicho** que el profesor era muy duro.
(i)   No **has comido / había comido** nada desde hace un rato.
(j)   No te llamé porque **he jurado / había jurado** no volver a verte.

(347)   Complete the sentences in the style of the example.   ✿✿
E.g.   Cuando (casarse, ellos), ya (comprar) el piso. > Cuando **se casaron**, ya **habían comprado** el piso.

(a)   Cuando (llegar, yo), aún no (irse, tú).

....

(b)   Cuando (entrar, nosotros) en casa, mi hermano ya (limpiar) todo.

....

(c)   Cuando (darse, ellos) cuenta, les (robar) las carteras.

....

(d)   Cuando el reloj (marcar) las cuatro, ya (anochecer).

....

(e)   Cuando (ir, vosotros) a comprar las entradas, ya las (vender) todas.

....

(f)   Cuando los bomberos (llegar), ya (incendiarse) todo el edificio.

....

(g)   Cuando (sacar, ella) el doctorado, aún no (cumplir) los veinte años.

       ....

(h)   Cuando (llamar, nosotros), ya (salir, ellos).

       ....

(i)   Cuando (terminar, yo) de comer, el camarero aún no (traer) la bebida.

       ....

(j)   Cuando (ir, usted) a pedir un aumento de sueldo, el director ya le (despedir).

       ....

(348)   Change the sentences from exercise 347 into the corresponding plural or singular form.   ✪✪
E.g.   Cuando **se casó**, ya **había comprado** el piso.

(a)   ....

(b)   ....

(c)   ....

(d)   ....

(e)   ....

(f)   ....

(g)   ....

(h)   ....

(i)   ....

(j)   ....

(349)   Write three stories based on the information contained in the boxes.   ✪✪✪

A	B	C
La semana pasada	El otro día	Ayer
el campo	concierto de Morente	el cumpleaños de Lola
una casa abandonada	mucha gente	mucho vino
curiosidad	caerse	mucha paella
un perro furioso	golpe en la muñeca	mucho calor,
un mordisco en la pierna	hospital	borracho
sólo un susto	una escayola	desmayarse
ahora, bien		ahora, mejor

A
....
....
....
....

B
....
....
....
....

C
....
....
....
....

(350) Change the verbs in brackets into an appropriate past tense where necessary. ✿✿✿

Ayer (recibir) (1) .... una carta de mi tío de América. En ella me (decir) (2) .... que me (dejar) (3) .... toda su fortuna. Todo esto (resultar) (4) .... ser muy curioso, ya que nunca (conocer) (5) .... a mi tío en persona y sólo (tener) (6) .... noticias de su existencia gracias a mi madre. Parece ser, que (heredar) (7) .... una inmensa cantidad de dinero. Pero, desafortunadamente, sólo podré hacer uso de la herencia cuando me case. Yo, ni tengo, ni (tener) (8) .... novio en toda mi vida. Bueno, eso no es del todo cierto. Una vez, recuerdo, hace muchos años me (interesar) (9) .... un chico. (Ser) (10) .... más joven que yo y (estar) (11) .... un poco loco, pero (ser) (12) .... encantador. (Soler, nosotros) (13) .... pasear por una playa que (estar) (14) .... cerca de su casa. Un día, no sé por qué, me (decir) (15) .... que tenía que marcharse porque (hacer) (16) ....

algo terrible. (Irse, él) (17) .... y, claro, nunca (volver)
(18) .... Yo (quedarse) (19) .... sola y (llorar)
(20) .... y (llorar) (21) .... Desde entonces nunca (confiar)
(22) .... en ningún hombre. Mi tío (llamarse) (23) ....
Alberto y el chico de la playa también. ¿Será una coincidencia?

43   Future and conditional tenses of the indicative [999–1013]

(351)   Complete the sentences with the correct form of either the future or the conditional.   ✿✿
E.g.   (Estar, yo) .... esperando tu llamada despierta. > **Estaré** esperando tu llamada despierta.

(a)   ¿(Poder, usted) .... prestarme 200 euros?
(b)   (Quedarse, yo) .... en esta casa hasta que la derriben.
(c)   (Ponerse, tú) .... el pantalón verde y no quiero oír más quejas.
(d)   Todos (deber, nosotros) .... luchar contra la injusticia.
(e)   Les prometieron que les (traer, ellos) .... noticias rápidamente.
(f)   No puedo prometértelo, pero (ir, yo) .... lo antes posible.
(g)   ¿Os (gustar) .... salir el domingo al campo?
(h)   (Ser, ella) .... una pesada, pero me ha ayudado mucho siempre.
(i)   ¿Supongo que te (acompañar, él) .... hasta tu coche?
(j)   Cuando terminen el partido, (venir, ellos) .... a casa muy sucios.

(352)   Change the sentences from exercise 351 into the corresponding plural or singular form.   ✿✿
E.g.   **Estaremos** esperando vuestras llamadas despiertas.

(a)   ....

(b)   ....

(c)   ....

(d)   ....

(e)   ....

(f)   ....

(g)   ....

(h)   ....

(i)   ....

(j)   ....

(353)   Rewrite the sentences in the future tense and in the style of the example and then complete the sentences with **porque** and an appropriate conclusion.   ✿✿

E.g.   El lunes voy a ir a Canarias. > El lunes **iré** a Canarias **porque** tengo que asistir a una conferencia.

(a)   Mañana vas a ir al colegio temprano.

....

(b)   La semana que viene vamos a pintar toda la casa.

....

(c)   Esta noche va a cenar con su futuro marido.

....

(d)   Luis y Jacinto van a llamar al aeropuerto.

....

(e)   Esta tarde vas a conducir el coche de la empresa.

....

(f)   Voy a escribir a Elisa cuando vuelva.

....

(g)   Ella va a estar muy cambiada después de las vacaciones.

....

(h)   Vas a repetir el mismo ejercicio otra vez.

....

(i)   Van a poner todo su esfuerzo en este trabajo.

....

(j)   No voy a permitir que me trates así.

....

(354)   Rearrange the sentences, starting with a word that begins with a capital letter and putting the verbs in bold into the future or conditional (simple or compound tenses).   ✿✿

(a)   ¿**enterarse**   tus   Fede   Cómo   planes   de?

....

(b)   casa   tener   **gustar**   playa   una   Me   en   la

....

(c)   dijo   ocho   Catalina   **llegar**   que   las   a

....

(d)   **cultivar**   mejor   con   ayuda   Ellos   la   más   tierra

....

(e) ¿**hacer** madre cartas novio Qué mi mi con de las?

....

(f) el los **Deber** abrigo guantes ponerte y

....

(g) pero ha desastre Tú mucho, **estudiar** examen sido un el

....

(h) que el creía ya **decidir** custodia Usted juez la su hija de

....

(i) fotografía, unos En **tener** veinte esta años Begoña.

....

(j) si trabajo, relajara Ella conseguir se **poder** entrevistas
las en un buen

....

(355) Change the verbs in brackets into the future or the conditional (simple or compound tenses) where necessary. ✿✿

En julio (irse, nosotros) (1) .... de vacaciones. Este sábado (comprar, yo) (2) .... los billetes y (tomar, nosotros) (3) ....
el avión rumbo a Mallorca. Estoy segura de que (ser) (4) .... unas vacaciones estupendas. Lo primero que (hacer, nosotros) (5) ....
será alquilar unas tumbonas en la playa. Luego (pasear) (6) .... y, quizás (poder) (7) .... apuntarnos a algún curso de submarinismo.
A mí, particularmente, me (gustar) (8) .... relajarme. He tenido un año muy duro y me pregunto qué (hacer, yo) (9) .... si no tuviera estas vacaciones. No sé. ¿Me (quedar) (10) .... encerrada todo el verano? ¿Cómo (estar, yo) (11) .... ahora? Bueno, lo más importante es que dentro de unos días (estar, nosotros) (12) .... en un bonito apartamento y (disfrutar, nosotros) (13) .... del sol español. Así, ¡(realizar, nosotros) (14) .... nuestro sueño!

(356) Complete the following sentences in the style of the example. ✿✿
E.g. Hace mucho que no veo a Paula. ¿Crees que debería llamarla? (no) >
Yo que tú/usted, no la llamaría. >
Yo, en tu/su lugar, no la llamaría.

(a) Tengo que reservar un hotel. ¿Cuál reservo? (el hotel junto a la playa)

....

....

(b)   Estoy por primera vez en España y no sé qué ciudad visitar. (Granada)

....

....

(c)   Tengo una cena esta noche y no sé qué llevar. (un traje negro)

....

....

(d)   Tengo que estudiar una lengua nueva. ¿Cuál estudio? (español)

....

....

(e)   ¿Qué crees que es mejor: tomar el barco o el avión? (el avión)

....

....

(f)   Quiero comprar un animal de compañía. ¿Cuál compro? (un gato)

....

....

(g)   Es el cumpleaños de Álvaro el lunes y no sé qué regalarle. (un reloj)

....

....

(h)   No sé dónde pasar mis vacaciones. ¿Dónde podría ir? (al campo)

....

....

(i)   Mañana tengo una entrevista de trabajo. ¿Podría mentir sobre la edad? (no)

....

....

(j)   Quiero comprarme un apartamento. ¿Dónde debería mirar? (el periódico)

....

....

(357)   Complete the dialogue by conjugating the verbs in brackets.   ✪✪

Roberto: Te (agradecer) (1) .... que dejaras de darme la lata.
Camila: Bueno, ¿(ir) (2) .... al dentista, sí o no?
Roberto: Ya te he dicho que (llamar) (3) .... mañana, ¿vale?
Camila: (Deber) (4) .... pedir una cita ahora mismo.

Roberto: Yo creía que a estas horas ya no (haber) (5) ....
            nadie.

Camila: (Poder) (6) .... dejar un mensaje. Seguro que tienen
            un contestador automático.

Roberto: ¡Ah, no! Nunca he hablado, ni (hablar) (7) .... a
            una máquina semejante.

Camila: Si no fuera porque te conozco bien, (pensar) (8) ....
            que estás muerto de miedo.

Roberto: ¿Miedo? ¿Yo? ¡(Ser) (9) .... tonta!

(358)   Underline the correct form of the verb.   ✪✪

(a)   ¿**Habría / Habrá** alguna posibilidad de salvar nuestro matrimonio?
(b)   Este niño no aprende nada. ¡**Sería / Será** cabezota!
(c)   Si hubiera sabido lo de Emilio, **habré venido / habría venido** antes.
(d)   ¿Cómo **habrán podido / haberán podido** abrir la puerta?
(e)   Voy a invitar a mi suegra, pero creo que no **vendrá / vendría**.
(f)   **Deberías / Deberás** sentar la cabeza y casarte de una vez.
(g)   El artículo que escribiste hace un mes, **salirá / saldrá** mañana.
(h)   Estoy tan cansada de trabajar que lo **dejaría / dejaré** todo ahora mismo.
(i)   ¿**Podría / Podía** repetir la pregunta? Es que no he oído bien.
(j)   Cuando decidas lo que quieres, yo ya **habré terminado / habría terminado**
      de comer.

(359)   Complete the dialogue with the future and future perfect phrases.   ✪✪

habréis conocido	estaréis		enseñaré	haréis
iremos	estaremos	habremos dado	llegaréis	habré aprendido
	serás	iré	aguantaréis	
habré conocido	morirás	habréis estado	habremos visto	viajaré
habremos recorrido	viajaréis		pasaremos	volaremos

Nacho: ¿Crees que vosotros (1) .... el viaje?
Emma: Sí. En un mes (2) .... la vuelta al mundo.
Nacho: (3) .... en avión, ¿verdad?
Emma: En principio, sí. Nosotros (4) .... a China y luego
          (5) .... a Japón.
Nacho: Me encantaría ir a Japón.
Emma: A mí también, aunque nosotros no (6) .... mucho
          tiempo allí porque (7) .... a Australia después de
          dos días.

Nacho: ¿Dos días sólo? (8) .... muy cansados, ¿no?

Emma: Sí, supongo.

Nacho: ¿Vosotros (9) .... lo mismo por todos los países?

Emma: Más o menos. Después de cuatro semanas (10) ....
cinco continentes y (11) .... más de veinte países.

Nacho: Sí, pero vosotros sólo (12) .... un par de horas en
cada uno. No (13) .... ni la cultura, ni la gente.
Yo no haría un viaje así.

Emma: ¡(14) .... celoso! Cuando vuelva, te
(15) .... las fotos y te (16) ....
de envidia.

Nacho: No lo creo. Yo preferiría quedarme en un solo sitio. Vosotros nunca
(17) .... a conocer completamente un país. En
cambio, yo me (18) .... a Tailandia en julio
y (19) .... por todas partes. En tres semanas
(20) .... todo el país y (21) ....
muchísimo.

(360)   Match the descriptions to the sentences.   ✿✿✿

E.g.   Dicen que Marta es racista. ¡Será ignorante! > **Exclamatory**

polite   imperative   interrogative   probability   advice

(a)   No saldrás con esa chica. ¡Te lo prohíbo!   ....

(b)   ¿Podría decirme la hora, por favor?   ....

(c)   Deberías practicar más con el violín.   ....

(d)   ¿Te atreverás a mentirme otra vez?   ....

(e)   ¿Qué hora es? Serán las cinco.   ....

44   Sequence of tense with the subjunctive [1014–17]

(361)   Match up the two parts of the sentences.   ✿✿

(a)   Me emociona que usted   (1)   la contraten para la película.
(b)   No creo que esta vez   (2)   fuera/fuese tan tacaño.
(c)   No creía que tú   (3)   pagáramos/pagásemos las facturas.
(d)   Era importante que nosotros (4)   haya venido a visitarme.
(e)   Siempre te sorprendía que él (5)   tuvieras/tuvieses tanta prisa.

(362)   Correct the sentences.   ✿✿

E.g.   Dudo que mi abuelo tiene un gato. > Dudo que mi abuelo **tenga** un gato.

(a)   Mi amigo no cree que ella habla español.

....

(b)   Me gustaría que digas todo la verdad.

....

(c)   No creen que el perro ha escapado del refugio.

....

(d)   Él temía que su hija no llame nunca.

....

(e)   Ellos rogaron al profesor que aplazaría el examen.

....

(f)   No suponía que su hermano habría cambiado tanto.

....

(g)   Me ordenó que me cambie el uniforme.

....

(h)   No creo que habías tenido tiempo de terminar tu trabajo.

....

(i)   Ella ignoraba que quiere verla después de lo de anoche.

....

(j)   Usted me sugirió que no compre ese coche.

....

(363)   Change the sentences from exercise 362 into the corresponding plural or singular form.   ✿✿
E.g.   Dudo que mis abuelos **tengan** gatos.

(a)   ....

(b)   ....

(c)   ....

(d)   ....

(e)   ....

(f)   ....

(g)   ....

(h)   ....

(i)   ....

(j)   ....

(364)   Complete the dialogue by converting the verbs in brackets into appropriate subjunctives.   ✪✪

Alberto: Temo que (llover) (1) .... y no creo que el concierto (hacerse) (2) .... con este tiempo.

Félix: ¿Qué pasa? ¿Dudas que la gente (venir) (3) ....?

Alberto: No es eso. Es probable que todos (asistir) (4) ...., sea lo que (ser) (5) .... Lo que me da miedo es que (caer) (6) .... un diluvio. Puede que el cantante invitado no (llegar) (7) .... y es posible que (tener, yo) (8) .... que devolver el dinero de las entradas.

Félix: El año que viene tendrás que buscar un lugar que (estar) (9) .... cubierto.

Alberto: Sí, ya lo sé. Ojalá (terminar, ellos) (10) .... el estadio de fútbol nuevo. Pero de todas formas, ¿qué hago este año? Es posible que (arruinarse) (11) .... completamente.

Félix: No creo que (ser) (12) .... para tanto. (Pasar) (13) .... lo que (pasar) (14) ...., tenemos a los otros grupos y dudo que (irse, ellos) (15) .... cuando (ver, ellos) (16) .... cuánta gente ha venido.

Alberto: Quizás (tener, tú) (17) .... razón.

Félix: Pues, cálmate, hombre. Es necesario que los otros cantantes te (ver, ellos) (18) .... tranquilo. ¿No querrás que les (entrar) (19) .... el pánico también, verdad?

Alberto: Claro que no. Y no quiero que (quejarse, ellos) (20) .... tampoco. Tengo que mostrarles que soy un profesional.

Félix: Hombre, si no lo (ser, tú) (21) ...., no habrías llegado hasta aquí. ¡Venga, ánimo!

Alberto: Gracias, tienes razón. Necesito que me (animar, tú) (22) .... para afrontar el resto del día.

Félix: Tranquilo, hombre. Yo no creo que (tener, tú) (23) .... problemas. Mira el cielo. Es posible que (salir) (24) .... el sol.

(365)   Rewrite the sentences in the style of the example.   ✪✪

E.g.   Si (ser, yo) rico, me (comprar) un chalet. > Si **fuera/fuese** rico, me **compraría** un chalet.

(a)   Si (poder, yo) conducir, (ir) a visitarte.

....

(b)   Si (aprobar, él) todos los exámenes, (marcharse) de vacaciones.

....

(c)   Si les (tocar, ellos) la lotería, (comprar) un apartamento en Nueva York.

....

(d)   Si (cocinar, tú) esta noche, yo lo (hacer) mañana.

....

(e)   Si (tener, tú) un momento, ¿(poder) ir a comprarme unas aspirinas?

....

(f)   Si (trabajar, nosotros) todos a la vez, (terminar) la casa muy pronto.

....

(g)   Si (querer, tú) mejorar tus notas, (tener) que estudiar más.

....

(h)   Si te (decir, yo) un secreto, ¿se lo (contar, tú) a alguien?

....

(i)   Si (casarse, yo), (ser, tú) mi dama de honor.

....

(j)   Si (venir, vosotros) pronto, (poder, vosotros) ver al niño despierto.

....

(366)   Complete the dialogue by putting the verbs in brackets into the imperfect subjunctive.   ✪✪

   Diego: El abuelo me aburre, siempre está diciendo que no sé la suerte que tengo.

   Pedro: Es un hombre amargado. Yo no creo que su niñez (ser) (1) ....
muy buena, pero tampoco creo que (vivir) (2) .... tan mal como él dice.

   Diego: Dice que cuando era niño tenía miedo de que su familia (quedarse) (3) .... sin comer. Temía que no (llover) (4) ....
y que la cosecha (estropearse) (5) ....

   Pedro: Pues, en esto tuvo razón. Pasó un par de veces.

   Diego: Ya lo sé, pero ¿no sería más probable que (ser) (6) ....
debido a los problemas que tenía su padre con el resto del pueblo?

   Pedro: Sí, todo ese lío que había con el agua. Dudo mucho que su padre (llevarse) (7) .... bien con los otros agricultores y puede que el abuelo (tener) (8) .... problemas con los otros niños, también.

   Diego: Me dijo una vez que no tenía muchos amigos. Es posible que (sufrir) (9) .... por eso.

   Pedro: De todas formas, él hizo exactamente lo mismo con su hijo, nuestro padre. Temía que le (pasar) (10) .... lo mismo, supongo, así que le obligó a que (estudiar, él) (11) .... en un colegio interno.

Diego: ¡Qué mal! ¿Y por eso papá nunca habla con él?

Pedro: Claro. Nuestro padre le rogó que le/lo (sacar) (12) .... del colegio pero el abuelo nunca quiso hacerlo. Y ya, cuando papá cumplió los diez y ocho años, nunca más volvió a casa.

(367)   Rewrite the sentences in the negative using the appropriate subjunctive. ✿✿

E.g.   Yo creía que había comida en la nevera. > No creía que **hubiera/hubiese** comida en la nevera.

(a)   Creo que estaré en la universidad toda la mañana.

....

(b)   Creíamos que te habías ido del país.

....

(c)   Creyó que vosotros la ignorabais.

....

(d)   Creen que pueden hacerlo todo sin ayuda.

....

(e)   Crees que ha ganado la partida de cartas sin hacer trampas.

....

(f)   Creía que su hijo llegaría a ser doctor.

....

(g)   Creyeron que el tren pasaba por la estación a las nueve.

....

(h)   Creo que tenemos que ser más sinceros con nosotros mismos.

....

(i)   Creemos que tus padres han vendido la casa.

....

(j)   Creía que Alfonso sabía el secreto de nuestra familia.

....

(368)   Complete the dialogue by putting the verbs in brackets into the pluperfect subjunctive. ✿✿

Elvira: ¿Por qué no estás contenta? Ya has terminado la carrera.

Marta: Ya, pero me (gustar) (1) .... hacer otras asignaturas.

Elvira:	¡Vaya! Ahora lo dices. ¿Qué más da? Ya tienes el título. Quizás si (elegir, tú) (2) .... otros módulos no habrías sacado notas tan buenas.
Marta:	O las (sacar, yo) (3) .... mejores. ¿Quién sabe?
Elvira:	¿Qué (hacer, tú) (4) ....?
Marta:	(Combinar, yo) (5) .... el francés con la literatura inglesa y así podría dedicarme al periodismo.
Elvira:	Todavía puedes.
Marta:	Con una carrera en historia, ni soñarlo. De haber solicitado este trabajo de periodista que salió en el periódico local me (rechazar, ellos) (6) .... al instante.
Elvira:	¿Cómo lo sabes? Es posible que te (entrevistar, ellos) (7) .... Conozco al director y es un hombre bastante majo. Puede que (llevarse, vosotros) (8) .... bien.
Marta:	¡Y me lo dices ahora! ¿Por qué no antes? Lo (solicitar, yo) (9) .... inmediatamente.
Elvira:	Si me (decir, tú) (10) .... que querías ser periodista desde el principio, te habría presentado a mi amigo.
Marta:	¿Puedes presentármelo ahora?
Elvira:	Bueno, (ser) (11) .... más fácil si me lo (mencionar, tú) (12) .... la semana pasada. Ahora, está de viaje, y no vuelve hasta octubre.

(369)   Complete the dialogue with subjunctive and conditional forms of the verbs in the box.   ✿✿

salir   encontrar   disparar   poder   ser   salir   dar

Policía:	Buenos días. ¿De dónde viene?
Alberto:	Vengo de Cuba.
Policía:	Deme su pasaporte, por favor.
Alberto:	Sí, claro ... Un momento ... Pero ... ¡No es posible! ¡No lo encuentro!
Policía:	Necesito que me enseñe su pasaporte.
Alberto:	Si lo (1) ...., se lo (2) .... Pero no aparece por ninguna parte.
Policía:	Muy bien. Póngase a este lado para que (3) .... registrarle.
Alberto:	¡Oiga! ¡No creerá que soy un criminal! Si lo (4) ...., (5) .... corriendo.
Policía:	Pues, sepa usted, que si (6) .... huyendo, yo le (7) ....
Alberto:	¡Hombre!, tampoco es para ponerse así ...

(370) Make questions in the style of the example. ✿✿✿

E.g. No, no creo que haya llegado tarde a propósito. > **¿Crees que ha llegado tarde a propósito?**

(a) (vosotros) ....
No, no nos parecía que tuviera dinero.

(b) (tú) ....
No, no siento que hayas dejado de quererme.

(c) (ustedes) ....
No, no creíamos que hubiera ningún problema con el envío.

(d) (vosotras) ....
No, no estamos seguras de que lo que diga sea verdad.

(e) (tú) ....
No, no pensé que Natalia hubiera llegado la primera.

(f) (usted) ....
No, no creí que se comportara de esa forma.

(g) (tú) ....
No, no creo que puedas confiar en mí.

(h) (tú) ....
No, no creí que reaccionaras así con la noticia.

(i) (ustedes) ....
No, no pensamos que siga jugando al tenis.

(j) (usted) ....
No, no sabía que mi mujer me engañara.

COMMUNICATIVE EXERCISES

▶ Write or recount a story based on the following situations and prompts:

(a) Una historia divertida que te haya pasado.
(b) ¿Has tenido siempre el mismo trabajo?
(c) Describe el colegio donde estudiaste y a tus compañeros.
(d) ¿Puedes contarnos cómo fue tu primer contacto con el español?
(e) Cuenta la última fiesta a la que hayas asistido.

▶ You are being interrogated by a policeman about your habitual actions, your actions last night and your actions this morning. He wants to know if you have an alibi for a crime that was committed last night. Write or role-play a dialogue based on your need to recount in detail your usual actions and whereabouts. Use appropriate tenses.

▶ Use the imperfect and the preterite to construct stories based on the following situations and prompts:

(a)   Una señora de ochenta años se matricula para hacer un doctorado.
(b)   Un paciente denuncia a su dentista por hacerle daño.
(c)   Un perro logra salvar a su amo de morir ahogado.

▶ Explain what will happen or what will have happened in the following situations:

(a)   Llevas el coche al taller y te arreglan mal los frenos.
(b)   El día de tu boda la comida está en mal estado.
(c)   Vas al casino con cinco dólares.

▶ Write or role-play dialogues based on the following situations. Use the conditional.

(a)   ¿Cómo convencerías a tu padre para que te prestara dinero?
(b)   ¿Qué harías para salvarte en un naufragio?
(c)   ¿Qué harías con veinte millones de euros?

▶ Reflect on the problems in your country and write a report or debate these problems incorporating the following elements:

• no hay derecho a que . . .
• es necesario que . . .
• me da pena que . . .
• es injusto que . . .
• no me gusta que . . .
• no creo que . . .
• ojalá que . . .

▶ Write or role-play a dialogue in which you go to a travel agent and ask them to prepare a 'tailor-made' holiday for you. Use the subjunctive.

E.g.   Quiero que los hoteles sean de cinco estrellas y que todos tengan piscina . . .

▶ Think of a well-known person (or someone in your group of friends or students). The other students now have to ask you questions that incorporate SI + IMPERFECT SUBJUNCTIVE + CONDITIONAL in order to work out the identity of the person.

E.g.   Si esa persona fuera un medio de transporte, ¿qué sería?
       Sería un tren de mercancías.

Other items that you might use in this game are:

- color
- animal
- comida
- país

- libro
- tienda
- música
- película

The Passive

45   The passive idea [1018–23]

(371)   Transform the following sentences into the passive form.   ✿

(a)   Sara es (castigar) .... por su madre.
(b)   La canción es (cantar) .... por la soprano.
(c)   Las carreteras son (inaugurar) .... por los ministros.
(d)   Yo fui (invitar) .... por el rey.
(e)   Las cartas son (repartir) .... por el cartero.
(f)   Los micrófonos son (conectar) .... por el técnico.
(g)   Los ejercicios son (corregir) .... por el profesor.
(h)   El médico fue (elegir) .... por el paciente.
(i)   El libro fue (leer) .... por el niño.
(j)   La casa será (pintar) .... por mi padre.

(372)   Rewrite the following sentences in the passive form.   ✿✿

(a)   Alicia hace la comida.

....

(b)   El alcalde recibe a los manifestantes.

....

(c)   J. K. Rowling escribió los libros de Harry Potter.

....

(d)   El médico operó al paciente.

....

(e)   El perro comía carne.

....

(f)   El terremoto ha destruido la ciudad.

....

(g)   El escultor creará una nueva obra.

....

(h)   Mi amigo conduce el autobús.

....

(i)   El arqueólogo ha descubierto una tumba egipcia.

....

(j)   Yo he traducido el libro de poemas ingleses.

....

(373)   Rewrite the following sentences in the active form.   ✿✿

(a)   La actriz ha sido recibida por el príncipe.

....

(b)   El ejercicio fue explicado por el profesor.

....

(c)   Varias escenas de la película fueron cortadas por el director.

....

(d)   La moto ha sido arreglada por mi hermano.

....

(e)   El museo fue construido por un arquitecto famoso.

....

(f)   La fiesta será organizada por el ayuntamiento.

....

(g)   El presidente fue destituido por los ministros.

....

(h)   La comida ha sido preparada por el cocinero.

....

(i)   El examen será corregido por el profesor.

....

(j)   El problema ha sido resuelto por el científico.

....

(374)   Underline the correct form of the passive.   ✿✿

(a)   Nuestro ejército **estuvo derrotado** / **fue derrotado** por el enemigo.
(b)   Todas las entradas **habían sido vendidas** / **habían estado vendidas** con antelación.

(c)   Los cuadros **han estado colocados / han sido colocados** en la exposición.
(d)   El vestido **será confeccionado / será confeccionada** por la modista.
(e)   Los árboles **habían estado talados / habían sido talados** por el leñador.
(f)   La revista **será presentada / estará presentado** el próximo verano.
(g)   El libro **ha sido destruido / ha estado destruida** por la humedad.
(h)   El teléfono **estaba contestada / fue contestado** por la secretaria.
(i)   La partitura **es utilizado / es utilizada** por el músico.
(j)   El año que viene **soy contratado / seré contratado** por la compañía.

(375)   Transform the sentences in the style of the example.   ✿✿
E.g.   Nosotros vendemos casas. > **Se venden casas.**

(a)   El ayuntamiento tomará medidas contra la corrupción.

      ....

(b)   En este país leemos muchos libros.

      ....

(c)   Pedro no nos permite hablar por teléfono.

      ....

(d)   El gobierno legalizará las apuestas.

      ....

(e)   Los comerciantes vendieron muchos ordenadores en la feria.

      ....

(f)   Nuestros jefes regalaron cestas de Navidad.

      ....

(g)   Los estudiantes harán una manifestación en la universidad.

      ....

(h)   La gente bebe mucho cava.

      ....

(i)   La compañía de teatro necesita actrices.

      ....

(j)   El gobierno concede ayudas a los desempleados.

      ....

(376)   Complete the sentences in the style of the example.   ✿✿
E.g.   Mañana (anunciar) la dimisión del alcalde. > Mañana **será anunciada** la
       dimisión del alcalde.

(a)   Ayer (inaugurar) .... el nuevo instituto.
(b)   El ministro (recibir) .... por el presidente esta mañana.

(c) El castillo (derruir) .... el mes pasado.

(d) Hoy (abrir) .... el restaurante en el centro de Málaga.

(e) Las notas de los exámenes (anunciar) .... el próximo junio.

(f) El verano pasado dos policías (secuestrar) .... por unos terroristas.

(g) El bosque (repoblar) .... el año pasado.

(h) El enfermo (intervenir) .... mañana por la mañana.

(i) Las esculturas (exponer) .... en el museo el próximo año.

(j) La propuesta (aceptar) .... por los diputados en el último congreso.

(377) Answer the questions in the style of the example. ✿✿

E.g. ¿Cuándo (inventar) el cine? (en el año 1895) > El cine **se inventó** en el año 1895.

(a) ¿(Poder) fumar en los hospitales? (No)

....

(b) ¿Dónde (rodar) la película? (en el desierto de Atacama)

....

(c) ¿Cuándo (fundar) la O.N.U.? (en el año 1945)

....

(d) ¿Cómo (hacer) un daiquiri? (con ron, azúcar, hielo picado y limón)

....

(e) ¿Dónde (encontrar) El Machu Picchu? (en Perú)

....

(f) ¿(Poder conducir) por la derecha en Gran Bretaña? (No)

....

(g) ¿A qué hora (cenar) en tu país? (a las . . .)

....

(h) ¿Dónde (poder) ver *Las Meninas* de Velázquez? (En el Museo del Prado)

....

(i) ¿(Poder esquiar) en España todo el año? (Sí)

....

(j) ¿Cuándo (entregar) los Goyas de cine? (cada año)

....

(378)   There are 3 examples of each passive form in the 15 sentences which follow the table. Identify the three sentences and indicate their numbers in the corresponding box of the table.   ✿✿✿

Type of passive	Sentences
Ser + past participle	
Estar + past participle	
A reflexive form of the verb (*la pasiva refleja*)	
A reflexive form of the verb in the 3rd person singular and with no grammatical subject (the impersonal reflexive)	
An active verb in the 3rd person plural	

  (1)   Nos han hecho un favor enorme.
  (2)   La huelga se decidió por unanimidad.
  (3)   El presidente fue aclamado por la multitud.
  (4)   Aquí me siguen viendo como a un extranjero.
  (5)   Se prohíbe pisar el césped.
  (6)   La vida se complica cuando no tienes dinero.
  (7)   El perro está maltratado por su amo.
  (8)   Se ha terminado el curso que yo quería hacer.
  (9)   Te miran de forma rara si no sabes hablar inglés.
(10)   La calle será inaugurada por el alcalde.
(11)   El partido se terminó muy pronto.
(12)   El puente estaba construido con materiales defectuosos.
(13)   La cena estará hecha en cinco minutos.
(14)   Se puede torcer a la derecha.
(15)   Los bosques fueron talados.

(379)   Put the words in the correct order to create passive sentences.   ✿✿✿

(a)   por   respetada   la   es   todos   científica

        . . . .

(b)   policía   fue   el   detenido   ladrón   por   la

        . . . .

(c)   hablar   con   prohíbe   coductor   se   el

        . . . .

(d)   la   mi   escrita   novio   carta   sido   por   ha

        . . . .

(e) tiempo comunicación interrumpida la mal por el fue

....

(f) gobierno están por las el protegidas arqueológicas ruinas

....

(g) por mueble el tallado ebanista es el

....

(h) gato ratón es perseguido por el el

....

(i) había el sido por juzgado criminal asesinato

....

(j) el médico enfermo operado por fue el

....

(380) Transform the sentences in the style of the example. ✿✿✿
E.g. Mi amiga denunció al culpable del accidente. >
El culpable del accidente fue denunciado por mi amiga. >
Se denunció al culpable del accidente.

(a) El presidente suspendió la sesión.

....

....

(b) El mensajero entregó las cartas urgentes.

....

....

(c) El enemigo abandonó la ciudad.

....

....

(d) El estudiante copió el examen.

....

....

(e) Mi vecina ganó el concurso de la televisión.

....

....

(f) La secretaria escribió mal la dirección.

....

....

(g)   Todos admirábamos la belleza de la puesta de sol.

....

....

(h)   El carnicero vendió todas las salchichas de la tienda.

....

....

(i)   El juez hizo un discurso brillante.

....

....

(j)   En el futuro, la humanidad dominará el espacio.

....

....

(381)   Rewrite the following passage in the passive form.   ✿✿✿

La editorial *Nuevo Mundo* editará un nuevo libro sobre cine español. El Sr. Cuadrado escribió el libro cuando trabajaba en la universidad. El Sr. Cuadrado entrevistó a Pedro Almodóvar. El libro trata sobre temas como el cine durante la dictadura y el cine mudo. La editorial lo pondrá a la venta en junio. Las tiendas especializadas lo venderán bien. 'Los extranjeros han escrito muchos libros sobre el cine español – dice el autor – , pero el público español no lee estos libros.' La editorial va a hacer una amplia promoción sobre el libro y *Nuevo Mundo* publicará otro libro sobre el cine latinoamericano el año que viene.

....

....

....

....

....

....

....

....

....

....

COMMUNICATIVE EXERCISES

▶ Write an article for your local newspaper about the closing down of one of the oldest cinemas in the region. Use the passive form.

▶ Think about and discuss the important or interesting events that have happened in the world in the last few days. Then write newspaper headlines in the passive form for them all.

E.g.   Salvados varios cachorros por un niño de cinco años.

▶ Think of a famous person and construct sentences about this person using the passive. Then see if your fellow students can guess who you are describing.

E.g.   Esta persona fue condecorada por la reina hace un año. Esta persona estuvo involucrada en el mundo de la música.

▶ Tell a story in Spanish (using active forms) to a group of fellow students and have them write it down or tell it back to you with passive forms.

Use of the Moods

46 Use of the subjunctive [1024–76]

(382)   Transform the sentences into the negative imperative.   ✿✿
E.g.   Dime que me quieres. > **No me digas que me quieres**.

(a)   Sal de tu cuarto.

....

(b)   Come y deja de hablar.

....

(c)   Sé puntual, por favor.

....

(d)   Cortad los árboles deprisa.

....

(e)   Ten miedo de tus padres.

....

(f)   Compra ese bollo de ahí.

....

(g)   Dale una propina al camarero.

....

(h)   Pareced alegres.

....

(i)   Fuma aquí que está permitido.

....

(j)   Mece a tu hijo.

....

(383)   Transform the sentences in the style of the example.   ✪✪
E.g.   Ella se siente sola. No es posible. > **No es posible que ella se sienta sola**.

(a)   Fernando aprende a conducir. Es importante.

....

(b)   El arquitecto termina los planos. Es necesario.

....

(c)   Mi amiga habla mal de ti. Es incierto.

....

(d)   El gobierno solucionará la situación. Es probable.

....

(e)   Yo conseguiré otro trabajo. Es imposible.

....

(f)   Nosotras sabemos cocinar. Es interesante.

....

(g)   María dice mentiras. No es cierto.

....

(h)   Nos vemos más a menudo. Es conveniente.

....

(i)   El criminal saldrá de la cárcel. Es imposible.

....

(j)   Vosotros leéis este libro. No es probable.

....

(384)   Transform the sentences into the subjunctive in the style of the example.   ✪✪
E.g.   Creo que Luis tiene problemas. > **No** creo que Luis **tenga** problemas.

(a)   Era cierto que poseía muchas casas.

....

(b)   Es seguro que viene mañana.

....

(c)   Era evidente que tenía mucho talento.

....

(d)   Creían que lo sabían.

....

(e)   Quiero una casa que tiene balcón.

....

(f)   Afirman que conocen la ciudad.

....

(g)   Dice que hay mucha gente.

....

(h)   Asegura que hoy hace malo.

....

(i)   Tengo fe en lo que dice.

....

(j)   Nos anuncia que se casa.

....

(385)   Correct the following sentences where necessary.   ✪✪
E.g.   Te digo esto para que aprendes. > Te digo esto para que **aprendas**.

(a)   ¡Ojalá me toca la quiniela!

....

(b)   A lo mejor ellos quieren salir más temprano.

....

(c)   Es lógico que ella tiene dudas sobre su novio.

....

(d)   No le permites que te hable así.

....

(e)   ¡Quién podría pasar las vacaciones en el Caribe!

....

(f)   Usted siempre teme que le roban el coche.

....

(g)   ¿Acaso era él tan importante como se creía?

....

(h)   No tiras la bolsa de patatas al suelo.

....

(i)   Probablemente termina su carrera en julio.

....

(j)   ¡Quién sabría el significado de la vida!

....

(386)   Change the sentences from exercise 385 into the corresponding singular or plural form.   ✿✿
E.g.   **Os decimos esto para que aprendáis**.

(a)   ....

(b)   ....

(c)   ....

(d)   ....

(e)   ....

(f)   ....

(g)   ....

(h)   ....

(i)   ....

(j)   ....

(387)   Put the verbs in brackets into either the indicative or the subjunctive.   ✿✿

(a)   ¿Sabes que llevo toda la tarde esperando a que me (llamar, tú) ....?
(b)   Te juro, Adelaida, que no (poder, yo) .... vivir sin ti.
(c)   Le rogué que no (perder, él) .... más el tiempo y (estudiar, él) .... para las oposiciones.
(d)   Julio me ha prohibido que (llamar, yo) .... al médico, aunque yo le (ver) .... muy enfermo.
(e)   Es cierto que (haber) .... muchos problemas en la nueva empresa.
(f)   A mí me daba vergüenza que mi hijo (llevar) .... el pelo tan largo y tan sucio.
(g)   ¿No crees que ya es hora de que (levantarse, tú) ....?
(h)   Tiene toda la razón, ¡así se (hablar) ....!
(i)   No saben si sus padres (venir) .... a pasar el fin de semana.
(j)   No (cambiar, tú) .... de tema y (seguir, tú) .... contándome lo de Pilar.

(388)   Indicate whether the following phrases are used in conjunction with the indicative, or with the subjunctive, or whether they may be used with both the indicative and the subjunctive depending on the context.   ✿✿

	Indicative	Subjunctive	Both
(1) la verdad es que			
(2) ojalá			
(3) de manera que			
(4) a fin de que			
(5) es de suponer			
(6) a lo mejor			
(7) lo más probable es que			
(8) es obvio que			
(9) quizá/s			
(10) es cierto que			
(11) creo que			
(12) de tal modo que			
(13) antes de que			
(14) tal vez			

(389)   Complete the dialogue by changing the verbs in brackets into either the subjunctive or indicative.   ✿✿

Paloma: ¿Es cierto que Juan (salir) (1) .... con Mercedes?
Vanesa: Es lo que me dijo Antonio, pero yo no creo que (ser) (2) ....
verdad. Lo más probable es que ellos sólo (ser, ellos) (3)
.... amigos.
Paloma: No sé. Juan se separó de Alicia hace un par de semanas y dudo que
(quedarse, él) (4) .... soltero durante mucho tiempo. Lo
más probable es que (echarse, él) (5) .... novia enseguida.
Vanesa: Ya, pero temo que Mercedes no lo (ver) (6) .... así.
Paloma: ¿Qué quieres decir?
Vanesa: Pues, es verdad que Juan (estar, él) (7) .... soltero
y (estar, él) (8) .... claro que (ser, él) (9) ....
un hombre inteligente y atractivo, pero dudo que (buscar, él)

(10) .... una relación seria y, al mismo tiempo, estoy segura de que Mercedes (querer, ella) (11) .... un novio que la (querer) (12) .... de verdad.

Paloma: ¿Crees que deberíamos decir algo a Mercedes?

Vanesa: ¿Qué le vamos a decir? 'Oye, Mercedes, ¿sabes que Juan sólo (querer, él) (13) .... un lío contigo y nada más?' No, mujer, no es posible decir una cosa así. Puede que no nos (creer, ella) (14) .... y que (dejar) (15) .... de confiar en nosotras.

Paloma: No quiero que Juan le (hacer, él) (16) .... daño. Mercedes es una chica muy sensible y es muy injusto que (sufrir, ella) (17) ....

Vanesa: Ojalá se (dar, ella) (18) .... cuenta pronto.

Paloma: Oye, la voy a llamar, ¿vale? Sólo para charlar. A ver si me (contar, ella) (19) .... algo.

Vanesa: O mejor, ¿qué tal si nos (pasar, nosotras) (20) .... por su casa?

(390)   Underline the correct version of each verb.   ✿✿

(a)   Quiero que **vas** / **vayas** a la papelería a comprar un cuaderno.

(b)   No es necesario que **conduzcas** / **conduces** tan rápido.

(c)   No comprende que **tiengan** / **tengan** que salir tan temprano.

(d)   Es probable que me **marche** / **marcha** de casa para siempre.

(e)   Es posible que **parezca** / **pareza** severo, pero no lo es.

(f)   ¿Es cierto que te **vayas** / **vas** a París?

(g)   Lo siento, pero no **podemos** / **podamos** asistir a la comida.

(h)   ¿Te gustaría que **saldría** / **saliera** contigo el martes?

(i)   Si **tenga** / **tengo** tiempo, iré de compras.

(j)   Probablemente **sepas** / **sabes** que la empresa cerrará a finales de enero.

(391)   Put the first verb in each sentence in the future tense and then complete the sentences with **CUANDO + SUBJUNCTIVE**.   ✿✿

E.g.   Voy al cine cuando tengo tiempo. > **Iré** al cine **cuando tenga** tiempo.

(a)   Fumo puros cuando me place.

....

(b)   Cambiamos de casa cuando se queda pequeña.

....

(c)   Lo hace todo mejor cuando tiene tiempo.

....

(d)   La veo a usted más relajada cuando no trabaja.

....

(e)   Los niños salen al patio del recreo cuando suena la campana.

....

(f)   Se ducha cuando llega a casa.

....

(g)   Los políticos prometen muchas cosas cuando llegan las elecciones.

....

(h)   Sé cambiar una rueda al coche cuando es necesario.

....

(i)   La portera limpia el portal cuando no llueve.

....

(j)   Leo el periódico cuando encuentro las gafas.

....

(392)   Complete the dialogue by transforming the verbs in brackets into the subjunctive.   ✪✪

José María: Cuando (jubilarse, yo) (1) ...., tendré una casa al lado del mar.

María José: Pues, con tu sueldo es probable que la (conseguir) (2) .... antes.

José María: ¿Tú crees? No sé. Quizás (ganar, yo) (3) .... un buen sueldo, pero hasta que no (pagar, yo) (4) .... la hipoteca de la casa que tengo, no pienso meterme en más letras.

María José: A lo mejor la vendes pronto y te compras otra.

José María: Imposible. La casa que tengo no vale nada. En cuanto la (ver, ellos) (5) .... los de la agencia, me van a decir que (bajar, yo) (6) .... el precio.

María José: Es posible que tu casa (valer) (7) .... más de lo que tú crees.

José María: No creo que (estar) (8) .... en condiciones y mientras (durar) (9) .... la crisis económica nunca podré venderla por más de treinta mil euros.

María José: Mira, antes de que (ponerse, tú) (10) .... a llorar, ¿por qué no hablamos con un experto? Puede que (saber, él) (11) .... más que tú.

José María: Yo no voy a pagar a nadie para que me (decir) (12) .... lo que ya sé.

María José: ¡Qué pesimista eres!

(393)   Complete the sentences with subjunctives derived from the verbs in the box.   ✿✿

> **llevar   terminar   ir   jugar   nevar   ser   buscar   saber**
> **preocuparse   tocar**

(a)   No es cierto que Marina .... americana.
(b)   Es probable que Emilio .... bien la guitarra.
(c)   Era muy raro que tus padres .... solos al extranjero.
(d)   Mi hija nos rogaba una y otra vez que la .... al circo.
(e)   ¿Os parece que .... otro sitio para acampar?
(f)   Hay muchas nubes y es posible que ....
(g)   El abuelo quería que .... que nos había desheredado.
(h)   No me gusta que .... con el barro porque te pones perdida.
(i)   No ...., querida. Todo saldrá bien.
(j)   Cuando .... de limpiar la casa, me acostaré un ratito.

(394)   Transform the sentences in the style of the example.   ✿✿
E.g.   Recomendar a los pasajeros no fumar. (ustedes) > **Les recomiendo que no fumen**.

(a)   Rogar al dentista no hacerle daño. (usted)

    ....

(b)   Prohibir a los turistas pintar en los monumentos. (ustedes)

    ....

(c)   Aconsejar a tu cuñada no hablar tanto. (tú)

    ....

(d)   Recomendar al cliente comprar el último modelo de ordenador. (usted)

    ....

(e)   Advertir a los niños no jugar cerca de la carretera. (vosotros)

    ....

(f)   Permitir al fotógrafo sacar fotos para la revista. (usted)

    ....

(g)   Obligar al alcalde a arreglar el centro de la ciudad. (usted)

    ....

(h)   Impedir a tu hermano dejar los estudios. (tú)

    ....

(i)   Invitar al jefe a pasar un fin de semana en su casa. (usted)

....

(j)   Agradecer al público venir al teatro. (ustedes)

....

(395)   Transform the sentences in the style of the example using the preterite indicative and the imperfect subjunctive.   ✿✿
E.g.   Le ruega que le ayude. > Le **rogó** que le **ayudara**.

(a)   Temo que no llegue a tiempo a la cita.

....

(b)   Os prohíbo que salgáis así a la calle.

....

(c)   Le pide que no cuente nada a nadie.

....

(d)   Él duda que le reconozcan cuando vuelva.

....

(e)   Le extraña que no se acuerden de ella.

....

(f)   Quiere que vaya al cine con sus hijos.

....

(g)   No creo que puedas pintar la casa sin ayuda.

....

(h)   Te repito que me esperes en la puerta del cine.

....

(i)   Le aconseja que no coma hoy el pescado.

....

(j)   Nos ordena que nos quedemos de pie como castigo.

....

(396)   Complete the dialogue with appropriate forms of the present subjunctive.   ✿✿

Victoria: Toma, éste es el número del restaurante. No creo que (tener, tú) (1) .... ningún problema con los niños, pero por si acaso.
Antonia: Vale, no se preocupe.
Victoria: ¿Alguna pregunta?
Antonia: Sí, ¿qué quiere que les (dar, yo) (2) .... de cenar?

Victoria: Hay estofado en la nevera.

Antonia: ¿A qué hora quiere que se lo (poner, yo) (3) ....?

Victoria: Pues, a las seis. Aunque, si quieres que (irse, ellos) (4) .... a la cama tranquilamente, sería mejor dárselo más tarde.

Antonia: De acuerdo. ¿Quiere que los (bañar, yo) (5) .... también?

Victoria: No, no hace falta, pero sí quiero que (cepillarse, ellos) (6) .... los dientes y que (lavarse, ellos) (7) .... la cara.

Antonia: Bien. ¿A qué hora quiere que los (meter, yo) (8) .... en la cama?

Victoria: Quiero que el pequeño (irse, él) (9) .... a las ocho en punto y que el mayor (estar, él) (10) .... en la cama antes de las diez porque tiene colegio mañana. ¿Algo más?

Antonia: No, no creo que (pasar) (11) .... nada.

Victoria: Bien, pues hasta luego, y no te olvides de cerrar la ventana de la cocina. No quiero que (entrar, ellos) (12) .... los gatos de al lado.

Antonia: Vale, adiós y que lo pase bien.

(397)   Complete each sentence with one of the three conjugations that are available below.   ✿✿

E.g.   (a) **1**

(a)   Es probable que Juana ....**compre**....... el piso de la esquina.
(b)   Mi jefe tiene miedo de que su mujer .... que tiene una amante.
(c)   No me .... usted lo que tengo que hacer.
(d)   Si .... la verdad, te la diría.
(e)   Los empleados se quejan de que no .... seguridad en sus empleos.
(f)   El hecho de que se .... no significa nada para mí.
(g)   No sé como puedes ser feliz si .... de todo el mundo.
(h)   Yo no digo que Serafín .... una mala persona.
(i)   No creemos que la nueva azafata .... capacitada para el trabajo.
(j)   ¡Cállate y dame todo lo que ....!

(a)	1	compre	2	compré	3	compra
(b)	1	descubre	2	descubra	3	descubrá
(c)	1	dice	2	diga	3	díga
(d)	1	supiera	2	sabría	3	sé
(e)	1	hayá	2	haya	3	háya
(f)	1	disculpar	2	disculpes	3	disculpe
(g)	1	dudes	2	dudas	3	dudar
(h)	1	sea	2	esté	3	este
(i)	1	estara	2	está	3	esté
(j)	1	tengo	2	tengas	3	tengás

(398)   Construct sentences in the style of the example.   ✿✿

E.g.   Antes de que (irse, tú) al extranjero, (despedirse) de los amigos. > Antes de que **te vayas** al extranjero, **despídete** de los amigos.

(a)   Antes de que (cambiarse, usted) de casa, (pagar) lo que me debe.

....

(b)   Antes de que (empezar, tú) a fumar otra vez, (consultar) a tu médico.

....

(c)   Antes de que (salir, vosotros) a pescar, (asegurarse) que tenéis todo.

....

(d)   Antes de que (enviar, usted) el paquete (comprobar) todos los sellos.

....

(e)   Antes de que (morirse, yo), (vender, tú) la casa de la playa.

....

(f)   Antes de que yo (entregarse) a la policía, (confesar, vosotros) toda la verdad.

....

(g)   Antes de que (conducir, tú) tantas horas, (dormir) un rato.

....

(h)   Antes de que (acabar, él) con la comida, (guardar, tú) un poco en la nevera.

....

(i)   Antes de que (comenzar, tú) a vestirte, (ducharse).

....

(j)   Antes de que (llover), (quitar, usted) la ropa de la cuerda.

....

(399)   Complete the dialogue by putting the verbs in brackets into appropriate subjunctive forms.   ✿✿

Carmen: Bueno, dígame. ¿Qué tipo de casa busca?

Pedro: Quiero una casa que (tener) (1) ...., al menos, tres dormitorios. También quiero que (haber) (2) .... un jardín grande y que no (estar) (3) .... demasiado cerca de la carretera.

Carmen: Tendrá hijos, entonces.

Pedro: Sí, tengo cuatro. Ellos quieren que la casa nueva (ser) (4) .... muy grande porque cada uno quiere su propia habitación.

Carmen: Entiendo. Entonces buscamos una casa que (costar) (5) ....
alrededor de cuarenta mil euros.

Pedro: Puedo pagar más si merece la pena.

Carmen: Bien, ahora mismo mi ayudante buscará todas las propiedades que
(adaptarse) (6) .... a sus necesidades.

Pedro: Gracias.

Carmen: Y mientras lo está haciendo, podemos hablar de cual sería la mejor
zona de la ciudad.

Pedro: Muy bien. Necesitamos que (disponer) (7) .... de una
escuela cerca y también queremos que (haber) (8) ....
transportes públicos buenos.

Carmen: Claro, claro. Miraremos la zona sur primero, porque allí no hay
carreteras antiguas que (estropear) (9) .... la circulación
y no hay problemas con el metro que (afectar) (10) .... a
los que tienen que viajar al centro cada día.

Pedro: Suena bien. Deme todo lo que usted (encontrar) (11) ....
por esta zona y miraremos las casas que usted nos (recomendar)
(12) ....

(400)   IMPERFECT SUBJUNCTIVE + CONDITIONAL. Transform the
sentences in the style of the example.   ✿✿

E.g.   Una persona te pide dinero por la calle y le das un poco. > **Si** una persona
me **pidiera** dinero por la calle, le **daría** un poco.

(a)   Una amiga te propone ir a escalar y lo aceptas.

....

(b)   Alguien te insinúa que hagas una dieta y tú te enfadas.

....

(c)   Tu jefe te llama a casa para que trabajes el fin de semana y tú te niegas.

....

(d)   Una persona desconocida te deja su fortuna y tú no la aceptas.

....

(e)   Unos amigos te proponen salir a cenar y tú les dices que no tienes
dinero.

....

(f)   Una admiradora te manda flores y tú te pones muy contento.

....

(g)   Un turista quiere ir a la oficina de turismo y tiene que mirar su mapa.

....

(h)   El médico le dice a su paciente que deje de beber y no le hace caso.

....

(i)   Un policía le pide el pasaporte y usted le dice que lo ha perdido.

....

(j)   Tu padre te pregunta dónde has estado y tú le mientes.

....

(401)   Match the exclamations to the sentences on the left.   ✿✿

(a)   Me voy de viaje.   (1)   ¡Que cumplas muchos!
(b)   Voy a apostar 1000 euros en los caballos.   (2)   ¡Que duermas bien!
(c)   Ana y yo nos vamos a patinar.   (3)   ¡Que aproveche!
(d)   Paco está enfermo.   (4)   ¡Que se mejore!
(e)   Hoy es mi cumpleaños.   (5)   ¡Que os divertáis!
(f)   Me voy a comer un cocido yo solo.   (6)   ¡Que tengas suerte!
(g)   Me voy a la cama, que ya es tarde.   (7)   ¡Que lo pases bien!

(402)   Underline the correct form of the verb.   ✿✿

(a)   Si **tenga** / **tengo** tiempo, **iré** / **fuera** a buscarte.
(b)   Si **habría sabido** / **hubiera sabido** lo que me esperaba, no **habría venido** / **había venido**.
(c)   Si **jugaras** / **jugarás** limpio, **tendrás** / **tendrías** menos problemas.
(d)   Si **sabría** / **supiera** lo que va a pasar en la empresa, te lo **diré** / **diría**.
(e)   Si **entra** / **entre** el testigo en la sala, que no **hable** / **habla**.
(f)   Si el gato **hubiera sido** / **ha sido** más listo, no le **había pasado** / **habría pasado** nada.
(g)   Si no **tendríamos** / **tuviéramos** tanta prisa, **pasaremos** / **pasaríamos** a saludarte.
(h)   Si Jacinto **encuentra** / **encuentre** el camino, nos lo **dijo** / **dirá**.
(i)   Si te **digan** / **dicen** la verdad, **escúchalos** / **escúchelos**.
(j)   Si **hubiera terminado** / **haya terminado** la carrera, **habré tenido** / **habría tenido** más oportunidades para trabajar.

(403)   Complete each sentence by changing each verb in brackets into either the indicative or the appropriate form of the subjunctive.   ✿✿

(a)   Si (salir, yo) .... contigo, ¿me invitarás al cine?
(b)   Si (decidir, tú) .... hacer el experimento, ¿sería peligroso?
(c)   Si (comer, ellos) .... menos, no habrían tenido que ir al médico.
(d)   Si (tener, tú) .... problemas, te ayudaré a solucionarlos.

(e) Si (conocer, tú) .... a mi jefa, entenderías por qué
     tengo tanto estrés.
(f) Si yo (estudiar) .... un poco más, sacaría mejores
     notas.
(g) Si (salir, yo) .... antes del teatro, habría tenido
     tiempo de ir a cenar.
(h) Si te (decir, yo) .... la verdad, ¿me creerías?
(i) Si (comprar, nosotros) .... esta parcela, tendremos
     mucho espacio para la nueva casa.
(j) Si (pensar, tú) .... más en los demás, no estarías
     tan solo.

(404) Complete the dialogue by changing each verb in brackets into the appropriate indicative or subjunctive.   ✿✿

    Matilde: ¡Ojalá (tener, yo) (1) .... suerte hoy!
    Crupier: Hagan juego, señoras y señores.
    Matilde: (Ir, yo) (2) .... a apostar al cinco, aunque dudo que me
             (dar) (3) .... buena suerte. ¡Espere! Mejor, al diez. No.
             ¡Un momento! Ya sé, al veinti . . .
    Crupier: Vamos señora, que (llevar, usted) (4) .... toda la mañana
             y aún no se (decidir, ella) (5) ....
    Matilde: Si usted (ser) (6) .... yo, ¿qué (hacer) (7) ....?
    Crupier: Si yo (ser) (8) .... usted, me (ir) (9) .... a jugar
             a una máquina tragaperras.
    Matilde: ¡Ni hablar! Yo de aquí no (moverse) (10) ....
    Crupier: Pues yo no (creer) (11) .... que (ir, usted) (12) ....
             a ganar nada con esa actitud que tiene.
    Matilde: Por mucho que me (insultar) (13) ...., no va a conseguir
             que lo (dejar) (14) ....
    Crupier: Como usted (querer) (15) .... Pero, por favor, ¿(ser,
             usted) (16) .... tan amable de apostar?
    Matilde: ¿Sabe lo que le (decir) (17) ....? Que aunque no (ganar)
             (18) .... nada, estaré aquí hasta que el casino (cerrarse)
             (19) ....

(405) Complete the sentences with appropriate forms of the subjunctive, indicative or infinitive.   ✿✿✿

(a) El otro día, aunque (llegar, tú) .... tarde, te esperé.
(b) Voy a hacer un esfuerzo y comeré tu paella, aunque no (tener) ....
     hambre.
(c) Emilia estudia para (aprobar) .... el examen.

(d)   Emilia estudia para que su profesor la (aprobar) ....

(e)   Creo que tú y yo (tener) .... que hablar.

(f)   No creo que tú y yo (tener) .... que hablar.

(g)   Es posible que (venir, ellas) .... a las cinco.

(h)   (Venir, ellas), ..., posiblemente, a las cinco.

(i)   Merece la pena que (hacer, tú) .... un curso de fotografía.

(j)   Merece la pena (hacer) .... un curso de fotografía.

(406)   Read the text, put the verbs in brackets into the subjunctive and match the words and phrases in bold with their definitions below.   ✿✿✿

Es probable que uno de los lugares más solicitados por los turistas (ser) (1) .... el Caribe y puede que Cuba (simbolizar) (2) .... este destino tan **anhelado**. La isla de Cuba está situada al sur de Florida y es la más grande del Caribe. Su paisaje es algo montañoso con pequeñas **bahías** en la costa. Su clima, aunque **benigno**, puede que, en ocasiones, (cambiar) (3) .... y (sufrir) (4) .... la llegada de huracanes tropicales que **arrasan** la isla con gran violencia.

Su cultura, su música y su comida reflejan una mezcla **variopinta** como consecuencia de la convivencia de culturas tan **dispares**. La Habana, capital de Cuba, ha sido nombrada recientemente Patrimonio de la Humanidad por la UNESCO. Aquellos que **se dieron el gusto** de pasear por las calles de la Habana Vieja hace unos años, no creo que (poder) (5) .... reconocerla ahora, ya que **está hecha un pincel** gracias a la reciente visita del Papa y al enorme atractivo que tiene para los turistas.

Si (viajar, usted) (6) .... desde Madrid, no (dudar) (7) .... que el vuelo le resultará una **ganga**. Y si, además, usted (decidir) (8) .... reservar un paquete con todo incluido, le saldría todo por una suma **irrisoria**.

No obstante, lo mejor de Cuba no es su clima o su paisaje: es su gente. Los cubanos **tienen a gala** ser cariñosos, efusivos, y tener **buen rollo** con los turistas. De modo que, **no se lo (pensar)** (9) .... **dos veces** y (correr) (10) .... a reservar ya su viaje.

(1)   ....
      Un sentimiento compartido de amabilidad y alegría.

(2)   ....
      Que ofrece diversidad de colores y aspectos.

(3)   ....
      Insignificante, pequeña.

(4)   ....
      Hacer algo que gusta mucho.

(5)   ....
      Destruir, arruinar.

(6)   ....
Templado, suave, apacible.

(7)   ....
Tener orgullo por algo.

(8)   ....
Diferentes.

(9)   ....
Estar muy limpia y cuidada.

(10)   ....
Entradas del mar en la costa.

(11)   ....
Tomar una decisión rápida. Sin dudar

(12)   ....
Extensión de terreno que se ve desde un sitio.

(13)   ....
Algo muy deseado.

(407)   COMO SI + SUBJUNCTIVE. Transform the sentences in the style of the example.   ✿✿✿
E.g.   Conduce de una forma que parece que está borracho. > Conduce **como si estuviera** borracho.

(a)   Tose de una manera que parece que se va a morir.

....

(b)   Come de una manera que parece que está siempre hambriento.

....

(c)   Trata a su mujer de una manera que parece que no la quiere.

....

(d)   Juega de una manera que parece que le va la vida en ello.

....

(e)   Duerme de una forma tan profunda que parece que no se va a despertar nunca.

....

(f)   Escribe de una manera que parece que está loco.

....

(g)   Vive de una manera que parece que no le importa nada.

....

(h)   Beben de una forma que parece que no han bebido nada en su vida.

....

(i)   Construye casas de una manera que parece que es millonario.

....

(j)   Canta de una manera que parece que está gritando.

....

(408)   AUNQUE + INDICATIVE/SUBJUNCTIVE. Construct sentences in the style of the example.   ✿✿✿
E.g.   Aunque (estar, ella) muy deprimida, (salir) adelante. >
        Aunque **está** muy deprimida, **sale** adelante. (INDICATIVE) >
        Aunque **esté** muy deprimida, **saldrá** adelante. (SUBJUNCTIVE)

(a)   Aunque lo (intentar, yo) muchas veces, no (conseguir) hacerlo bien.

....

....

(b)   Aunque (salir, nosotros) todos los días, (estar) aburridos.

....

....

(c)   Aunque (madrugar, tú) no (llegar) a tiempo.

....

....

(d)   Aunque (haber) muchos problemas, (poder, yo) solucionarlos.

....

....

(e)   Aunque (venir, ellos) todos juntos, (tener, nosotros) espacio en casa.

....

....

COMMUNICATIVE EXERCISES

▶   Use the phrases from the box to structure a presentation about the following subjects:

   (a)   tu progreso como estudiante;
   (b)   tus planes para el futuro;
   (c)   tus ideas para cambiar tu lugar de estudios.

---

así que	**por lo tanto**	**a fin de que**	**de ahí que**
	de tal manera que	**aunque**	

▶ Your friend is depressed. Write a letter that will help him/her. Begin with the following phrase and use a combination of indicative and subjunctive phrases:

El hecho de que hayas tenido una mala experiencia . . .

▶ Use the phrases in exercise 388 to discuss the following subjects:

(a) los cambios medioambientales;
(b) el problema del tráfico en la ciudad;
(c) el uso del Spanglish.

▶ Think of other occasions when the exclamations in exercise 401 may be appropriate.

▶ Imagine that you and your fellow students are going to throw an end-of-course party. Discuss your ideas about what you think will happen at the party. Use the following expressions to make your predictions, and use the indicative and the subjunctive forms where appropriate.

no creo que	**es posible que**	**es seguro que**
como si ojalá	**es probable que**	**creo que**
dudo que	**sé que**	**temo que**

▶ Imagine that you are going on holiday and must leave strict instructions with your flatmate about what he/she must not do. Make instructions in the style of the example.

E.g. No abras las ventanas porque se puede escapar el gato.

▶ Imagine that you have just been telling off a person who has been rude to your friend. Now recount to your friend the conversation you had. Make phrases in the style of the example.

E.g. Le ordené que te pidiera perdón.

The Impersonal Forms of the Verb

47 The infinitive [1077–136]

(409)   Use the infinitives from the box to complete the sentences.   ✿✿

comer	jugar	vivir	llover	contestar	rellenar
hacer	salir	saber	aparcar	beber	entrar

(a)   .... ejercicio es bueno para todos.
(b)   Prohibido .... y .... dentro de la biblioteca.
(c)   Por favor, señores pasajeros, antes de .... dejen ....
(d)   Este impreso es muy fácil de ....
(e)   El .... no ocupa lugar, dice un antiguo refrán.
(f)   Alfonso quiere .... sin dar ni golpe.
(g)   En este país no para de .... nunca.
(h)   No está permitido .... en doble fila.
(i)   Estoy harta de ti y no pienso .... tus cartas.
(j)   Podéis .... en esta zona del patio, pero no en la otra.

(410)   Complete the sentences with the prepositions from the box. Some are repeated.   ✿✿

después de	por	para	de	al	con	hasta	antes de

(a)   .... entrar en el salón de mi abuela, sentí algo extraño.
(b)   .... empezar mi discurso, me gustaría darles las gracias.
(c)   No pararé .... llegar a la playa.
(d)   .... terminar la carrera, trabajaré con mi padre.
(e)   .... saber la verdad, tengo suficiente.

(f)   Estoy aquí .... ofrecerte mi consuelo.
(g)   .... apostarlo todo, apuesta ya.
(h)   Tenía muchos problemas .... solucionar.
(i)   .... ser tan listo, no apruebas nunca.
(j)   .... correr demasiado, se rompió una pierna.

(411)   Rewrite each sentence with a pronoun, in the style of the example.   ✿✿
E.g.   Si sigues así vas a romper la radio. > Si sigues así vas a romper**la**.

(a)   Tengo la intención de llamar a Luis esta tarde.

....

(b)   Tengo que hacer los deberes para mañana.

....

(c)   Hay que olvidar los malos tiempos y ser optimista.

....

(d)   Hoy mismo, voy a barnizar la mesa y las sillas.

....

(e)   Estoy por ir a ver a Luisa.

....

(f)   Hemos quedado en llevar a mis padres a la finca.

....

(g)   Debe decir al paciente toda la verdad.

....

(h)   Quiero visitar a mi hija, pero no creo que se ponga contenta.

....

(i)   Por fin, he dejado de morderme las uñas.

....

(j)   Hemos tenido que matar a los perros porque estaban enfermos.

....

(412)   Underline the correct phrase.   ✿✿

(a)   Emilio acabó **por marcharse** / **por marchándose** de la reunión muy
      enfadado.
(b)   Las notas de las oposiciones **están caer** / **están al caer**.
(c)   Estoy **por irme** / **por me ir** y no volver nunca más.
(d)   Sufría **de sólo pensar** / **sólo pensar** en su país.
(e)   Estaba **medio vestir** / **a medio vestir** cuando llamaron a la puerta.
(f)   Se pasó toda la tarde **sin hablar** / **sin hablando** con nadie.

(g)   He perdido la cartera y tengo que **la encontrar / encontrarla**.

(h)   **Nada más salir / Más nada salir** del colegio, fue corriendo al cine.

(i)   A mi marido le ha dado **para escribir / por escribir** sus memorias.

(j)   No tienes que **me querer / quererme**; me conformo **con ser / ser** tu amiga.

(413)   Replace the words in bold in each sentence with a phrase with a similar meaning from the box. Conjugate where necessary.   ✿✿

E.g.   En la agencia de viajes dicen que **es preciso reservar** el viaje con antelación. >
        En la agencia de viajes dicen que **hay que reservar** el viaje con antelación.

romper a andar	**ponerse a temblar**
dejar de llover	**venir a salir**
volver a visitar	**llegar a pensar**
acabar de entender	**irse a vivir**
ponerse a limpiar	**querer terminar**

(a)   De repente, Laura **comenzó a temblar** como una hoja.

  ....

(b)   **Empieza a limpiar** la casa antes de que venga tu madre.

  ....

(c)   Ya podemos salir porque **ha parado de llover**.

  ....

(d)   En cuanto pueda, **iré a visitar**, otra vez, la República Dominicana.

  ....

(e)   Mi padre no **es capaz de entender** que está en la ruina.

  ....

(f)   Con todo incluido, el viaje **saldrá** por unos 2000 euros.

  ....

(g)   Con todo lo que pasó, **pensé** que no volverías a hablarme jamás.

  ....

(h)   Mis hijos **se marcharán a vivir** por su cuenta un día de estos.

  ....

(i)   Me ha dicho que **desea terminar** con todo y vivir más feliz.

  ....

(j)   El bebé **empezó a andar** sin que nos diéramos cuenta.

  ....

(414)   Transform the sentences into the imperative form which incorporates the infinitive.   ✿✿

(a)   Come toda la sopa sin rechistar.
      A comer toda la sopa sin rechistar.

(b)   No fumen en el restaurante.

      ....

(c)   ¡Sentaos de una vez!

      ....

(d)   ¡Bailad!

      ....

(e)   Hagan juego, señores.

      ....

(f)   ¡Venga, entrad en casa!

      ....

(g)   Corre y no pares.

      ....

(h)   No pisen la hierba.

      ....

(i)   ¡Vamos, torea con más gracia!

      ....

(j)   Empieza el ejercicio otra vez.

      ....

(415)   Complete the sentences with a VERB + PREPOSITION from the box. Conjugate where necessary.   ✿✿✿

haber de	**acabar de**	**llegar a**	**empezar a**	**tratar de**
echarse a	**quedar en**	**ponerse a**	**ir a**	*volver a*

(a)   No (tú) ....**vuelvas a**....... salir sin ponerte el abrigo.
(b)   Estaba tan enferma, que (ellos) .... temer por su vida.
(c)   Nos llamaron a las siete y .... vernos a las diez.
(d)   (Yo) .... confesar que no estoy capacitado para este trabajo.
(e)   Te .... decir que sé dónde está el dinero, pero ya no te lo digo.
(f)   Pepa .... persuadirme para que la acompañe a ver a una adivina.
(g)   (Ellos) .... comprarse una casa carísima en el centro de la ciudad.
(h)   Nada más verme (él) .... dar saltos de alegría.

(i)   Cuando Marina se enteró de la noticia .... a llorar.
(j)   Nosotros .... comer a eso de las tres de la tarde y no terminamos
      hasta las seis.

(416)   Write the singular and plural nouns (*sustantivos*) that are derived from
the following infinitives. Add the corresponding articles.   ✿✿✿

	INFINITIVO	SUSTANTIVO SINGULAR	SUSTANTIVO PLURAL
(1)	decir		
(2)	andar		
(3)	deber		
(4)	cantar		
(5)	querer		
(6)	anochecer		
(7)	placer		
(8)	despertar		
(9)	amanecer		
(10)	hablar		
(11)	atardecer		

(417)   Transform the sentences in the style of the example. Use the nouns that
appear in exercise 416 where possible.   ✿✿✿
E.g.   **La manera de hablar** de Maruja es insoportable. > **El hablar** de Maruja
       es insoportable.

(a)   **La forma de andar** de Juana es muy sexy.

      ....

(b)   **Las tardes de verano** en mi pueblo son únicas.

      ....

(c)   **Saber muchas cosas** siempre es bueno.

      ....

(d)   **Los trabajos que tienes que hacer** para el colegio, hazlos ahora.

      ....

(e)   Me gustaría ver **salir el sol** contigo.

      ....

(418)   Sort the phrases from the box into the table below according to the meaning of each combination of VERB + PREPOSITION (where indicated) + INFINITIVE (*perífrasis verbales de infinitivo*).   ✿✿✿

ir a + infinitivo	**tener que + infinitivo**
deber de + infinitivo	**dejar de + infinitivo**
volver a + infinitivo	**darle a uno por + infinitivo**
deber + infinitivo	**tratar de + infinitivo**
acabar por + infinitivo	**estar a punto de + infinitivo**
romper a + infinitivo	**meterse a + infinitivo**
pasar a + infinitivo	**estar para + infinitivo**
llegar a + infinitivo	**empezar a + infinitivo**
ponerse a + infinitivo	**haber + de + infinitivo**
pensar + infinitivo	**haber + que + infinitivo**
estar por + infinitivo	**quedar en + infinitivo**
venir a + infinitivo	**acabar de + infinitivo**

FUTURE and INTENTION	
1	
2	
3	
4	
5	
6	

BEGINNING and TRANSITION	
1	
2	
3	
4	
5	
6	
7	

ENDING and AGREEMENT	
1	
2	
3	
4	
5	

OBLIGATION	
1	
2	
3	
4	

SUPPOSITION	
1	

REPETITION	
1	

(419)   Now match the phrases from exercise 418 with the following explanations of their uses.   ✿✿✿

(A)	FUTURE and INTENTION	Phrase
(a)	Immediate or planned action.	ir a
(b)	Future intention.	
(c)	Intention to do something difficult or problematic. Intention to help.	
(d)	Intention to do something that has uncertain or approximate consequences.	
(e)	Immediate intention.	
(f)	Immediate intention, lack of action or a pending action.	

(B)	BEGINNING and TRANSITION	Phrase
(a)	A surprising action based on a whim or lack of reasoning.	
(b)	To begin a sudden or abrupt action.	
(c)	Formal or neutral expression of the beginning of an action.	
(d)	An action that is just about to begin. An imminent action.	
(e)	To begin an action for which one is perhaps not suited or able.	
(f)	Rapid or brusque beginning of an action.	
(g)	The transition from one action to another.	

(C)	ENDING and AGREEMENT	Phrase
(a)	An action that has finished immediately before the expression of it.	
(b)	To end up doing something, often involuntarily or as a result of compromise.	
(c)	The suppression of a habitual action.	
(d)	An extreme action that is the result of an escalating process.	
(e)	The agreement or compromise of two or more persons.	

(D)	**OBLIGATION**	**Phrase**
(a)	Moral obligation.	
(b)	Impersonal obligation (in the third person).	
(c)	Obligation, often expressed in written language.	
(d)	Obligation and imposition of necessity, often immediately.	

(E)	**SUPPOSITION**	**Phrase**
(a)	Probability. A good guess.	

(F)	**REPETITION**	**Phrase**
(a)	A repeated action. An action that is returned to.	

48   The gerund [1137–74]

(420)   Transform the words in brackets into gerunds.   ✿✿

(a)   Las plantas se están (morir) .... porque no las riegas.
(b)   Los estudiantes están (aprender) .... español este año.
(c)   Se pasa el tiempo (repetir) .... las cosas y nadie le hace caso.
(d)   El periódico que está (leer) .... tiene un artículo interesante.
(e)   Me gano la vida (vender) .... coches usados.
(f)   (Hablar) .... se entiende la gente.
(g)   (Preguntar) .... se llega antes a los sitios.
(h)   El gato está (seguir) .... al ratón.
(i)   La policía está (investigar) .... un caso importante de robo.
(j)   Me paso la vida (soñar) .... con una casa nueva.

(421)   Change the verbs in brackets into gerunds and then reply in the negative form to the questions.   ✿✿

(a)   ¿Estás (escribir) una carta?   **No, no estoy escribiendo una carta**.
(b)   ¿Están (leer) un libro?   ....
(c)   ¿Mila está (llorar)?   ....
(d)   ¿Está (comer) bien el abuelo?   ....
(e)   ¿Está (salir) humo del coche?   ....
(f)   ¿Estáis (ir) al trabajo?   ....
(g)   ¿Estás (contar) mentiras?   ....
(h)   ¿Está (ver) el desfile?   ....

(i)   ¿Está (sentir) su pérdida?   ....

(j)   ¿Estáis (dormir) al niño?   ....

(422)   Underline the correct form of the verb.   ✿✿

(a)   El agua de este baño **está hirvienda** / **está hirviendo**.
(b)   Me quedé **viendo** / **vendo** la televisión hasta las tres de la mañana.
(c)   Yo me entretengo **podeando** / **podando** las plantas.
(d)   El animal se **es morido** / **está muriendo**.
(e)   Ha dejado de **morderse** / **mordiéndose** las uñas.
(f)   Estoy **sentiendo** / **sintiendo** un fuerte dolor en la rodilla.
(g)   ¿Cuántos años lleva **intentar** / **intentando** aprobar el examen?
(h)   ¿Qué **es haciendo** / **está haciendo**?
(i)   Estoy por **saliendo** / **salir** y no volver más.
(j)   Si sigues **estudiar** / **estudiando** así, tendrás buenas notas.

(423)   Transform the sentences in the style of the example.   ✿✿
E.g.   Estoy preparando la cena. > Estoy **preparándola**.

(a)   Van pagando el coche poco a poco.

       ....

(b)   ¿Cuántas veces lleva intentando aprobar el examen de conducir?

       ....

(c)   Acabamos aprendiendo la lección.

       ....

(d)   Estoy convenciendo a Luis para que venga.

       ....

(e)   Viene anunciando el mitin desde el viernes.

       ....

(f)   Acabó perdiendo a su familia.

       ....

(g)   Se quedó durmiendo la borrachera en mi casa.

       ....

(h)   Están terminando las nuevas casas.

       ....

(i)   El médico terminó operando al enfermo.

       ....

(j)   El padre está regañando a sus hijas.

       ....

(424)   Complete the sentences by using the pairs of verbs from the box in the style of the example.   ✿✿

E.g.   Pedro **está escuchando** la cinta que le regalé por su cumpleaños.

salir + huir	**acabar + perder**
venir + demostrar	**terminar + parecerse**
ir + florecer	**seguir + hacer**
llevar + vivir	**andar + decir**
quedarse + trabajar	**estar + ganar**

(a)   La vida nos .... que los sueños de la juventud no se cumplen.

(b)   El profesor siempre .... la paciencia con nosotros.

(c)   Poco a poco, el jardín ....

(d)   Mis padres .... en el pueblo más de setenta años.

(e)   Tomó tanto café que .... toda la noche.

(f)   Mi ex novio .... que me voy a quedar soltera toda la vida.

(g)   La actriz .... películas sin ningún éxito.

(h)   .... tanto dinero con este negocio, que me voy a jubilar muy pronto.

(i)   Al final, Carmina .... a su madre: flaca y cotilla.

(j)   El perro .... de la casa porque le maltrataban.

(425)   Construct sentences in the style of the example.   ✿✿

E.g.   (Hablar) tanto, nunca te (poder) concentrar.
      Si **hablas** tanto, nunca te **podrás** concentrar.
      Hablando tanto, nunca te **podrás** concentrar.

(a)   (Tomar, vosotros) el sol de esa manera, (quemarse) enseguida.

      ....

      ....

(b)   (Comer) en casa, te (salir) más barato.

      ....

      ....

(c)   (Tener, ellos) miedo, nunca (poder) divertirse de verdad.

      ....

      ....

(d)   (Acabar, vosotros) pronto, (ir, nosotros) todos al campo.

....

(e)   (Leer) tan deprisa, no (enterarse, tú) de nada.

....

(f)   (Poner) más interés, le (resultar) más agradable el trabajo.

....

(g)   (Practicar) todos los días, (ganar, yo) la medalla de oro.

....

(h)   (Querer, tú) aprender, todo (ser) posible.

....

(i)   (Decir) la verdad, (conseguir, tú) más respeto.

....

(j)   (Pasar, yo) la entrevista, (obtener) el trabajo.

....
....

(426)   Correct the sentences if necessary.   ✪✪

(a)   Nos encontramos a Daniel lloriendo porque había suspendido.

....

(b)   Era leyendo su diario, cuando me sorprendió.

....

(c)   Se pasó dos horas gritar sin parar.

....

(d)   Los caballos salvajes iban corridos por la playa.

....

(e)   Pensando que no me ibas a esperar, no me molesté en ir.

....

(f)   Nuestra amistad va crecido día a día.

....

(g)   Claudia entró sentándose en la primera fila.

....

(h)   Rompió a llorar como un bebé.

....

(i)   Me enseñó su caja fuerte teniendo un montón de dinero.

....

(j)   No nos podemos ir sin pagando la cuenta.

....

(427)   Sort the phrases from the box into the table below according to the meaning of each combination of VERB + GERUND (*perífrasis verbales de gerundio*).   ✿✿✿

estar + gerundio	acabar + gerundio
ir + gerundio	salir + gerundio
empezar + gerundio	quedarse + gerundio
continuar + gerundio	andar + gerundio
venir + gerundio	seguir + gerundio
llevar + gerundio	terminar + gerundio

DURATION	
1	
2	
3	
4	
5	
6	
7	
8	

BEGINNING or ENDING	
1	
2	
3	
4	

(428)   Now match the phrases from exercise 427 with the following explanations of their uses.   ✿✿✿

(A)	DURATION	Phrase
(a)	Indicates a continuing action.	**continuar + gerundio**
(b)	A repetitive or persistent action, possibly without resolution.	
(c)	An action that is taking place at the moment of speaking.	
(d)	An action that is liable to remain happening that way for some time.	
(e)	Indicates that an action is continuing or is renewed again.	
(f)	Indicates a developing action that happens gradually or little by little.	
(g)	Indicates that a recent action is being repeated insistently.	
(h)	Indicates the period of time that has passed while this action has been happening. Similar use to *hace . . . que*.	

(B)	BEGINNING or ENDING	Phrase
(a)	Expresses the resolution of an action or process. The way an action or process ended, perhaps unsatisfactorily.	
(b)	The result or conclusion of an action expressed with finality.	
(c)	The beginning of an action that is liable to be longlasting.	
(d)	Indicates the result of the action of the verbs *ganar* or *perder*. Indicates the abrupt beginning of an action.	

(429)   Replace the words in bold with a verb from the box and the gerund of the verb in the original sentence (*perífrasis verbales de gerundio*). Conjugate where necessary.   ✪✪✪

E.g.   Estaba tan cansada, que **me dormí** en el banco del parque.
         Estaba tan cansada, que **acabé durmiéndome** en el banco del parque.

---

acabar   andar   salir   terminar   llevar   quedarse   estar   ir   venir

(a)   La casa **costará** unos cien mil euros, más o menos.

....

(b)   La película era buena, pero la pusieron tanto por la tele que me **cansé** de verla.

....

(c)   **Guardo** diez libras en una hucha desde hace veinte años.

....

(d)   Finalmente, el sindicato **aceptó** la nueva oferta salarial.

....

(e)   Desde que le dieron el premio, **dice** que es el único autor con talento del país.

....

(f)   **Trabajó** todo el fin de semana porque no quería volver a casa.

....

(g)   Con la nueva reestructura de la empresa **gano** mucho más.

....

(h)   Todos **intentamos** que Valentín vaya a un centro de desintoxicación.

....

(i)   Estoy harta porque **espero** desde las nueve y aún no ha venido.

....

(j)   Yo **pago** la cuenta mientras tú traes el coche, ¿vale?

....

49   The past participle [1175–230]

(430)   Write the participle and the adjective of the following verbs.   ✿✿

	VERBO	PARTICIPIO	ADJETIVO
(a)	atender	....	....
(b)	incluir	....	....
(c)	juntar	....	....
(d)	corromper	....	....
(e)	despertar	....	....
(f)	elegir	....	....
(g)	manifestar	....	....
(h)	nacer	....	....
(i)	marchitar	....	....
(j)	salvar	....	....

(431)   Use the participles and adjectives from exercise 430 to form sentences in the style of the example.   ✿✿

(a)   He **atendido** a más de cien pacientes esta mañana.
El doctor es un hombre muy **atento**.

(b)   ....
....

(c)   ....
....

(d)   ....
....

(e)   ....
....

(f)   ....
....

(g) ....

....

(h) ....

....

(i) ....

....

(j) ....

....

(432) Correct the sentences if necessary. ✪✪

(a) El juez ha reabrido el caso de las estafas bancarias.

....

(b) Los peces de colores que me regalaste se han morido.

....

(c) Si has frito el pescado de esa manera, sabrá a rayos.

....

(d) Sara está confuso con tantos números.

....

(e) El supermercado estará abrido este fin de semana.

....

(f) No puedo abrir la ventana porque está pudrida.

....

(g) El libro, que ha escribido Arturo, es malísimo.

....

(h) La revista está impresa en Buenos Aires.

....

(i) Te he decido un montón de veces que no juegues con la pelota en el salón.

....

(j) El espejo está rompido y tengo miedo de tener mala suerte.

....

(433) Change the verbs in brackets into participles and adjectives. ✪✪

(a) El accidente de tren la dejó (paralizar) ....
(b) La secretaria está tan (absorber) .... en el trabajo que no oye ni el teléfono.

(c)   Mis padres están (hartar) .... de que les pida dinero constantemente.

(d)   He preparado un (sofreir) .... que te vas a chupar los dedos.

(e)   Mi vecino estuvo (prender) .... dos años en una cárcel tailandesa.

(f)   Resulta, que el partido al que he votado es el más (corromper) ....
      de todos.

(g)   Lo único que vale en un contrato, es la letra (imprimir) ....

(h)   Manuel es un deportista (nacer) ....

(i)   Mi hermano está (satisfacer) .... de todo lo que ha logrado en la
      vida.

(j)   ¿Conoces el cuento de *La ratita* (presumir) ....?

(434)   Transform the sentences in the style of the example.   ✪✪

E.g.   **Cuando terminaron** la paella, salieron corriendo del restaurante. >
       Terminada la paella, salieron corriendo del restaurante.

(a)   **Cuando acabó** la lluvia, salió el sol.

....

(b)   **Cuando pasó** la luna de miel, su marido volvió a ser violento.

....

(c)   **Cuando murió** su abuelo, consiguió la casa que tanto quería.

....

(d)   **Cuando anocheció**, llegaron a su destino.

....

(e)   **Como estaba cansado** de tanto bailar, se quedó dormido.

....

(435)   Underline the correct form of each verb.   ✪✪

(a)   Manuela **había comido / había comida** tanto que le dolía la tripa.

(b)   En esta habitación **hay abierto / hay abierta** una ventana y hace un frío
      que pela.

(c)   Todo el mundo **había bebido o bailado / había bebido o había bailado**
      demasiado.

(d)   **Ha hay / Ha habido** mucho que lamentar este último año.

(e)   Nosotras **hemos hecho / hemos hechas** todo el trabajo atrasado.

(f)   **He vivido / He vivida** sin trabajar toda mi vida.

(g)   ¿**Has estás / Has estado** alguna vez en Canarias?

(h)   No creo que María **haya ganado / haya ganada** nada con la venta del
      piso.

(i)   No **hay inscrito / hay inscribido** ningún vecino para el puesto de
      administrador.

(j)   Hoy, en el hospital, **han nato / han nacido** trillizos.

(436)   Rewrite the sentences and substitute an appropriate phrase from the box for the words in bold.   ✿✿✿

> **hecho un ocho   hechos unos zorros   hecho añicos**
> **hecha un esqueleto   hecha un ovillo   hecha un asco**
> **hecho un chaval   hecho una fiera   hechas un basilisco**
> **hechos polvo**

(a)   Como no come nada, está **delgadísima**.

....

(b)   Mis tías están **enfadadísimas** desde lo de la herencia.

....

(c)   Todos dicen que el abuelo está **jovencísimo**.

....

(d)   Los ciclistas estaban **muy cansados** cuando terminaron.

....

(e)   Estos chicos siempre van **muy sucios y desastrados**.

....

(f)   El jarrón chino estaba **roto** cuando llegué a casa.

....

(g)   La casa se quedó **muy sucia** después de la fiesta.

....

(h)   La gata está **acurrucada** cerca de la chimenea.

....

(i)   El coche se quedó **destrozado** después del accidente.

....

(j)   Mi padre está **enfadadísimo** conmigo.

....

(437)   Insert **lo** where necessary.   ✿✿✿

(a)   No es necesario que hagas las maletas, con .... puesto es suficiente.
(b)   Nos ha .... salido el negocio .... comido por .... servido, como dice el refrán.
(c)   Lamento .... ocurrido. Te juro que no .... volverá a pasar.
(d)   Repito .... dicho: no ha .... cambiado nada entre nosotros.

(e)   Por mí ya está .... olvidado; .... pasado, pasado.
(f)   .... tengo pensado cambiar de coche próximamente.
(g)   No voy a cambiar nada del libro; .... escrito, ... escrito está.
(h)   .... tienes que atenerte a las consecuencias y a .... hecho, ... pecho.
(i)   Debes tomar sólo .... prescrito por el médico.
(j)   Es admirable .... resuelto que es Roberto para .... todo.

(438)   Match the phrases with the following explanations of their uses.   ✿✿✿

quedar(se) + participio	**seguir + participio**
llevar + participio	**andar + participio**
verse + participio	**tener + participio**
dar por + participio	**dejar + participio**
estar + participio	**ir + participio**

		Phrase
(a)	Indicates that the subject considers the action to be finished or concluded.	
(b)	Indicates the continuity of an action that began in the past.	
(c)	Indicates the consequence of a previous action.	
(d)	Indicates a resulting or continuous action.	
(e)	Adds more emphasis than **estar + participio**. A continuous physical, psychological or emotional state.	
(f)	Adds more sense of permanence than **estar + participio**. A long-lasting physical, psychological or emotional state.	
(g)	Indicates an involuntary and often extreme state or consequence.	
(h)	Adds more sense of accumulation than **haber + participio**. Indicates a completed action with a sense of repetition.	
(i)	An end to an action or an accumulation of an action. May also indicate repetition.	
(j)	Indicates that the action has ended and has resulted in something.	

(439)   Complete the sentences using the phrases from the box. Make the necessary conjugations and participles in the style of the example.   ✿✿✿
E.g.   Mi abuelo siempre **lleva puesta** su gorra del ejército.

estar + meter	**tener + hacer**
verse + obligar	**dejar + agotar**
dar por + concluir	**llevar + poner**
quedarse + dormir	**seguir + estropear**
quedar + instalar	**ir + pintar**

(a)   El conferenciante no se encontraba bien y ....
       la conferencia antes de tiempo.
(b)   No   puedo   hacer   nada   con   mi   hijo   ya   que   siempre
       .... en líos y con problemas con la policía.
(c)   Carmen siempre ....:......... como un payaso.
(d)   El coche .... y no hay forma de arreglarlo.
(e)   El viaje que hicimos al sur nos .... a todos.
(f)   Ayer .... porque no oí el despertador cuando
       sonó.
(g)   ¿Sabes que Lucía .... dos doctorados?
(h)   Nos .... a despedir a los camareros por falta de
       dinero.
(i)   Hoy mi jefe .... un traje que le sienta de maravilla.
(j)   La cocina .... mañana por la mañana.

COMMUNICATIVE EXERCISES

▶   Use the construction ESTAR + GERUNDIO to write or express orally what
    people are probably doing in the following places:

    •   en el hospital
    •   en la universidad
    •   en el mercado
    •   en el gimnasio
    •   en la oficina

▶   Use the verbs in the box to construct singular and plural nouns and then create
    different phrases to illustrate their meaning. See exercise 416 for assistance.

cantar   decir   despertar   querer   andar   deber

▶ Use the phrases in the box in exercise 436 to create dialogues based on the following situations:

    (a)   Los miembros de tu familia están enfadados porque no pueden ir de vacaciones por tu culpa.

    (b)   Te has encontrado un gato en la calle y quieres quedártelo.

    (c)   Jugando al beisbol has roto el cristal del vecino.

▶ Each person in your group has five minutes to make the longest possible list of verbs in the infinitive; then five minutes to write all the gerunds and five minutes more to write all the participles. You can then correct and debate them as a group, the winner being the person with the most correct words.

▶ Write or role-play dialogues based on the following situations and using the phrases in exercise 418 (VERB + PREPOSITION + INFINITIVE).

    (a)   Una descripción de tu vida como estudiante que incorpore detalles sobre el tiempo que duran tus estudios y tus deberes como estudiante.

    (b)   Una descripción sobre las cosas que vas a hacer en el futuro.

▶ Write or role-play a dialogue based on the following situations and using the phrases in exercise 427 (VERB + GERUND).

    (a)   Preparaciones para el día de tu boda.

    (b)   Decorar tu casa.

▶ Write or role-play a dialogue based on the following topics and using the phrases in exercise 438 (VERB + PARTICIPLE).

    (a)   Vacaciones.

    (b)   Problemas financieros.

Special Problems with Spanish Verbs

50 Ser and estar [1231–55]

(440)   Write the correct forms of the verb **ser** in the present tense.   ✿

(1)   Ella .... chilena.
(2)   Nosotros .... argentinos.
(3)   Yo .... español.
(4)   Vosotros .... franceses.
(5)   Usted .... italiano.
(6)   Tú .... uruguayo.
(7)   Ellas .... belgas.
(8)   Él .... alemán.
(9)   Ustedes .... norteamericanos.
(10)   Ellos .... nicaragüenses.
(11)   Nosotras .... dominicanas.
(12)   Vosotras .... panameñas.

(441)   Write the correct forms of the verb **estar** in the present tense.   ✿

(1)   Ustedes .... en Norteamérica.
(2)   Él .... en Alemania.
(3)   Yo .... en España.
(4)   Vosotras .... en Panamá.
(5)   Ellas .... en Bélgica.
(6)   Usted .... en Italia.
(7)   Ellos .... en Nicaragua.
(8)   Nosotras .... en la República Domicana.
(9)   Tú .... en Uruguay.
(10)   Ella .... en Chile.
(11)   Vosotros .... en Francia.
(12)   Nosotros .... en Argentina.

(442)   Complete each sentence with the correct form of either **ser** or **estar** in the present tense.   ✿

(1)   Ellos .... cantantes.
(2)   Ella .... enfermera.
(3)   Vosotros .... inteligentes.
(4)   Tú .... valiente.
(5)   Yo .... perezosa.
(6)   Nosotras .... rubias.
(7)   Usted .... enfermo.
(8)   Yo .... triste.
(9)   Nosotros .... bien.
(10)   Tú .... sana.
(11)   Vosotras .... casadas.
(12)   Ustedes .... altos.

(443)   Complete the sentences with the correct forms of either **ser** or **estar** in the **present tense**.   ✿

(a)   Lina .... casada desde hace once años.
(b)   Las patatas saladas no .... sanas.
(c)   Los profesores .... orgullosos de sus alumnos.
(d)   El agua .... helada porque .... en la nevera.
(e)   Julia .... de Puerto Rico, pero ahora .... en Madrid.
(f)   El café .... frío y el camarero .... un antipático.
(g)   Las llaves .... de Pedro.
(h)   El pájaro de mi tía .... muerto.
(i)   Mi amiga .... en el hospital porque .... enferma.
(j)   Vosotros .... hartos de la situación.

(444)   Complete the questions with either **ser** or **estar** in both the **tú** and the **usted** form. Then answer the questions.   ✿

E.g.   ¿**Eres / Es** cantante de ópera? > **Sí soy / No, no soy** cantante de ópera.

(a)   ¿De dónde .... (tú o usted)?

....

(b)   ¿Dónde .... Valparaíso?

....

(c)   ¿A qué día .... hoy?

....

(d)   ¿ .... (tú o usted) una persona cariñosa?

....

(e)   ¿ .... (tú o usted) conectado al internet?

....

(f)   ¿Cuántos días vas / va a .... en Madrid?

....

(g)   ¿Dónde .... tu / su universidad / escuela?

....

(h)   ¿Cuándo .... tu / su cumpleaños?

....

(i)   ¿La ciudad donde vives / vive .... muy grande?

....

(j)   Cuando (tú o usted) .... de vacaciones, ¿qué haces/hace normalmente?

....

(445)   Complete the sentences with the correct verb and then rewrite the sentences in the negative.   ✪✪

E.g.   Ellos **están** enfadados con nosotros. > No, ellos **no están** enfadados con nosotros.

(a)   El cuadro de la Gioconda .... en el Museo del Prado.

No, ...

(b)   Las redacciones .... llenas de faltas de ortografía.

....

(c)   Aquella escultura .... muy buena.

....

(d)   El ejercicio .... demasiado complicado.

....

(e)   Hace años .... normal pegar a los niños.

....

(f)   El mes pasado .... en un concierto de Plácido Domingo.

....

(g)   Ese chico .... demasiado simple para ti.

....

(h)   Ayer .... ocupados todos los asientos en el autobús.

....

(i)   El señor Linares .... en un congreso hasta el jueves.

....

(j)   Sus ideas sobre la mujer .... pasadas de moda.

....

(446)   Rewrite the sentences, starting with a word that begins with a capital letter.   ✪✪

(a)   chico   nuevo   El   polaco   es

....

(b)   ¿en   despedida   Quiénes   la   estuvieron   fiesta   de?

....

(c)   de   Juana   embarazada   gemelos   está

....

(d)   tan   dormir   que   Está   puede   ocupado   no

....

(e)   del   partitura   músico   La   es

....

(f)   está   como   tan   Inés   joven   siempre

....

(g)   era   en   padre   pueblo   Mi   zapatero   su

....

(h)   taller   coche   para   Este   al   llevarlo   está

....

(i)   peor   abuela   que   Mi   está   antes.

....

(j)   seré   gran   Algún   una   día,   escritora

....

(447)   Underline the correct word of the words in bold.   ✪✪

(a)   La película **fue / estuvo** muy bien.
(b)   Éste **es / está** su cuarto matrimonio.
(c)   Cuando **estaba / era** pequeño jugaba al ping-pong.
(d)   Las tuberías de mi casa **son / están** en mal estado.
(e)   Siempre habla mucho, pero hoy **está / es** callado.
(f)   **Está / Es** una vergüenza lo que **es / está** pasando en este colegio.
(g)   Evelio e Hilda **están / son** trabajando en un proyecto importantísimo.
(h)   Dentro de unos años **estará / será** una violinista famosa.
(i)   **Serían / Estarían** sobre las seis cuando llamó Andrés.
(j)   Creo que **es / está** una buena idea salir al campo.

(448)   Complete this telephone conversation with the correct forms of **ser** and **estar**.   ✪✪

Secretaria:	¿Dígame?
Sr. Laguna:	¿ .... la señora Rouco?
Secretaria:	No. .... reunida y no quiere .... interrumpida.
Sr. Laguna:	Dígale, por favor que .... mañana en su oficina y necesito verla.
Secretaria:	¡Espere un momento! Creo que la reunión .... terminando. Le paso la llamada.
Sra. Rouco:	.... la señora Rouco. ¿Qué desea?
Sr. Laguna:	Buenos días, me llamo Javier Laguna y .... preparando una auditoría sobre su empresa.

Sra. Rouco: ¡Una auditoría! ¿ .... algo grave?
Sr. Laguna: No puedo hablar por teléfono, no .... profesional.
Sra. Rouco: Muy bien. ¿Puede .... en mi despacho a las cinco?
Sr. Laguna: Sí, por supuesto. Allí ....

(449)   Complete the sentences with appropriate forms of the verbs **ser** and **estar**.   ✪✪

(a)   Ahora .... española porque cambié de nacionalidad cuando me casé. Antes .... inglesa y cuando vivamos en París nuestros hijos .... franceses.

(b)   Esta foto de aquí .... de mi madre cuando .... de vacaciones el año pasado en casa de unos amigos. .... una foto bonita ¿verdad?

(c)   La mesa de mi salón .... de madera, pero las sillas .... de plástico. La mesa .... un poco sucia, pero después de limpiarla .... impecable.

(d)   Cuando mi padre .... joven trabajaba día y noche. Ahora .... jubilado y dice que .... muy aburrido. Siempre ha .... un hombre activo y no .... fácil para él .... sin trabajo.

(e)   Los gatos de este barrio .... todos de la misma familia. La mayoría .... blancos y negros. Siempre .... peleando y no se les puede tocar porque .... salvajes.

(f)   Mañana .... de viaje, así que tú .... la encargada de la oficina. No .... un día difícil, pero vas a .... muy ocupada con los clientes porque, como .... primero de mes, ... ansiosos por cobrar.

(g)   No pude dar clase ayer porque .... hablando con unos padres que .... muy enfadados. Me .... gritando durante cinco minutos. Yo les expliqué que su hijo .... un vago y tenía que .... más disciplinado.

(h)   ¿Qué tal .... el café?
.... muy fuerte y no .... caliente.
¿Cómo te gusta?
La próxima vez quiero que .... más caliente y que .... menos fuerte, si .... posible.

(i)   ¿Qué .... pensando?
.... pensando en la época en la que tú y yo .... jóvenes.
¡Pero, si tú .... muy joven todavía!
¡Qué va! Siento que .... envejeciendo día a día.
¿Por qué?
Porque .... demasiado ocupado todo el tiempo. A veces, creo
que me gustaría .... más irresponsable y así .... más
feliz.

(j)   .... las tres de la tarde cuando apareció Manolo.
¡Manolo! Pero ¿ .... vivo?
Sí, sí, y .... estupendo.
¿Dónde ha .... todo este tiempo?
Me dijo que había .... viviendo en la República Dominicana.
.... el dueño de un bar muy conocido.
¿Cuánto tiempo .... en Madrid? Me gustaría verle.
.... cinco días y luego se marchará otra vez.

(450)   Underline the correct word of the words in bold.   ✿✿

(a)   El conductor del camión **fue** / **fué** el culpable del accidente.
(b)   No ha aprobado la oposición y **es** / **está** desmoralizado.
(c)   Yo creía que tú **eras** / **estabas** enfadada con Matías.
(d)   La reunión **estará** / **será** el sábado a las once.
(e)   No puedo oír el parte meteorológico porque **es** / **está** estropeada la
radio.
(f)   La puerta y la ventana **son** / **están** recién pintadas.
(g)   Si crees que voy a obedecerte, **eres** / **estás** listo.
(h)   Esta obra de teatro **está** / **es** muy mala.
(i)   El museo **estará** / **será** cerrado hasta las cuatro.
(j)   Éste **está** / **es** el bar más antiguo que conozco.

(451)   Rewrite the sentences from exercise 450 in the plural form.   ✿✿

(a)   ....

(b)   ....

(c)   ....

(d)   ....

(e)   ....

(f)   ....

(g)   ....

(h) ....

(i) ....

(j) ....

(452) Correct the following sentences where necessary. ✿✿

(a) No sé qué le pasa últimamente que es en las nubes.

....

(b) El paquete será en tu casa por la mañana.

....

(c) El edificio será terminado para abril.

....

(d) ¿Has sido alguna vez en Costa Rica?

....

(e) Adela es muy guapa estos días porque está más sana.

....

(f) Todos somos convencidos de su inocencia.

....

(g) ¿Estás miembro de algún partido político?

....

(h) Mario está contento con su nueva casa.

....

(i) ¿A cuánto son las uvas, por favor?

....

(j) Me voy de este restaurante porque es de bote en bote.

....

(453) Rewrite the following sentences in the passive. ✿✿

(a) Isabel Allende escribió la novela *La casa de los espíritus*.

....

(b) El atleta ganó la medalla.

....

(c) El profesor explica la lección.

....

(d) Pilar recogerá el coche el lunes.

....

(e) Un famoso neurólogo operará a mi esposa.

....

(f) El arquitecto diseñó un edificio de cien plantas.

....

(g) Mi hijo acaricia al perro.

....

(h) El autor ha cambiado la obra de teatro.

....

(i) El presidente recibió a los nuevos ministros.

....

(j) Todos hemos tomado la misma decisión.

....

(454) Complete the dialogue with the correct forms of the verbs **ser** and **estar**. ✿✿

Sofía:	Mira, Luisa, éste .... el álbum de fotos del que te hablé. Forma parte de la herencia de mi abuela.
Luisa:	¡ .... precioso! ¿De qué material .... hecho?
Sofía:	.... de seda.
Luisa:	¿Ésta de aquí .... tu madre?
Sofía:	No, ... mi abuela. .... aragonesa y .... exiliada en Francia debido a la guerra.
Luisa:	¿ .... viva?
Sofía:	No, ... muerta. .... la madre de mi padre.
Luisa:	Y éstos, ¿quiénes .... ?
Sofía:	¡Ah! .... mis padres. En esta foto .... viviendo en París.
Luisa:	Y ahora, ¿ .... tu padre aún en Francia?
Sofía:	No, ahora él .... aquí, en Madrid.
Luisa:	Y éstos, ¿ .... tus tíos?
Sofía:	Sí, muchos de ellos .... detenidos en los años 50 por manifestarse.
Luisa:	Desde luego, Sofía, la historia de tu familia ha .... muy interesante.

(455)   Change the phrases in bold for one from the box with a similar meaning.   ✿✿✿

es una mala pieza	**está de luto**
estar de juerga	**está de morros**
es de armas tomar	**estar a oscuras**
estaba para el arrastre	**son uña y carne**
estaba de pena	**está hasta la coronilla**

(a)   Julián **está harto** de tanto trabajo y tanta responsabilidad.

....

(b)   Me gusta Madrid porque puedes **estar de fiesta** siempre.

....

(c)   Mi hermano y mi padre **están muy unidos**.

....

(d)   Me gusta **estar sin luz** cuando me relajo.

....

(e)   Este perro de caza **es muy malo**.

....

(f)   La profesora nueva **tiene un carácter muy fuerte**.

....

(g)   La casa **estaba en muy mal estado** después de la inundación.

....

(h)   Mi novio **está enfadado** porque ayer salí con mis amigas.

....

(i)   La señora Paca **viste de negro** desde que murió su esposo.

....

(j)   Después del partido, el equipo **estaba muy cansado**.

....

(456)   Fill in the spaces in the first grid with the words that are missing from the sentences. If you complete the grid correctly you will be able to link up eight separate sets of conjugations of the verbs **ser** and **estar** by beginning with the words in row **A** and performing the *salto del caballo* (the knight's move in chess) from one word to the next. If you do this correctly you should be able to complete

the second grid with the information required (the first three boxes have already been done for you). ✪✪✪

	1	2	3	4	5	6	7	8
A								
B	░					░		░
C								
D							░	
E								
F	░							░
G	░							░

(1) Yo **A1** .... profesor y trabajo en un colegio.
(2) No puedo salir ahora, **A2** .... demasiado cansada.
(3) Ayer yo **A3** .... en el cine con mis padres.
(4) Cuando tú me llamaste, yo **A4** .... en la ducha.
(5) En el año 1976 yo **A5** .... campeón de natación.
(6) Cuando **A6** .... pequeño, me bañaba en el río de mi pueblo.
(7) Creo que en el futuro, yo **A7** .... un buen escritor.
(8) Hoy estoy en casa, pero mañana **A8** .... en el trabajo.
(9) ¿Tú **B2** .... en casa cuando te llamé?
(10) Tú **B3** .... la peor persona que conozco.
(11) Encarna **B4** .... aquí con nosotras ayer.
(12) El coche **B5** .... mal aparcado.
(13) Estos edificios **B7** .... muy altos.
(14) **C1** .... las cuatro y aún no había comido.
(15) La semana pasada **C2** .... muy antipática, Carla.
(16) ¿Qué te has hecho en el pelo? ¡ **C3** .... guapísima!
(17) Tú **C4** .... muy generoso dejando la herencia a tus hijos.
(18) Tú **C5** .... la más atlética cuando éramos jóvenes.
(19) En el futuro, tú **C6** .... la dueña de esta casa.
(20) La semana que viene tú **C7** .... muy ocupada con los niños.
(21) ¿Quiénes **C8** .... los dueños de esta casa cuando nosotros hayamos muerto?
(22) Ayer vi que el río **D1** .... muy crecido con tanta lluvia.
(23) Ella **D2** .... la primera de la clase durante dos años.
(24) Nosotros **D3** .... a punto de darnos un golpe con el coche.
(25) Tengo un gato que **D4** .... muy especial para mí.

(26)   Mi madre **D5** .... enfadada cuando se entere del asunto.

(27)   Nosotros **D6** .... bastante aburridos de tanto trabajar.

(28)   Vosotros **D8** .... muy parecidos.

(29)   Las carreteras **E1** .... terminadas para el mes de octubre.

(30)   Vosotros **E2** .... como uña y carne en el colegio.

(31)   Nosotros **E3** .... en el jardín cuando llegaste.

(32)   La relación con mis inquilinos **E4** .... mejor antes que ahora.

(33)   La estatua **E5** .... trasladada a otro museo el próximo mes de junio.

(34)   Nosotros **E6** .... ahora los nuevos becarios.

(35)   Vosotros **E7** .... los líderes futuros de este planeta.

(36)   Me han dicho que vosotras **E8** .... algo incómodas conmigo. ¿Es verdad?

(37)   ¿Es verdad que vosotros **F2** .... en la cárcel en el año 1959?

(38)   Nosotros **F3** .... derrotados sin compasión.

(39)   Nosotros **F4** .... en tu casa sobre las cinco.

(40)   Vosotras **F5** .... en la cocina cuando se incendió el salón.

(41)   Ahora mismo, todos los barcos de carga **F6** .... al cien por cien de su capacidad.

(42)   Mis abuelos **F7** .... enterrados en el cementerio de la costa hace 10 años.

(43)   ¿Dónde **G2** .... vosotros mañana? ¿En Milán o en Roma?

(44)   Cuando **G3** .... jóvenes, ligábamos mucho.

(45)   Rosa y Pedro **G4** .... juntos durante diez años antes de casarse.

(46)   ¿Es verdad que vosotras **G5** .... las primeras en llegar a la fiesta?

(47)   Cuando vendamos los terrenos, **G6** .... más ricos.

(48)   Los niños **G7** .... solos cuando entré en el aula.

	1st sing.	2nd sing.	3rd sing.	1st plural	2nd plural	3rd plural
Presente de SER	**A1**	**B3**	**D4**			
Presente de ESTAR						
Pretérito de ESTAR						
Imperfecto de ESTAR						
Pretérito de SER						
Imperfecto de SER						
Futuro de SER						
Futuro de ESTAR						

(457)   Use the phrases from the box to complete the sentences.   ✪✪✪

era muy lista	**es un borracho**
estaba riquísima	**está muy bajo**
está borracho	**es un muerto**
soy rica	**es un poco bajo**
estaba muerto	**estaré lista**

(a)   No tardo nada. .... en cinco minutos.
(b)   Me ha tocado la lotería ¡ ....!
(c)   .... Siempre lo ha sido y nunca va a cambiar.
(d)   ¿Ha suspendido todo? ¡Pero si ....!
(e)   Un zombi .... viviente.
(f)   Todo fue estupendo. La comida .... y el ambiente magnífico.
(g)   Me gusta mi novio, aunque ....
(h)   Federico ha bebido tanto que .... como una cuba.
(i)   No pudimos hacer nada por él. .... cuando llegamos.
(j)   Desde que le despidieron .... de moral.

(458)   Complete the sentences with the correct forms of either **ser** or **estar**.   ✪✪✪

(a)   Si dejas los tomates en la nevera, ... maduros para el lunes.
(b)   Eduardo no puede salir del hospital. Aún .... delicado de salud.
(c)   Nunca pensé que Laura .... una mala persona.
(d)   La corrupción .... un grave problema hoy en día.
(e)   Esta salsa no se puede comer porque .... mala.
(f)   Espero que .... sobrio para el día de la boda.
(g)   .... tan pálida que todos creían que .... muerta.
(h)   Carmen .... muy orgullosa de sus hijos.
(i)   Mi vecino .... un fresco y un chulo.
(j)   Antes, los hombres .... más atentos.

51   *Haber, deber* and *poder* [1256–75]

(459)   Complete these sentences with forms of the auxilliary verb **haber**.   ✪

(1)   Nosotros .... pintado.
(2)   Ellos .... salido.
(3)   Ella .... cantado.
(4)   Vosotras .... dormido.
(5)   Yo .... amado.
(6)   Usted .... anotado.
(7)   Él .... entrado.
(8)   Ustedes .... saludado.
(9)   Ellas .... trabajado.
(10) Vosotros .... colaborado.
(11) Nosotras .... bailado.
(12) Tú .... comido.

(460)   Complete the sentences with either **hay** or **está/n**.   ✿

(a)   En este campo .... muchas setas.
(b)   ¿ .... algún bar cerca de aquí?
(c)   ¿Por qué .... todavía la televisión encendida?
(d)   ¿Dónde .... los informes de los estudiantes?
(e)   Ahí .... un buen sitio para tomar el sol.
(f)   En la tienda de la esquina .... ofertas interesantes.
(g)   Aquí .... el libro que me pidió.
(h)   .... demasiada violencia doméstica.
(i)   ¿Dónde .... la exposición de fotografía?
(j)   ¿Por qué .... tanta injusticia en el mundo?

(461)   Transform the sentences to questions using the verb **poder** as in the example.   ✿
E.g.   Quieres cerrar la puerta. > ¿**Puedo** cerrar la puerta?

(a)   Quieres ir al lavabo.

....

(b)   Quieres llamar a tu familia.

....

(c)   Quieres consultar el diccionario.

....

(d)   Quieres cerrar la ventana porque hace frío.

....

(e)   Quieres ir al cine conmigo.

....

(462)   Complete the sentences with appropriate forms of either **haber** or **estar**.   ✿✿

(a)   Los trabajadores .... encerrados en el ayuntamiento.
(b)   ¿Os .... vuelto locos?
(c)   No hables tan alto que el niño .... dormido.
(d)   No podemos salir porque el coche .... estropeado.
(e)   .... corrido tanto que ahora estamos agotados.
(f)   Los ladrones .... robado todo el dinero del banco.
(g)   ¿No .... llamado del hospital todavía?
(h)   Marta dice que .... visto a Luis con tu novia.
(i)   Mi padre ya no trabaja porque .... jubilado.
(j)   Este año, la cosecha .... sido muy abundante.

(463)   Correct the sentences. ✪✪

(a)   Estoy contento porque comido he bien.

....

(b)   Es muy tarde y todas las oficinas han cerradas.

....

(c)   ¿Dónde hay mis cigarrillos?

....

(d)   Esta mañana soy visto al alcalde y me ha saludado.

....

(e)   ¿Estado has alguna vez en Venecia?

....

(f)   Está una carta para ti encima de la mesa.

....

(g)   El espectáculo ha estado cancelado por falta de público.

....

(h)   ¿Ha durmiendo la niña en su cama nueva?

....

(i)   No podemos terminar la casa porque están problemas con los materiales.

....

(j)   Somos terminado de limpiar, y ya está sucio otra vez.

....

(464)   Underline the correct word of those in bold. ✪✪

(a)   Tu hija **hay** / **está** hecha toda una mujer.
(b)   **Hay** / **Es** que hacer lo que te manden.
(c)   **Son** / **Había** una vez, una bruja que vivía en una pequeña choza en el bosque.
(d)   Es tan inteligente que **ha llegado** / **llega** a ser el presidente de la compañía.
(e)   No hables con tu hermana, que no **está** / **hay** el horno para bollos.
(f)   Creo que tu jefa se **vuelto** / **ha vuelto** loca de remate.
(g)   Me **ha** / **está** costado mucho trabajo llegar hasta aquí.
(h)   **Hay** / **Estoy** de acuerdo contigo.
(i)   **Estoy** / **He** esperando una subida de sueldo.
(j)   ¿**Ahí** / **Hay** un estanco cerca de aquí?

(465)   Change the sentences to the negative form in the style of the example and add a suitable reason.   ✿✿

E.g.   Tienes que dormir más horas. > **No debes** dormir más horas porque **tienes que** limpiar la casa.

(a)   Tienes que casarte rápidamente.

....

(b)   Tienen que hacer más deporte.

....

(c)   Tienes que intentar copiar el examen.

....

(d)   Tienes que llevar abrigo si vas al Caribe.

....

(e)   Tengo que pensar en mí mismo.

....

(f)   Tienes que colocar los libros en la estantería.

....

(g)   Tenemos que utilizar el coche para todo.

....

(h)   Tienes que cortar más leña.

....

(i)   Tienes que consumir mucha agua y electricidad.

....

(j)   Tenéis que ayudar en casa.

....

(466)   Use **hay que** or **tener que** to complete the sentences.   ✿✿

(a)   No .... utilizar aerosoles porque son malos para la atmósfera.
(b)   Si quieres ser un gran músico, ... trabajar mucho.
(c)   Sara .... dejar de hablar mal de los demás.
(d)   Para sacar el pasaporte .... ir a la comisaría.
(e)   Si quieres comer en el nuevo restaurante, ... reservar antes.
(f)   Para estar delgado .... comer poco y hacer ejercicio.
(g)   Si vais a ir a la playa, ... llevar mucho protector solar.
(h)   .... tener cuidado con la carretera los fines de semana.
(i)   Ustedes .... explicarme la situación de la empresa.
(j)   Siempre .... decir la verdad.

(467)   Create sentences in the subjunctive using the phrase **puede que** as in the example.   ✪✪

E.g.   tu padre / regalar / una moto > **Puede que** mi padre me regale una moto.

(a)   tu secretaria / pasar a máquina / una carta

....

(b)   el servicio de habitaciones / lavar / una camisa para el domingo

....

(c)   los mecánicos / arreglar / el coche

....

(d)   tu hermano / dejar de hablar por teléfono

....

(e)   ellos / pagarte la comida

....

(468)   Underline the **correct** verb.   ✪✪

(a)   ¿**Podría / Debería** abrir la ventana, por favor?
(b)   Al final **pude / debí** conseguir plaza en el hospital.
(c)   Todos los hijos **pueden / deben** respetar a sus padres.
(d)   En momentos de peligro, **tienes que / hay que** actuar sin dudar.
(e)   Mucha hambre **debía de / podía que** tener para comerse todo el plato.
(f)   No **debía / podía** despedirme de ti, y por eso me fui tan rápido.
(g)   **Deben / Pueden** ser más de las once y aún no hemos cenado.
(h)   Te veo muy cansado. **Podrías / Deberías** acostarte.
(i)   ¿**Podría / Debería** pedirle un favor?
(j)   Para leer bien **tienes que / hay que** tener buena luz.

(469)   Choose one of the words from the box to indicate the meaning of each sentence.   ✪✪

E.g.   No se admiten perros. **Prohibición**

prohibición   obligación personal   permiso **obligación impersonal   orden   consejo   posibilidad**

(a)   ¡Cierra el libro y no copies!   ....
(b)   Debes pasear al perro todos los días.   ....
(c)   Tienes que comer toda la sopa.   ....
(d)   ¿Puedo ir un momento a la calle?   ....
(e)   No se permite pasar por aquí.   ....
(f)   Se puede fumar en esta parte del restaurante. ....
(g)   Hay que sacar la basura por la noche.   ....

(470)   Read the dialogue and answer the following questions.   ✪✪

Profesor: . . . para terminar, les recuerdo que para vivir en España, hay que sacar el pasaporte y hay que ir a la policía para obtener un permiso de trabajo. ¿Alguna pregunta?
Javier: Sí, yo tengo una. ¿Se puede encontrar vivienda fácilmente?
Profesor: No, no es fácil. De modo que lo que usted debe hacer es ir a una agencia inmobiliaria en cuanto llegue.
Liliana: Yo tengo otra. ¿Se puede vivir con poco dinero?
Profesor: Depende. España es un país barato, pero hay que tener cuidado con el dinero por si ocurre algo.
Liliana: ¿Hay que tener algún tipo de precaución?
Profesor: Sí. Aunque es un país seguro, hay que tener cuidado por la noche, sobre todo si es una mujer.
Valentín: ¿Y el sol? Yo quiero vivir en el sur.
Profesor: Entonces tiene que tener cuidado con el sol y debe ponerse protección solar para prevenir quemaduras.

Preguntas

(a)   ¿Qué consejos les da el profesor para conseguir trabajo en España?

. . . .

. . . .

(b)   ¿Qué hay que hacer para conseguir una vivienda?

. . . .

. . . .

(c)   ¿El estudiante tiene que sacar el pasaporte?

. . . .

. . . .

(d)   ¿Hay que llevar mucho dinero?

. . . .

. . . .

(e)   ¿Qué debe hacer el estudiante para protegerse del sol?

. . . .

. . . .

(471)   Can you sort out each jumble of letters to find the six conjugations of the verb **haber** and then identify to which tense or mood each set of conjugations belongs?   ✪✪✪

(1) a a a a a a a a a a a b b b b b b h h h h h h i í í í í í m n o r r r r r r s s s

(2) a a a a a a b b b b b b e e e e e é h h h h h h i i i i i i i m n o r r r r r r s s s u u u u u u

(3) b b b b b b e e e e h h h h h h h i i i i i i m n o o o r s s s s t t u u u u u u

(4) b b b b b b e e e e e e e e e e é h h h h h h i i i i i i i i m n o s s s s s s s s s s u u u u u u

(5) a a a a b e e é h h h h h h i m n o s s s

(6) a a a a a a a a a a a á h h h h h h i m n o s s s y y y y y y

(7) a a a a a a á á á b b b b b b e é é h h h h h h i m n o r r r r r r s s s

(8) a a a a a a a a a a a b b b b b b h h h h h h i í í í í í m n o s s s

	(1)	(2)	(3)	(4)
1st sing.				
2nd sing.				
3rd sing.				
1st plural.				
2nd plural.				
3rd plural.				

	(5)	(6)	(7)	(8)
1st sing.				
2nd sing.				
3rd sing.				
1st plural.				
2nd plural.				
3rd plural.				

(472)   Transform the sentences in the style of the example, adding suitable reasons.   ✿✿✿

E.g.   Practicar más el español. >

Tienes que practicar más el español **si** quieres aprobar el examen. >
Debes practicar más el español **para** poder hablar con tus amigos.

(a)   Llevarme al concierto.

....

....

(b)   Viajar por América y España.

....

....

(c)   Acostarte pronto y no ver la televisión.

....

....

(d)   Practicar todos los días el piano.

....

....

(e)   Limpiarte los zapatos más a menudo.

....

....

(f)   Bajar el volumen de la radio por la noche.

....

....

(g)   Darte prisa para no perder el tren.

....

....

(h)   Cuidarte la piel antes de tomar el sol.

....

....

(i)   Contarme la verdad sobre tu familia.

....

....

(j)   Comer menos y hacer más ejercicio.

....

....

COMMUNICATIVE EXERCISES

▶   Think of a person in your family or a student in your class. Describe this person using phrases with the verbs **ser** and **estar**. Let the other students in your class guess who you are describing.

▶   Use the phrases in exercise 455 to create a story about a work situation where your boss acts like a tyrant (*tu jefe se comporta como un tirano*).

▶   Imagine that a companion has passed his entire life on a desert island. Because of this he or she has no knowledge of any famous person. You must create a list of the most relevant figures in recent history and either write or recount a detailed description of each of them.

▶   Write or role-play a dialogue based on the following situation and using forms of **tener que**, **haber que** and **deber**.

> Tú compartes tu casa con un amigo de tu infancia. Vuestra relación es buena, pero tu amigo no hace nada en la casa y se pasa el día escuchando música muy alta y viendo la televisión. Está en su último curso de carrera y se siente deprimido.

▶   You have been elected mayor of your town. You want to make a lot of changes in as little time as possible. Create a series of instructions that conform to the concepts in the box in exercise 469.

Subject–Verb Concord

52 General rule and use [1276–89]

(473)   Correct the sentences if necessary.   ✿✿

(a)   **Llega** un millón de turistas a la playa cada Semana Santa.
(b)   Tanto el vino como la cerveza de España **es buena**.
(c)   La gente extrovertida no **se llevan** bien con la gente introvertida.
(d)   María, Juan y Pedro **formaba** un grupo de buenos amigos.
(e)   Ellas y yo no **son** muy íntimas.
(f)   Suave y ave **tiene** la letra uve.
(g)   La televisión y el aeropuerto **está controlado** por el gobierno.
(h)   Los niños y las niñas **suelen** jugar juntos.
(i)   **Venimos** todo el mundo a la fiesta.
(j)   Aún os debo los cincuenta dólares que me **prestaron** la semana pasada.

(474)   Complete the text by choosing the correct forms of the verbs.   ✿✿

Acaba / **Acaban** de llegar a nuestra redacción las últimas
noticias sobre el conflicto en la isla de Tatetí.

EEUU (Estados Unidos) **ha prometido** / **han prometido** restaurar
la paz en la isla. La mayoría de las personas que **vive** / **viven**
allí, **quiere** / **quieren** que el conflicto termine pronto.

Cientos de civiles **murió** / **murieron** en el golpe de estado
que tuvo lugar la semana pasada.

Un portavoz de los Tatetianos **dijo** / **dijeron** que: 'las tropas de
la ONU **viene** / **vienen** para ayudarnos y devolvernos la democracia'.
Grupos especiales del ejército americano **se han dedicado** / **se
ha dedicado** a suministrar comida y medicinas, pero es posible
que no **haya** / **hayan** suficiente. Una docena de soldados **tomó** /
tomaron el parlamento durante la madrugada y la gente de la
calle **ha llenado** / **han llenado** sus balcones con banderas.

(475)   Choose the correct conjugation of each verb in the sentences.   ✿✿

(a)   **Vino / Vinieron** a vernos Alberto con su novia.
(b)   Un billete de ida y vuelta **cuesta / cuestan** más de lo que tengo.
(c)   En aquella casa **vivía / vivían** mi abuelo con un amigo suyo.
(d)   El inglés y el español **dominará / dominarán** el mundo dentro de diez años.
(e)   Siempre me pasa cuando estoy contigo, **hablo / hablamos** demasiado.
(f)   O el metro o los autobuses **está / están** en huelga. No recuerdo cual.
(g)   Ni tú ni yo **está / estamos** en posición de quejarnos de la vida.
(h)   **Juega / Jugamos** los cinco al golf todos los domingos.
(i)   **Entró / Entraron** el profesor con los alumnos.
(j)   El fútbol y mi perro **es lo** que / **son los** que más **quieren / quiero** en este mundo.

(476)   Complete the text by choosing the correct forms of the verbs.   ✿✿

Hola mamá:

¿Qué tal **estás / están**?
   Te escribo para decirte que ya **he tenido / han tenido** mis primeras clases en la universidad y **ha sido / han sido** como me dijiste. Más del 50% de los estudiantes **viene / vienen** de otros países y por eso el ambiente es fenómeno. El problema **es / son** que no hay habitaciones para todos, y **tengo / tenemos** que compartirlas. Yo, por ahora, estoy bien. Esta gente **es muy interesante / son muy interesantes**. Ninguno de nosotros **ha vivido / han vivido** sin sus padres antes, y te puedes imaginar, que con tanta gente nueva, **está / están** la residencia hecha una jaula de grillos.
   Sólo un par de mis compañeros **juega / juegan** al ajedrez, así que he empezado a darles clases.
   Bueno, eso es todo por ahora.
               Un beso muy fuerte,
                    Imanol

---

(477)   Complete the dialogue by choosing the correct forms of the verbs and phrases in bold.   ✿✿

   Eusebio: Quiero que esta tienda de helados **sea / sean** la mejor del pueblo. Espero que la gente **pruebe / prueben** mis helados y **diga / digan** que **son el mejor / son los mejores**.
   Lucía: Pues aquí **viene / vienen** tu primer cliente del día con tres niños. ¿Qué crees que **va / van** a tomar?

Eusebio: O el de vanilla o el de chocolate **será el sabor más popular /
            serán los sabores más populares**, estoy seguro.

Lucía: ¿Ah, sí? Pues yo creo que ni el uno ni el otro **será tan popular /
            serán tan populares** como el helado con sabor a fresa, una vez que
            la gente **se entere / se enteren** de que está hecho con fresas de
            verdad. Ayer, vendí unos a un par de mujeres que **volvió / volvieron**
            después de cinco minutos para comprar **otro / otros** dos. **Dijo /
            Dijeron** que era el mejor helado que **había / habían** comido en su
            vida.

Eusebio: Sí, claro. A las mujeres en general **les gusta / le gustan** la fresa,
            pero yo creo que todo el mundo **se divide / se dividen** en dos: la
            mitad de las personas **elige / eligen** el de vanilla y la otra **prefiere
            / prefieren** el de chocolate.

Lucía: ¿No hay nadie que **quiera / quieran** otros sabores?

Eusebio: No, y hablo por experiencia. El verano pasado **vino / vinieron**
            cuatro mil veraneantes a este pueblo y cada uno de ellos **probó /
            probaron** mi helado.

Lucía: ¿Y **quedó satisfecho / quedaron satisfechos**?

Eusebio: Claro que sí. Nunca **ha llegado / han llegado** ninguna queja hasta
            mis oídos.

COMMUNICATIVE EXERCISES

▶ Incorporate the nouns from the box into a dialogue or text about the state of
   tourism in your part of the world. Take special care with the agreement of
   nouns with verbs and adjectives, etc.

la gente	**todo el mundo**	**un millón de personas**
el 20% de ellos	**la mitad de los que vienen**	
un par de personas	**ninguno de los habitantes**	

▶ Write a newspaper article in the style of exercise 474 about an ecological
   disaster. Incorporate the verbs that appear in bold in exercise 474 and take
   special care with the agreement of nouns with verbs and adjectives, etc.

Syntax of Negative Elements

53 General rule and use [1291–8]

(478) Rewrite the following sentences in the negative form. ✿
E.g. Me gusta pasar la tarde en el cine. > **No** me gusta pasar la tarde en el cine.

(a) Llegaremos a las seis de la mañana.

....

(b) En esta ciudad hay mucho ruido.

....

(c) La fiesta es muy divertida.

....

(d) Los bombones están ricos.

....

(e) El actor está nervioso el primer día del estreno.

....

(f) El barco tiene exceso de carga.

....

(g) Los años nos hacen más sabios.

....

(h) El turismo es bueno para la economía.

....

(i) Emilia tiene un nuevo trabajo.

....

(j) Hoy hace mucho calor.

....

(479)   Answer the following questions in the negative form.   ✿
E.g.   ¿Tienes hambre? > **No, no** tengo hambre.

(a)   ¿Te gustan los toros?

....

(b)   ¿Quieres tomar un refresco?

....

(c)   ¿Vas a ir a ver a tu abuelo esta noche?

....

(d)   ¿Está preparada la cena?

....

(e)   ¿Estoy bien con este vestido?

....

(f)   ¿Hay cervezas en la nevera?

....

(g)   ¿Vives en Toledo?

....

(h)   ¿Nos vamos?

....

(i)   ¿Está prohibido aparcar?

....

(j)   ¿Hablas mucho por teléfono?

....

(480)   Write the sentences in the negative form using **nunca** and **jamás**.   ✿
E.g.   No hay mantequilla en la nevera. >
       Nunca hay mantequilla en la nevera. >
       Jamás hay mantequilla en la nevera.

(a)   No hace las cosas bien.

....

....

(b)   Siempre está enfadada con sus hijos.

....

....

(c)   El barco no se hundió por exceso de carga.

....

....

(d) Algunas veces juega al golf.

....

....

(e) A veces me gusta bañarme en el mar.

....

....

(f) No descanso lo suficiente.

....

....

(g) No me gusta ver la televisión en la cama.

....

....

(h) Este campo no está verde.

....

....

(i) No salimos a pasear porque hace frío.

....

....

(j) No voy a seguir la dieta que me recomendaste.

....

....

(481) Link up sentences as in the example. ✿✿

E.g.	**No**	de	ninguna	habla
	Ninguno	leo	el	**amigo**
	¿No	de	**ningún**	periódico
	Ninguna	queda	nosotros	canta
	Nunca	**tengo**	ellas	coca-cola?

(482)   Correct the sentences.   ✿✿

(a)   Haré los deberes no que me lo repitas.

....

(b)   No quiero no verte nunca más.

....

(c)   Te quiero más que a alguien en este mundo.

....

(d)   No tiene ninguno amigo.

....

(e)   Ella no quiere comprometerse con alguien.

....

(f)   Me gusta no la música clásica.

....

(g)   No irá alguno de mis estudiantes a tu clase.

....

(h)   No me gusta algo que vengas tan tarde a casa.

....

(i)   Parece que no ha entendido nadas.

....

(j)   No volveré a hablarte nada más.

....

(483)   Complete each of the sentences containing a double negative with an appropriate word.   ✿✿

(a)   Nadie tiene .... esperanza de terminar la carrera con éxito.
(b)   ¿No hay .... persona dispuesta a ayudarme?
(c)   No hemos comprado .... para cenar.
(d)   Usted no tiene .... derecho de hablarme así.
(e)   Esa película no me gustó ....
(f)   Elena no ha aprobado .... de sus exámenes.
(g)   Esta broma no tiene .... gracia.
(h)   No me gusta que .... se ría de mí.
(i)   Tú nunca entiendes .... de lo que te digo.
(j)   Vosotros nunca habláis con .... en las fiestas.

(484)   Underline the correct word of those in bold.   ✿✿

(a)   Tiene más dinero que **alguno** / **ninguno** de nosotros.
(b)   ¡No, no me digas **nada** / **algo** más!

(c)   Salimos del examen sin **que / no** nos viera nadie.
(d)   No he trabajado en **ningún / ninguno** sitio desde hace dos años.
(e)   **No / Nadie** me gusta pedir favores.
(f)   Ellos prefieren **no / nunca** entrometerse en tus asuntos.
(g)   La casa **todavía no / ya no** está terminada.
(h)   No conozco **algo / nada** de tu pasado.
(i)   A mí **nada / tampoco** me gusta la sopa de pescado.
(j)   No tenía necesidad de hablar con **nadie / nada**.

(485)   Complete the dialogue with negative sentences.   ✿✿✿

Dependienta: Buenas tardes. ¿Qué desea?
Cliente: Me gustaría comprar una pluma.
Dependienta: ¿Le gusta ésta?

Cliente: ....
Dependienta: No, no tenemos plumas de tinta negra, pero tenemos de tinta azul.

Cliente: ....
Dependienta: Bien, si quiere puedo enseñarle unos bolígrafos muy bonitos.

Cliente: ....
Dependienta: ¿Y rotuladores?

Cliente: ....
Dependienta: Lo siento pero no tengo nada más que ofrecerle.
Cliente: ¿Tiene papel de color crema?

Dependienta: ....
Cliente: ¿Y de color amarillo?

Dependienta: ....
Cliente: ¿Puede decirme si hay otra tienda cerca de aquí?

Dependienta: ....
Cliente: Muchas gracias de todas formas.

Dependienta: ....

COMMUNICATIVE EXERCISES

▶   Imagine that you are a very negative person. You have to respond negatively to every question that your fellow students ask you.

   E.g.   ¿Tienes muchas ganas de ver a tu novia/o? No, no tengo ninguna gana.

▶ Write or role-play a dialogue in which you recount the things that you should never do in the following situations. Use **nunca**, **jamás** and **de ninguna manera** to express your conviction or concern.

(a) hacer una comida en el campo
(b) salir de copas con la gente de tu empresa
(c) hacer una entrevista de trabajo
(d) viajar a un país muy diferente al tuyo

▶ Use double negatives to berate (*regañar*) a colleague. Use the phrases from the box as prompts.

> **Nadie** ...   **No hay** ...   **No tienes** ...
> **No has hecho** ...   **Ninguno/a** ...

Word Order

(486) Correct the word order of the following sentences. ✿✿

(a) Yo estoy no viendo la televisión. Puedes la apagar si quieres.

....

(b) Me siento bien muy cuando bailando contigo estoy.

....

(c) En el trabajo más lo importante es a gusto estar con la gente.

....

(d) Madre tú tenía que me haber dejado instrucciones, pero ha no llamado todavía.

....

(e) Elisa dice no que tiene la llave, pero la se di ayer.

....

(f) Madonna, la del pop reina, ante se presentó sus admiradores.

....

(g) Los líderes de U.E. la mantendrán jueves el primera su reunión con el presidente.

....

(h) La satisfacción deber del cumplido no precio tiene.

....

(i) El torero convirtió memorable en la corrida de feria última.

....

(j) ¿Cómo llama usted se?

....

(487)   Transform the sentences in the style of the example.   ✿✿

E.g.   La fiesta comenzó cuando llegó Juan.
Habiendo llegado Juan, comenzó la fiesta.
Al llegar Juan, comenzó la fiesta.
Llegado Juan, comenzó la fiesta.

(a)   La gente aplaudió cuando el presidente terminó su discurso.

....

....

....

(b)   El avión se estrelló cuando el piloto perdió el control.

....

....

....

(c)   Me compré un coche cuando gané la apuesta.

....

....

....

(d)   Paco se deprimió cuando se enteró de la noticia.

....

....

....

(e)   Nos fuimos a la playa cuando salió el sol.

....

....

....

(488)   Read through the list of variations in sentence structure in the example
and then perform the same variations with the two sentences below.   ✿✿

E.g.   **El profesor puso una cinta para nosotros.**
Puso el profesor para nosotros una cinta.
Puso el profesor una cinta para nosotros.
Puso una cinta el profesor para nosotros.
Puso una cinta para nosotros el profesor.
Puso para nosotros una cinta el profesor.
Puso para nosotros el profesor una cinta.

Una cinta puso el profesor para nosotros.
Una cinta puso para nosotros el profesor.
Para nosotros puso el profesor una cinta.
Para nosotros puso una cinta el profesor.

(a) **La madre hizo la cena para sus hijos.**

....

....

....

....

....

....

....

....

....

(b) **El sastre terminó el vestido para ella.**

....

....

....

....

....

....

....

....

....

....

(489) Rearrange the sentences in the style of the example. ✿✿
E.g. Hay que mirar a la muerte a la cara. > **A la muerte hay que mirarla a la cara**.

(a) Hay que ser siempre respetuoso con los mayores.

....

(b)   Hay que dar suficiente tiempo a los alumnos para el examen.

....

(c)   Hay que andarse con cuidado conmigo.

....

(d)   Hay que dar gracias a Dios.

....

(e)   Hay que vencer al odio con el amor.

....

(490)   Correct the following sentences where necessary.   ✿✿

(a)   Estoy enfadada muy contigo por lo que dijiste me anoche.

....

(b)   Hoy hace aire mucho.

....

(c)   No nada tengo que decirte sobre tu nuevo contrato.

....

(d)   ¿Tienes dinero bastante para las entradas?

....

(e)   Hace calor demasiado para jugar al tenis.

....

(f)   He muy dormido bien esta noche.

....

(g)   Cantas mal tan, que deberían echarte del coro.

....

(h)   Cerca vivo muy de tu casa.

....

(i)   A mí tampoco me gustó la película.

....

(j)   La tanto quiere, que no puede sin ella vivir.

....

(491)   Move the word on phrase underlined to the beginning of the sentence and
then make the necessary alterations to the rest of the sentence, adding appropriate
pronouns where needed.   ✿✿
E.g.   Yo no como esta bazofia. > **Esta bazofia no la como yo.**

(a)   Yo no voy a hacer <u>estas tonterías</u>.

....

(b)   He cerrado <u>la puerta</u> con cuidado.

....

(c)   ¿Has dado de comer <u>al perro</u>?

....

(d)   He visto <u>esa película</u> dos veces.

....

(e)   Ellos me dan siempre <u>la razón</u>.

....

(492)   Transform the sentences in the style of the example.   ✿✿
E.g.   Me lo dijo Juan. > **Fue Juan quien me lo dijo**.
(a)   Le pegué en la cara.

....

(b)   Ellos te reconocieron al instante.

....

(c)   Marina me dio unos libros.

....

(d)   Nos conocimos en Santiago.

....

(e)   Ustedes no supieron educar a sus hijos.

....

COMMUNICATIVE EXERCISES

▶   Invent phrases in the style of those which appear in exercises 487 and 488
and practise the changes in structure.

▶   Use the nouns from the box to construct pairs of sentences in the style of
those which appear in exercise 491. As before, add appropriate pronouns
where necessary.

la ventana	**el gato**	**mis juguetes**	**estas ideas**
	la esperanza		

Affective Suffixes

55 Forms and meaning [1319–32]

(493)   Put a **D** (diminutive), an **A** (augmentative), or a **P** (pejorative) alongside the following nouns and adjectives.   ✿✿

(1)	armarito	(16)	enfermucha ....
(2)	grandote	(17)	animalín ....
(3)	casucha	(18)	gusanote ....
(4)	poblacho	(19)	cochazo ....
(5)	niñita	(20)	palabrita ....
(6)	cuentecito	(21)	avionzuelo ....
(7)	gatazo	(22)	dolorcillo ....
(8)	librote	(23)	tierriña ....
(9)	hojilla	(24)	guapota ....
(10)	carreterina	(25)	nochecilla ....
(11)	vaquiña	(26)	hombretón ....
(12)	papelón	(27)	periodicucho ....
(13)	cabezota	(28)	parcelaza ....
(14)	delgaducho	(29)	plantita ....
(15)	mujerzuela	(30)	camarerucho ....

(494)   Write the words from which those in exercise 493 derive.   ✿✿

(1)	**armario**	(7)	....	(13)	....
(2)	....	(8)	....	(14)	....
(3)	....	(9)	....	(15)	....
(4)	....	(10)	....	(16)	....
(5)	....	(11)	....	(17)	....
(6)	....	(12)	....	(18)	....

(19) ....   (23) ....   (27) ....

(20) ....   (24) ....   (28) ....

(21) ....   (25) ....   (29) ....

(22) ....   (26) ....   (30) ....

(495)   Underline the words which do not belong in the following groups.   ✿✿

(a)   **Augmentatives**
Mesaza / zapatón / botón / casaza / machote / melaza / viejazo / avioneta

(b)   **Diminutives**
Francesita / botánica / papaíto / lagrimica / morcilla / jovencito / tontina

(c)   **Pejoratives**
Cartucho / plazucha / ladronzuelo / carucha / soldaduco / caperuza / barucho

(496)   Write the following words as diminutives (**-ita / -ito**) and make any corresponding changes in their spelling.   ✿✿

(1)	agua	(11)	joven ....
(2)	pez	(12)	miga ....
(3)	pie	(13)	suma ....
(4)	vaca	(14)	amigo ....
(5)	poco	(15)	nariz ....
(6)	mujer	(16)	oveja ....
(7)	negro	(17)	taco ....
(8)	cama	(18)	mano ....
(9)	piragua	(19)	marco ....
(10)	mozo	(20)	manga ....

(497)   Complete the sentences with the adjectives from the box. Make any necessary changes for the agreement of number and gender.   ✿✿

replicón	**juguetón**	**criticón**	**comilón**	**preguntón**	**tragón**
dormilón	**faltón**	**respondón**	**mirón**		

(a)   Juan es tan .... que suele quedarse en la cama hasta el mediodía.
(b)   Mi vecino es tan .... que se pasa horas en la ventana observándome.
(c)   María es muy .... con sus padres y siempre les lleva la contraria, da igual el tema.
(d)   Estas niñas son muy .... Han comido cuatro pizzas y tres cajas de helado en sólo media hora.

(e) Tengo una perrita que se llama Pepa. Es muy simpática y se pone muy
.... cada vez que me ve.

(f) Ya no traigo a mis novios a casa porque mi padre se pone excesivamente
.... y no quiere reconocer nada bueno de ellos.

(g) Pedro es tan .... que nunca llega a las citas.

(h) Mi bebé es tan .... y tiene tanto apetito que ha empezado a
pedir su desayuno a las cinco de la mañana.

(i) Intentaré no contar nada a mi madre, pero tú sabes que es muy
.... y no me dejará en paz hasta que sepa lo ocurrido.

(j) ¡Vaya niños más ....! Cuando yo era pequeño nunca hubiera
hablado a un adulto así.

(498) Write the proper names from which these diminutives derive. ✪✪

(1) Rosi ....   (11) Carlitos ....
(2) Paco ....   (12) Toño ....
(3) Suso ....   (13) Lola ....
(4) Pepe ....   (14) Quique ....
(5) Mari ....   (15) Manolo ....
(6) Toñi ....   (16) Maribel ....
(7) Maite ....   (17) Chus ....
(8) Perico ....   (18) Pili ....
(9) Charo ....   (19) Alfre ....
(10) Rafa ....   (20) Nacho ....

(499) Underline the correct word. ✪✪✪

(a) El perro era tan **feúcho / feocho**, que nadie le quería.
(b) ¡No digas **palasbrotas / palabrotas**!
(c) Manolo es un **bonazo / buenazo** y todos se aprovechan de él.
(d) En la cena de los Pérez sólo había **comiducha / comidacha** de mala
calidad.
(e) En este pueblo no hay más que **gentuza / genteaza**.
(f) A mi hermano le llaman el **solterón / sólteron** de oro.
(g) En verano, en España, hace un **caloruzo / calorazo** tremendo.
(h) Todos dicen que es buena, pero a mí me parece una **novelaucha / novelucha**.
(i) En lo alto del campanario había una **cigüeñaza / cigüeñaza** impresionante.
(j) Se me revolvió el estómago al ver toda esa **carneaza / carnaza** en el
plato.

(500) Rewrite the following sentences using appropriate phrases from the
box. ✪✪✪

E.g. Mi madre me ha dado un golpe con la mano porque he sido desobediente. >
Mi madre me ha dado **un manotazo** porque he sido desobediente.

| cabezazo | bolsazo | codazos | puñetazo | zapatillazos |
| tomatazos | paraguazo | rodillazo | narizazo | martillazos |

(a)   Ayer, jugando al fútbol, me dieron un golpe con la rodilla que me caí al suelo.

....

(b)   En las fiestas de mi pueblo es muy típico darse golpes con tomates.

....

(c)   Esta mañana he visto a Julia dar golpes con el bolso a un joven.

....

(d)   Me he dado un golpe en la cabeza contra la ventana.

....

(e)   Mi vecino está todo el día dando golpes con el martillo.

....

(f)   Él era más alto que yo, pero le di un golpe con el puño.

....

(g)   Como no tenía otra cosa, le di un golpe con el paraguas para defenderme.

....

(h)   Siempre tengo que darte golpes con el codo para que no te duermas.

....

(i)   Se dio un golpe en la nariz y sangraba mucho.

....

(j)   El perro tiene que aprender, aunque tenga que darle golpes con la zapatilla.

....

COMMUNICATIVE EXERCISES

▶   Write or role-play a dialogue that incorporates as many of the words in exercise 493 as possible. If you are part of a group you can play at improvising a dialogue in which you have to incorporate as many of the words as possible while another student crosses the words out as you say them. Take turns and time yourselves to see who is the most fluent, but remember that you can challenge the speaker if you think that the context is unconvincing.

▶ Write a lullaby (*canción de cuna*) that incorporates diminutives. See if you can base your rhymes on the suffixes. Here is an example:

> Mi niñito pequeñito
> Tiene cara de angelito . . .

▶ Write or role-play a dialogue in which two people criticize another using pejoratives.

▶ Make exaggerated comparisons between the following items using augmentatives and dimunitives.

　　E.g.　La mía es una casaza comparada con la de Miguel, que es una casita de dos habitaciones.

coches	trabajos	novios/as	animales	películas

▶ Translate the names of your fellow students into Spanish and then make the diminutives of these names. Now you can practise calling each other and also discussing each other by these names. Alternatively, do the same with the names of your family and friends and practise referring to them in this manner.

Key

1 [1–2]

(1)   (a) sevillano   (b) chico   (c) zapato   (d) jabón   (e) universidad
     (f) fotografía   (g) España   (h) playa   (i) hermano   (j) taxi
(2)   (a)   Eme - i - ge - u - e - ele   de - e   Ce - e - ere - uve - a- ene - te - e - ese
     (b)   Eme - i - ce - ka - e - i griega   Eme - o - u - ese - e
     (c)   Uve doble - i - elle - i - a - eme   Ese - hache - a - ka - e - ese - pe - e - a - ere - e
     (d)   E - eme - i - ele - i - a - ene - o   Zeta - a - pe - a - te - a
     (e)   Eme - a - ere - i - ele - i griega - ene   Eme - o - ene - ere - o - e
     (f)   Jota - a - ene - e   A - u - ese - te - e - ene
     (g)   Eme - a - hache - a - te - eme - a   Ge - a - ene - de - hache - i
     (h)   Ce - ele - e - o - pe - a - te - ere - a
     (i)   Jota - a - eme - e - ese   Be - o - ene - de
     (j)   Te - a - ere - zeta - á - ene
(3)   (a) libro   (b) estudiante   (c) hijo   (d) colegio   (e) madre   (f) ratón
     (g) bolígrafo   (h) zoológico   (i) jardín   (j) profesora

2 [9–10]

(4)   (a) cir/cui /to   (b) au /tor   (c) mo/vi/mien/to   (d) a/fei /tar   (e) cue /llo
     (f) Ja/mai /ca   (g) he/roi /co   (h) eu /ca/ris/tí/a   (i) nue /vo   (j) i/dio /ma
(5)   (a) peine   (b) viajero   (c) eucalipto   (d) buitre   (e) sauna   (f) baile
     (g) tierra   (h) fuego   (i) elecciones   (j) mutuo
(6)   (a) ✓   (b) ✓   (c) ×   (d) ✓   (e) ×   (f) ×   (g) ✓   (h) ×   (i) ×   (j) ✓

3 [10–17]

(7)   (a)   Clara tiene que aprender a hablar griego.
     (b)   El español es un idioma internacional.

(c)   La amis<u>tad</u> es nece<u>sa</u>ria.

(d)   Los estu<u>dia</u>ntes <u>co</u>men boca<u>di</u>llos de tor<u>ti</u>lla españ<u>o</u>la.

(e)   No<u>so</u>tros es<u>ta</u>mos vi<u>vie</u>ndo en un <u>mun</u>do muy ais<u>la</u>do.

(f)   El <u>or</u>den es impor<u>tan</u>te.

(g)   Mi a<u>mi</u>go <u>Ra</u>fa <u>pa</u>sa las vaca<u>cio</u>nes en <u>nue</u>stra <u>ca</u>sa.

(h)   <u>Jua</u>na es ca<u>paz</u> de bai<u>lar</u> <u>to</u>da la <u>no</u>che.

(i)   El <u>jui</u>cio es in<u>jus</u>to.

(j)   La <u>la</u>na del ta<u>piz</u> es de co<u>lor</u> a<u>zul</u>.

(8)   (a)   ¿Cuánto cuesta el pantalón?

(b)   Los exámenes son muy difíciles.

(c)   Tú siempre tienes razón.

(d)   El lápiz del escaparate está de oferta.

(e)   Ramón es más hábil que Raúl.

(f)   Los jóvenes de hoy son muy prácticos.

(g)   ¡Qué rico está el café!

(h)   A él le gusta la natación y a mí me gusta el esquí.

(i)   ¿Por qué no funciona la máquina de tabaco?

(j)   Comimos espléndidamente en el País Vasco.

(9)

no written accent	agudas	llanas	esdrújulas
imagen	autobús	árbol	pájaro
amor	maletín	azúcar	matemáticas
señal	inglés	inútil	miércoles
pintura	adiós	fácil	médico
crueldad	también	lápiz	América

(10)   (a) de   (b) aún   (c) El   (d) Tu   (e) más   (f) sé   (g) Tú   (h) se
(i) él   (j) Esta, está

(11)   (a) avión   (b) hábil   (c) sector   (d) águila   (e) cerebro   (f) Méjico
(g) diptongo   (h) lombriz   (i) perfección   (j) crisis

(12)   (a)   Si no quieres el regalo, puedes tirarlo.

(b)   ¿Te gusta el té caliente y con leche?

(c)   A mí me gusta mucho tu primo Rafael.

(d)   El orden es fundamental en mi vida.

(e)   ¿Quieres más café? Toma, te sentará bien.

(f)   ¿De dónde es tu profesor?

(g)   Antes comía bien, mas ahora no tengo hambre.

(h)   Espera que te dé las buenas noches.

(i)   ¿Qué quieres? Que te pongas al teléfono.

(j)   Tengo muchos amigos en Ecuador.

(13)   (a) íbero   (b) fríjoles   (c) pentágrama   (d) etíope   (e) tortícolis
(f) cónclave   (g) alvéolo   (h) olimpíada   (i) polígloto   (j) reúma

4 [18–24]

(14) (a) El río Manzanares pasa por Madrid.
  (b) Las tropas de la O.N.U. se encuentran, en estos momentos, en Sierra Leona.
  (c) El sábado, 18 de marzo, celebraré mi cumpleaños.
  (d) La comida de Navidad tendrá lugar en el Hotel Castellana.
  (e) He leído en el periódico *El País* una noticia sobre emigrantes españoles.
  (f) ¿Se llama Ud. Pedro Sánchez?
  (g) El lunes iré a la Biblioteca Nacional con mi profesor de Literatura.
  (h) Los galeses hablan galés en Gales.
  (i) Voy a matricularme en la Facultad de Medicina.
  (j) El edificio de la calle Almansa forma parte del Patrimonio Nacional.

(15) (a) Hoy he leído *Romeo y Julieta* de William Shakespeare.
  (b) El Palacio Real de Madrid es magnífico, pero el Rey no vive allí.
  (c) Los lunes, los martes y los miércoles tengo clases de francés y los jueves de alemán.
  (d) El último disco del grupo Ketama, que es estupendo, está de oferta en la tienda de discos Rokopop.
  (e) '¡Socorro!', gritó el señor González, pero no había nadie cerca.
  (f) Buenos días, ¿qué desea? Me gustaría probarme ese pantalón, por favor.
  (g) María esperó a Carlos en el Cine Proyecciones, pero él no llegó.
  (h) La Real Academia Española, que está en la calle Príncipe de Vergara, cierra en agosto.
  (i) ¡Te quiero, Mercedes! ¡No sé vivir sin ti!
  (j) La Alhambra de Granada es un lugar turístico muy visitado, sobre todo, por los japoneses.

(16) ¡Hola! ¿Qué haces?
Estoy mirando las fotografías que hicimos en Cuba. ¿Te gustan?
Sí, mucho. Son muy bonitas.
Mira, este edificio es el Hotel Nacional y éste es el Museo del Pueblo.
¿Quién es esta señora?
Se llama Eliana Céspedes. Ella se encargó de la organización del II Congreso de Cardiología que, como sabes, reunió a los mejores especialistas de Europa y los Estados Unidos.
Pero . . . ¿sólo estuvisteis trabajando?
No, no. También fuimos a la playa de Varadero, pero no nos gustó y volvimos a La Habana.

5 Revision

(17) En España el fútbol/futbol no es sólo un deporte, es una obsesión. Es una forma de vivir. Los futbolistas del Real Madrid, del Barcelona y del Sevilla son celebridades que ganan un montón de dinero y están en las revistas como *¡Hola!* y *Semana*. Por eso, jugar en un equipo famoso es la ambición de muchos niños en España y en Latinoamérica. Son niños que pueden salir de barrios pobres, como el famoso futbolista argentino Diego Maradona. Gracias a jugadores como él, Argentina es un país con una tradición futbolística muy importante. A veces, países como Paraguay y Colombia también llegan a la final de la Copa del Mundo.

(18) (a) azar, azahar (b) huso, uso (c) atajo, hatajo (d) vello, bello
(e) Hasta, asta (f) cayado, callado (g) poyo, pollo (h) Hola, ola
(i) sabia, savia (j) basta, vasta

(19) (1) estudiante
(2) financiación
(3) presentaciones
(4) chicas, chicos
(5) despacho
(6) alumnos
(7) secretaria, oficina
(8) puertas
(9) clases
(10) aulas
(11) mañanas
(12) días
(13) lunes, miércoles, viernes
(14) libros
(15) orales
(16) ejercicios
(17) redacciones
(18) mesas, ventanas
(19) bares
(20) vacaciones

6 [26–70]

(20) (a) la (b) el (c) el (d) la (e) el (f) la (g) el (h) la (i) el (j) la
(21) (a) La, las (b) El (c) al (d) La (e) del (f) La, la (g) El, del
(h) la (i) El, los (j) el
(22) (a) Las (b) Las (c) La, del (d) El (e) La, las (f) El, el
(g) El, del (h) Los, la (i) El, los (j) La, la
(23) (a) Las ciudades son viejas.
(b) Los zapatos de los escaparates son feos.
(c) Los dibujos pequeños son de Miró y las esculturas grandes son de Botero.
(d) Los peces están en los acuarios.
(e) Los turistas van a los restaurantes típicos.
(f) Los cuadernos son azules y las gomas son blancas.
(g) Las lavadoras son viejas y las mesas son nuevas.
(h) Las casas están lejos de los ríos.
(i) Los teatros están llenos los lunes.
(j) Las óperas italianas son las mejores.

(24) (a) al, del (b) del, del (c) al, al (d) del (e) al, del (f) *del*, del
(g) del, al (h) al (i) del, del (j) del, al, del

(25) (a) Italia y Francia son países de la Unión Europea.
(b) El lunes es el cumpleaños de Rosa.
(c) ¿Qué hora es? Son las tres.
(d) La reina Sofía es griega.
(e) El niño aprendió a hablar francés a los cinco años.
(f) Elvira y Silvia son primas.
(g) ¿Cuántos años tienes?
(h) Velázquez pintó *Las Meninas*.
(i) El martes se casa mi amigo de la infancia.
(j) El señor Olmos tiene una joyería en Galicia.

(26)

EL	LA	LOS	LAS
PELO	LENGUA	OJOS	PIERNAS
CEREBRO	SANGRE	MÚSCULOS	OREJAS
CORAZÓN	NARIZ	DEDOS	MANOS
ESTÓMAGO	CABEZA	PIES	UÑAS
CUELLO	BOCA	DIENTES	RODILLAS

(27) (a) La, del (b) El, del (c) al, los (d) del, del (e) Los, al
(f) El, los, del (g) la, del, los (h) al, los (i) al, las (j) el, del, la

(28) (a) lo que (b) lo de (c) Lo (d) lo, lo (e) A lo (f) lo de (g) Lo
(h) lo que (i) Lo que (j) lo

(29) (a) Me gusta mucho la hija del médico.
(b) Lo peor de todo es su falta de interés.
(c) Nunca leo lo que escribes.
(d) El valle está situado al oeste del río.
(e) No quiero pensar en lo de ayer.
(f) Pasaré todo el verano cerca de la costa.
(g) Antonia es el alma de la fiesta.
(h) El sábado pasado fui al concierto de Madonna.
(i) ¿Sabes algo del examen?
(j) No entiendo lo de tu hermana con ese chico.

(30) (a) Los vascos, los gallegos y los catalanes tienen su propia lengua.
(b) La receta requiere tomates, pepinos, cebolla y ajo.
(c) ¿Quieres hablar con el jefe o con la persona encargada del asunto?
(d) Hablamos de los pros y los contras de ir a la playa.
(e) El bar es el centro y lugar de reunión de los estudiantes.

7   [71–85]

(31)   (a) un   (b) un   (c) una   (d) un   (e) una   (f) una   (g) una   (h) un
(i) una   (j) un

(32)   (a) un   (b) unos   (c) un   (d) una   (e) unos

(33)   (a) masculine   (b) feminine   (c) feminine   (d) feminine   (e) masculine
(f) feminine

(34)   (a) una   (b) un   (c) un   (d) Unos   (e) un   (f) un   (g) un   (h) Unos
(i) una   (j) una

(35)   (a)   Las habitaciones sólo tienen unas sillas viejas.
(b)   En los jardines hay unas fuentes muy grandes.
(c)   Ellas son unas antiguas amigas nuestras.
(d)   Tenemos unos problemas muy serios.
(e)   Hemos recibido unos regalos muy caros de nuestros a buelos.
(f)   Necesitamos comprar unas sartenes más pequeñas.
(g)   Los vecinos están viendo unos partidos de tenis.
(h)   Los amigos de mis hermanos son unos héroes.
(i)   Hemos visto unas películas de acción malísimas.
(j)   Son unos maestros serios y comprensivos.

(36)   (a) media   (b) enfermera   (c) Unos, otros   (d) un nombre   (e) otro
(f) una radio   (g) una cámara   (h) otra   (i) unos familiares   (j) otro

(37)   Isabel trabaja en **el** Reino Unido en **un** banco argentino. Tiene **una** casa en
las afueras de Londres y sus padres la visitan a menudo.
  Los padres de Isabel viven en **un** pueblo de **la** provincia de Sevilla.
Como en verano hace mucho calor, prefieren salir **del** pueblo y marcharse
al extranjero. Les gusta mucho estar con ella y poder visitar museos,
parques y **el** Palacio de Buckingham.
  A **la** madre de Isabel le encanta ir de compras porque **la** ropa inglesa es
muy bonita. Hay **unas** tiendas en **el** centro de **la** ciudad que ofrecen
descuento a **los** turistas. A **lo** mejor, **el** año que viene, Isabel tendrá otro
trabajo y podrá volver **al** sur de España.

(38)   **Horizontales**   2. al;   4. el;   7. las;   8. unas;   9. un
Verticales   1. del;   3. los;   5. las;   6. unos;   8. una

(39)   (a)   He comprado un chaleco/una gorra y una gorra/un chaleco para mi padre.
(b)   Hilda invitó a unos amigos de la oficina.
(c)   Son unas patinadoras estupendas.
(d)   Mi amiga tiene un perro de raza.
(e)   He comprado una radio nueva.
(f)   Fernando es un buen mecánico.
(g)   Son unos grandes pintores.
(h)   Todos tus hijos son unos maleducados.
(i)   Quiero hacer un viaje por Europa.
(j)   Tengo una sorpresa para ti.

8   [86–123]

(40)   (a) F   (b) M   (c) F   (d) F   (e) M   (f) M   (g) F   (h) M   (i) M
(j) F

(41)   (a)   La perra es negra.
(b)   Su novia es rubia.
(c)   Las estudiantes quieren hablar con la profesora.
(d)   La niña escucha a su madre.
(e)   Mis hermanas son altas.
(f)   La amiga de mi prima es rusa.
(g)   La princesa es buena y valiente.
(h)   La dentista es una mujer experta.
(i)   Antonia es una joven simpática.
(j)   La testigo estaba nerviosa.

(42)   (a)   El tigre   (f)   El periodista
(b)   El presidente   (g)   El gallo
(c)   El policía   (h)   El turista
(d)   El poeta   (i)   El galés
(e)   El español   (j)   El hijo

(43)   (a)   La burguesa   (f)   La futbolista
(b)   La heroína   (g)   La alcaldesa
(c)   La doctora   (h)   La cantante
(d)   La actriz   (i)   La mártir
(e)   La leona   (j)   La duquesa

(44)   (a) 5   (b) 4   (c) 6   (d) 1   (e) 2   (f) 3

(45)   (a)   El señor Emilio es un hombre muy serio.
(b)   Tengo un amigo andaluz muy gracioso.
(c)   El muchacho españo es el nuevo estudiante.
(d)   Él compra en la feria un gallo barato y un caballo caro.
(e)   El juez es estricto con el preso.
(f)   El elefante del zoo está viejo y cansado.
(g)   Antonio es un artista famoso.
(h)   Este chico tiene problemas porque es un envidioso.
(i)   El presidente del gobierno parece enfadado y nervioso.
(j)   La mochila del explorador contiene unos mapas importantes.

(46)   (a)   El lunes tengo una comida con los compañeros del trabajo.
(b)   Mi prima Ana es enfermera en una clínica privada.
(c)   El viaje en avión fue divertido.
(d)   La tienda de la esquina siempre está abierta.
(e)   La pequeña Eva se parece a su madre María.
(f)   Las luces de la calle son muy brillantes.
(g)   El idioma español se habla en muchas partes del mundo.

(h)   Este invierno necesito comprar un paraguas nuevo.

(i)   Fernando no puede terminar la tesis porque está agotado.

(j)   El mejor restaurante de la ciudad está cerrado.

(47)   (a) ✗   (b) ✗   (c) ✓   (d) ✓   (e) ✗   (f) ✗   (g) ✗   (h) ✓   (i) ✗   (j) ✗

9   [124–50]

(48)   (a)   Los cristales   (f)   Los relojes

(b)   Los peces   (g)   Las sales

(c)   Los cafés   (h)   Los menús/menúes

(d)   Los teoremas   (i)   Los miércoles

(e)   Las cruces   (j)   Las bellezas

(49)   (a)   Los trenes de los lunes llegan con retraso.

(b)   Los lápices son de los estudiantes y las plumas de los maestros.

(c)   Los licenciados preparan sus tesis.

(d)   Las niñas esperan los autobuses por las mañanas.

(e)   Los televisores no funcionan porque están estropeados.

(f)   Los maniquíes/maniquís de los escaparates son viejos.

(g)   Tenemos los pies doloridos.

(h)   Los presos están en las cárceles.

(i)   Las enfermeras preparan los análisis para los hospitales.

(j)   Los lobos son unos animales feroces.

(50)   (a) gol   (b) pared   (c) tribu   (d) ley   (e) color   (f) capataz

(g) camión   (h) honor   (i) carril   (j) martes

(51)   (a)   La chica es delgada.

(b)   Los problemas son serios.

(c)   La camarera es rubia y trabajadora.

(d)   Las casas son viejas y olorosas.

(e)   Los pasteles son ricos.

(f)   El anciano es avaro.

(g)   La música clásica es estupenda.

(h)   El enfermo tiene frío.

(i)   Las leyes son para todos los ciudadanos.

(j)   El vino tinto es mejor que el vino blanco.

(52)   (a) M – S   (b) M – P   (c) F – S   (d) M – P   (e) F – S   (f) M – S

(g) F – P   (h) M – P   (i) F – S   (j) F – P

(53)   (a)   El padre de Juan lleva gafas y ropa cara.

(b)   Las llaves y el paraguas están en la habitación.

(c)   La gente de Madrid es simpática.

(d)   Los Aranda son venezolanos, pero su hija es uruguaya.

(e)   Todos los viernes voy al cine.

(54)   son tus clases;   clases;   son los Campeonatos Mundiales;   juegan tus
       equipos favoritos;   ganen los mejores;   unos jugadores lesionados;
       Quiénes;   los conoces. Son extranjeros.

(55)   (a)   mis suegros   (f)   los alumnos
       (b)   los abuelos   (g)   los tíos
       (c)   los hijos   (h)   los reyes
       (d)   sus padres   (i)   los primos
       (e)   los hermanos   (j)   los duques

(56)   (a)   El humo de la fábrica es peligroso.
       (b)   No encuentro las gafas y tampoco el paraguas.
       (c)   El mejor día de la semana es el viernes.
       (d)   La pared de mi casa es muy resistente.
       (e)   Me gusta leer el periódico atrasado.
       (f)   El joven es solidario con su vecino.
       (g)   El cenicero de la mesa está lleno.
       (h)   La radio de la furgoneta es vieja y mala.
       (i)   El conductor conducía borracho.
       (j)   El sastre corta el pantalón con tijeras.

10   [151–80]

(57)   (a) amarilla   (b) fea   (c) alemana   (d) blanca   (e) simpática
       (f) verde   (g) triste   (h) pequeña   (i) baja   (j) inteligente

(58)   (a)   Los coches son azules.
       (b)   Los cines son muy viejos.
       (c)   Las hijas de Ana son bajas.
       (d)   Los cafés son buenos.
       (e)   Los toros son bravos y veloces.
       (f)   Los apartamentos son caros.
       (g)   Los muchachos son unos holgazanes.
       (h)   Las sillas son cómodas.
       (i)   Las lámparas son baratas.
       (j)   Los radiadores son nuevos.

(59)   (a)   Manuel es un chico peruano.
       (b)   Mi hijo tiene un muñeco de madera.
       (c)   Tengo un amigo francés, rubio y alto.
       (d)   El nuevo secretario es un dormilón.
       (e)   Mi profesor está enfadado conmigo.
       (f)   Juan está más preparado que Antonio.
       (g)   Ese joven es inteligente y seductor.
       (h)   El segundo esposo de mi madre es guapo y millonario.

(i)   El periodista es un buen hombre.

(j)   El portero es amigo de mi cuñado.

(60)   (a) 3   (b) 6   (c) 9   (d) 2   (e) 8   (f) 10   (g) 1   (h) 5   (i) 7   (j) 4

(61)   (a) 9   (b) 3   (c) 6   (d) 7   (e) 8   (f) 10   (g) 1   (h) 4   (i) 2   (j) 5

(62)   (a)   La camisa y la corbata son marrones.

(b)   La primavera es la estación más hermosa del año.

(c)   La lavadora es potente y hace mucho ruido.

(d)   El pueblo está cubierto de nieve espesa.

(e)   Los peces del acuario son rojos y negros.

(63)   (a)   El médico es inteligente y amable.

(b)   Mi hija está bien educada.

(c)   El vestido de Carmen es rojo.

(d)   La película era muy mala.

(e)   La música es agradable.

(f)   La piscina del jardín es grande.

(g)   Mi novio es muy vago.

(h)   La noche es calurosa.

(i)   Ese señor es un antipático.

(j)   Es una actriz famosa.

(64)   (a) blanca   (b) supuesto   (c) Ambas   (d) felices   (e) breves   (f) rica
       (g) excelentes   (h) delicada   (i) lindo   (j) madrileño

(65)   (a)   Las ciudades son muy vivas y hermosas.

(b)   Ellos son los mejores de la clase.

(c)   Los cocineros son limpios y regordetes.

(d)   Unos estudiantes son griegos y otros estudiantes son portugueses.

(e)   Las modelos son puntuales y trabajadoras.

(f)   Los loros rojos son parlanchines.

(g)   Las vecinas son unas señoras generosas.

(h)   Ellas fueron las primeras clasificadas.

(i)   Los perros son glotones y holgazanes.

(j)   Los artistas famosos son ricos.

(66)   (a)   La ciudad es muy viva y hermosa.

(b)   Él es el mejor de la clase.

(c)   El cocinero es limpio y regordete.

(d)   Un estudiante es griego y otro estudiante es portugués.

(e)   La modelo es puntual y trabajadora.

(f)   El loro rojo es parlanchín.

(g)   La vecina es una señora generosa.

(h)   Ella fue la primera clasificada.

(i)   El perro es glotón y holgazán.

(j)   El artista famoso es rico.

(67)   (a) 2   (b) 9   (c) 1   (d) 5   (e) 4   (f) 8   (g) 10   (h) 3   (i) 7   (j) 6

11 [181–98]

(68) (a) ¡Es superalto! (b) ¡Es supercaro! (c) ¡Son supergraves!
(d) ¡Es supergraciosa! (e) ¡Son superinteligentes!

(69) (a) menos . . . que (b) más . . . que (c) más . . . que
(d) menos . . . que (e) menos . . . que (f) más . . . que
(g) más . . . que (h) más . . . que (i) más . . . que (j) menos . . . que

(70) (a) peor (b) mejor (c) inferior (d) mayor (e) menor
(f) superior/ mejor (g) mejor (h) inferior (i) mayor (j) peor

(71) (a) ¡Son dulcísimas! (f) ¡Es jovencísimo!
(b) ¡Es fortísimo! (g) ¡Es amabilísimo!
(c) ¡Es vaguísima! (h) ¡Es guapísima!
(d) ¡Son malísimas!/¡Son pésimas! (i) ¡Es cortísima!
(e) ¡Es antiquísima! (j) ¡Son graciosísimos!

(72) (a) Es la mujer más atractiva del mundo.
(b) La casa de Irene está requetelimpia.
(c) Está delgadísima porque no come.
(d) Es un problema extremadamente difícil.
(e) El café tiene más cafeína que el té.
(f) La fiesta de inauguración fue superdivertida.
(g) El apio engorda menos que el chocolate.
(h) El libro es menos interesante de lo que parece.
(i) El hombre del circo es fortísimo.
(j) Mi hija es mayor de edad.

(73) 1. guApo; 2. moreNo; 3. acTor; 4. famOso; 5. ciNe; 6. amIgo;
7. AlmOdóvar; 8. aBril; 9. malAgueño; 10. MadoNna; 11. casaDo;
12. estrElla; 13. ZoRro; 14. espAñol; 15. DeSperado.

(74) (1) semicircular (2) redonda (3) pentagonal (4) cruzados
(5) circular (6) hexagonales (7) ovalados (8) triangulares
(9) cuadrados (10) octagonal

(75) (a) Mi hijo es el **mayor** de la escuela.
(b) El tiempo es **óptimo** para salir al campo.
(c) Está en un puesto **inferior** a su categoría.
(d) ¿No tienes una falda **mejor** que ponerte?
(e) El sueldo que me pagan es **ínfimo**.
(f) El libro está en la parte **superior** del armario.
(g) Es la **máxima** figura del ballet clásico.
(h) Julia es la **menor** de la oficina.
(i) Este vino es el **peor** de todos.
(j) La obra de teatro fue **pésima**.

12   [204–32]

(76) (a) uno/una   (f) primero/primera
     (b) noveno/novena   (g) décimo/décima
     (c) quince/ —   (h) decimotercero/decimotercera
     (d) octavo/octava   (i) siete/ —
     (e) diez y seis or dieciséis   (j) duodécimo/duodécima
(77) (a) 4 (b) 7 (c) 9 (d) 10 (e) 2 (f) 3 (g) 6 (h) 5 (i) 1 (j) 8
(78) (a) veintinueve (b) treinta (c) trece (d) cincuenta (e) sesenta y una
     (f) mil (g) catorce (h) noventa y nueve (i) setecientos (j) cuatro
(79) (a) — (b) y (c) y (d) — (e) — (f) y (g) —, — (h) — (i) y
     (j) —, —
(80) (a) cuatrocientas (b) quinientos (c) doscientas (d) trescientas
     (e) novecientos (f) cientos (g) doscientos (h) seiscientas
     (i) quinientos (j) cuatrocientas
(81) (a) Son las seis y cuarto.   (f) Son las nueve y media.
     (b) Son las doce.   (g) Son las dos menos cinco.
     (c) Son las dos menos cuarto.   (h) Son las once y veinticinco.
     (d) Es la una y veinte.   (i) Es la una.
     (e) Son las cinco y cinco.   (j) Son las siete y diez.
(82) (a) 584 (b) 3.140 (c) 229 (d) 10.305 (e) 900.000 (f) 1.971
     (g) 79 (h) 111 (i) 1.555.000 (j) 1.136
(83)   HORIZONTALES   VERTICALES
     (1)   dos   (1)   diez
     (2)   uno   (3)   nueve
     (4)   cuarto   (5)   seis
     (5)   sexto   (6)   tres
     (8)   tercero   (7)   primero
     (13) décimo   (9)   cinco
     (14) cuatro   (10) ocho
     (15) octavo   (11) noveno
     (16) segundo   (12) quinto
(84) (a) dos mil dos (b) siete mil seiscientas (c) cinco mil cuatrocientos
     ocho (d) cincuenta y cinco (e) mil doscientos cincuenta
(85) (a) ochenta (b) setenta (c) veinte (d) cincuenta, sesenta (e) cuarenta
(86) (a) 1492 → mil cuatrocientos noventa y dos
     (b)   12 → doce
     (c)   60 → sesenta
     (d) 2001 → dos mil uno
     (e)   14 → catorce
     (f)   76 → setenta y seis
     (g) 1000 → mil

(h)   13 → trece

(i)   1936 → mil novecientos treinta y seis

(j)   366 → trescientos sesenta y seis

(87)   (a) primera   (b) cuarto   (c) segundo   (d) décima   (e) séptima

(f) tercer   (g) quinta   (h) primer   (i) *Novena*   (j) sexto

(88)   (a) un   (b) una   (c) un, una   (d) uno   (e) una   (f) un   (g) un

(h) Un   (i) un, uno   (j) una

(89)   (a) ciento   (b) Cientos   (c) cien, cien   (d) cien   (e) cientos   (f) cien

(g) ciento   (h) cien, cientos   (i) cien   (j) cientos

(90)   (a)   Nueve de mayo de mil novecientos noventa y ocho.

(b)   Tres de enero de mil novecientos cincuenta y seis.

(c)   Diez y seis/dieciséis de diciembre de mil novecientos sesenta y cinco.

(d)   Cuatro de marzo de dos mil uno.

(e)   Veintisiete/veinte y siete de julio de mil novecientos ochenta y dos.

(f)   Quince de agosto de mil novecientos once.

(g)   Uno de junio de mil novecientos sesenta y seis.

(h)   Veinticuatro/veinte y cuatro de noviembre de dos mil.

(i)   Diez de octubre de dos mil cinco.

(j)   Treinta de abril de dos mil veinticinco.

(91)   (a)   Mi novio está en **tercero** de medicina.

(b)   En su armario tiene más de treinta y **una** corbatas.

(c)   Al ochenta **por** ciento de las mujeres les gusta leer.

(d)   ¡Tengo **un** millón de amigas!

(e)   El cuadro de Rubén obtuvo el **primer** premio.

(f)   A las cinco menos **cuarto** tengo cita con el dentista.

(g)   Voy a pasar treinta **y** cinco días en la playa.

(h)   Éste es el **octavo** café que tomo esta tarde.

(i)   España es **un** país muy montañoso.

(j)   Mi mejor amiga ha tenido **sextillizos** de un solo parto.

13   [233–7]

(92)   (a)   Tres y cinco son ocho / Tres más cinco son ocho / Tres más cinco es igual a ocho.

(b)   Once menos dos son nueve / Once menos dos es igual a nueve.

(c)   Cuatro veces seis son veinticuatro / Cuatro por seis son veinticuatro.

(d)   Veintiuno dividido por tres son siete / Veintiuno entre tres son siete.

(e)   Cincuenta por ciento.

(f)   Siete al cubo / Siete elevado al cubo.

(g)   Treinta y seis metros cuadrados.

(h)   Tres cuartos.

(i)   Ocho coma cinco / Ocho y medio.

(93) (a) mellizos (b) una docena de (c) el doble (d) la cuarentena
(e) Un cuarto

14 [238–97]

(94) (1) Ella (2) Nosotros (3) Ustedes (4) ellos (5) Yo (6) Vosotras
(7) tú (8) Vosotros (9) Él (10) usted (11) Nosotras (12) ellas

(95)

Chain	Type of pronoun	Pronouns in group
1	Subject pronouns	yo, tú, él, ella, usted, nosotros, nosotras, vosotros, vosotras, ellos, ellas, ustedes
2	Reflexive pronouns	me, te, se, nos, os, se
3	Indirect object pronouns	me, te, le, nos, os, les
4	Pronouns after prepositions	mí, ti, conmigo, contigo, consigo
5	Direct object pronouns	me, te, lo/le, la, nos, os, los/les, las

(96) (a) Nosotras (b) Yo (c) Ellos/Ellas/Ustedes (d) Ella/Usted
(e) Tú (f) Él/Usted (g) Tú (h) Vosotros/Vosotras (i) Yo
(j) Ellos/Ellas/Ustedes
(97) (a) ¿Quiere un café?
(b) ¿Qué hacen ustedes aquí?
(c) ¿Puede prestarme el libro?
(d) ¿Cuántos años tiene?
(e) ¿Qué piensan hacer esta tarde?
(98) (a) contigo (b) conmigo (c) mí (d) ti, contigo (e) contigo (f) mí
(g) conmigo (h) ti (i) consigo (j) contigo
(99) (a) 5 (b) 7 (c) 8 (d) 2 (e) 1 (f) 10 (g) 3 (h) 4 (i) 12 (j) 6
(k) 11 (l) 9
(100) Eres, dices, puedes, Eres, tú eres, pongas, contigo,
Ven, dejes, prometes, Quieres, tienes, tú digas, tú invitas.
(101) (a) Le (b) Nos (c) Te (d) Os (e) Les (f) Le (g) Les
(h) Le (i) Me
(102) (a) mí (b) tú y yo (c) ti (d) se (e) él (f) tú (g) os
(h) nosotros (i) se (j) mí
(103) (a) A vosotros os gusta Chile.
(b) El gato se rasca porque le pican las pulgas.
(c) Cuento contigo para ir de viaje.

      (d)   Nos encanta la música clásica.

      (e)   No le llames ahora.

      (f)   El médico me dijo que no me pasa nada.

      (g)   Les recomiendo el restaurante italiano de la esquina.

      (h)   Dáselo a María.

      (i)   Quítate esos pendientes.

      (j)   Me parece que te vi ayer.

(104) (a) la (b) lo (c) los (d) lo (e) la (f) las (g) lo (h) los (i) las (j) la

(105) (a) les (b) Se (c) le (d) le (lo), le (e) Se (f) Se (g) les (h) les (i) le (j) le

(106) (a) Se lo vendió.   (f)   Se lo ofreció.

      (b) Se las regalaron.   (g)   Se lo dio.

      (c) Se lo dije.   (h)   Se las repartió.

      (d) Se la explicó.   (i)   Se la entrega.

      (e) Se los devolvieron.   (j)   Se los cuentas.

(107) (a) le (b) me (c) le (d) nos (e) se (f) se (g) Ella (h) se (i) nos

(108) (a) le, Me (b) le, Le, lo (c) les, lo, se (d) Le, Me, la (e) te, me, lo (f) os, nos, la (g) me, mí (h) Le, se, lo (i) me, lo (j) las

(109) (a) No se preocupe.

      (b) Se me ha roto el zapato.

      (c) Según tú, todo está bien entre nosotros.

      (d) ¡Cómpratelo! Es barato y bueno.

      (e) A mí me gusta mucho pasear.

      (f) ¿Le han devuelto el dinero a tu madre?

      (g) Se nos ha terminado el vino.

      (h) Mi padre nos contó el cuento.

      (i) ¿Quieres un café? No, gracias. No me apetece.

      (j) ¡Dámelo! Es mi collar. Me lo compró David en mi aniversario.

15   [298–319]

(110) **1** (a) estos   **2** (a) esa   **3** (a) aquel

        (b) esta   (b) ese   (b) aquellos

        (c) este   (c) esas   (c) aquellas

        (d) estas   (d) esos   (d) aquella

        (e) esta   (e) esa   (e) aquellos

        (f) estos   (f) esos   (f) aquellas

(111) (a) Éstos son mis hijos y éstas son mis hijas.

      (b) Ésas de ahí son unas cotillas.

      (c) No nos gustan aquellos vestidos.

      (d) Aquellas chicas son muy listas.

      (e) Ésos son mis tíos y ésas son mis tías.

(f)   No conocemos a aquellos señores.

(g)   Siempre pensamos en aquellos años con nostalgia.

(h)   Esos chicos son unos mentirosos.

(i)   Aquéllos son mis hermanos y aquéllas son mis hermanas.

(j)   Estas leyes son justas, pero aquéllas no.

(112)   (a) **la** – not indirect   (b) **ello** – not demonstrative   (c) **el** – article, not pronoun   (d) **le** – not reflexive   (f) **los** – not after preposition

(113)   (a) Este   (b) Aquel   (c) Este   (d) esto   (e) este   (f) Esos, éstos
(g) Esta   (h) Aquellas   (i) Aquel   (j) éste

(114)   (a)   Quiero comprar esa bicicleta.

(b)   ¿Conocéis a esas mujeres de ahí?

(c)   Esa tienda está ahí.

(d)   Vivo en aquella casa de allí.

(e)   No me gusta ese novio que tienes.

(f)   Estos muros de aquí son muy resistentes.

(g)   No creo en eso de los fantasmas.

(h)   Aquellas montañas tienen mucha nieve.

(i)   ¿Sabes cómo se llama aquel actor?

(j)   Esos chicos son unos gamberros.

(115)   (a)   Ese   (b) eso   (c) Eso   (d) ese   (e) Eso

(116)   (a)   Esta idea es interesante.

(b)   Este trabajo está muy mal pagado.

(c)   Ése de ahí, es Juan.

(d)   Estas raciones son pequeñas y caras.

(e)   Nadie cree aquella historia de fantasmas.

(f)   ¿Es ésta tu maleta? No, es ésta.

(g)   Todos dicen que este año es el más lluvioso.

(h)   Ésos de ahí, son mis mejores amigos.

(i)   Este ascensor es muy lento.

(j)   ¿Te gusta esta canción de Joaquín Sabina?

(117)   (a)   Estas manzanas están malas.

(b)   Este hotel está mejor situado que aquél.

(c)   Mi pueblo está en aquellas montañas.

(d)   Bebo esto porque es bueno para el estómago.

(e)   Estos vecinos son ruidosos y sucios.

16   [320–41]

(118)   (a)   La guitarra es suya.   (f)   Los ejercicios son tuyos.
(b)   El televisor es mío.   (g)   La falda es tuya.
(c)   El abrigo es tuyo.   (h)   Los perros son míos.
(d)   Los amigos son suyos.   (i)   El sillón es suyo.
(e)   Las camisas son mías.   (j)   Las plumas son suyas.

(119)   (a)   No, no son nuestros.   (f)   No, no es mía.
        (b)   No, no son mías.   (g)   No, no es mía/suya.
        (c)   No, no es mía/suya.   (h)   No, no es mío.
        (d)   No, no es vuestra.   (i)   No, no son míos/suyos.
        (e)   No, no es tuyo.   (j)   No, no son nuestras/suyas.

(120)   nuestras, nuestros, mis, su, sus, Mi, suya, mía, suya.

(121)   (a) Su   (b) tus   (c) mi   (d) nuestro   (e) Sus   (f) tuya
        (g) míos, suyos   (h) mío   (i) nuestra   (j) Su

(122)   (a)   Sus países son fríos.
        (b)   Me gusta tu amigo.
        (c)   Hoy no trabajo porque mis jefas están enfermas.
        (d)   Estos sofás son nuestros.
        (e)   Su tía es muy vieja.
        (f)   Las mejores ideas siempre son tuyas.
        (g)   Este disco es mío y éste es suyo.
        (h)   Los poemas son míos.
        (i)   Estas son nuestras perras.
        (j)   Sus teorías son acertadas.

(123)   (a)   Tu redacción es mejor que la mía.
        (b)   Su negocio tiene problemas.
        (c)   Mi novio es japonés.
        (d)   Todo lo que tengo es tuyo.
        (e)   No me gustan vuestras ideas.
        (f)   Nuestra casa siempre está abierta para vosotros.
        (g)   ¿Esta carta es tuya?
        (h)   La sortija es suya y el reloj es suyo.
        (i)   El apartamento de la playa es de sus padres.
        (j)   ¿Mariano es amigo tuyo?

(124)   (a) esta   (b) esa   (c) aquella   (d) aquellas   (e) este   (f) ese   (g) aquellos
        (h) estos   (i) esas   (j) aquel

¡Cuántas maletas!
Sí, ésta es mía y ésa es de mi esposa. Aquélla es de mi madre y aquéllas
son de nuestros hijos.

¡Cuántos coches!
Sí, éste es mío y ése es de mi mujer. Aquéllos son de nuestros hijos.

¡Cuántos hijos!
Sí, éstos son Juan y Miguel y ésas son María y Luisa. Aquél es Antonio.

17   [342–64]

(125)   (a)   La niñera que cuida al niño no puede venir hoy.
        (b)   Las personas que beben demasiado se emborrachan.
        (c)   El cartero que trae mi correo está enfermo.
        (d)   El árbol que está muerto es un manzano.
        (e)   El puente que es peligroso está en obras.
        (f)   El asesino que mató a su mujer está en la cárcel.
        (g)   El presidente que ha ganado las elecciones es socialista.
        (h)   Los niños que han estudiado mucho tienen buenas notas.
        (i)   La lavadora que es barata no funciona bien.
        (j)   La cantante que tiene que actuar el domingo está afónica.

(126)   (a) que   (b) quien   (c) que   (d) quien   (e) que   (f) quien   (g) que
        (h) que   (i) quienes   (j) quien

(127)   (a) que   (b) cuyo   (c) lo que   (d) las que   (e) lo que   (f) los cuales
        (g) quien   (h) lo que   (i) cuya   (j) quien, quien

(128)   (a)   La mujer, de **la cual** te hablé, ya no vive aquí.
        (b)   Los mensajes, a **los cuales** se refiere el capitán, están en clave.
        (c)   La persona, por **la cual** tienes que preguntar, se llama Juan.
        (d)   Esas chicas, entre **las cuales** está mi hermana, son pintoras.
        (e)   Los edificios, en **los cuales** hay muchos vecinos, son ruidosos.
        (f)   El restaurante, en **el cual** comimos ayer, ha cerrado.
        (g)   Las firmas, para **las cuales** trabajo, están todas en Barcelona.
        (h)   El atleta, contra **el cual** compites, es el campeón de Europa.
        (i)   La tesis, de **la cual** voy a sacar un libro, se publicará en abril.
        (j)   Los manuscritos, en **los cuales** estamos interesados, están en venta.

18   [365–77]

(129)   (a) Qué   (b) Quién   (c) Cuál   (d) Cuánto   (e) quién   (f) Qué
        (g) Cuánto   (h) cuál   (i) Qué   (j) Cuánta

(130)   (a) (3)   (b) (4)   (c) (5)   (d) (1)   (e) (2)

(131)   (a)   ¿Cuántos años tiene la niña?
        (b)   ¡Qué país tan caro!
        (c)   ¿A qué hora cierra la tienda?
        (d)   ¡Cúanta gente hay hoy!
        (e)   ¡Qué rica es esta paella!
        (f)   ¿Cuál es tu casa?
        (g)   ¡Quién se acuerda ya de aquella época!
        (h)   ¿Cuánta agua hay en el pozo?
        (i)   ¡Cúanto me alegro de encontrarte!
        (j)   ¿Quiénes son tus compañeros?

(132) (a) ¿Cuántos años tienes?
      (b) ¿Cómo se llama?
      (c) ¿Cuál es tu deporte favorito?
      (d) ¿En qué trabajas?
      (e) ¿Dónde están los servicios?
      (f) ¿Cuántos minutos tiene una hora?
      (g) ¿Cuál es la capital del Ecuador?
      (h) ¿Cómo es Daniel?
      (i) ¿Cuándo fuiste a Cuba?
      (j) ¿Dónde hay un estanco?

19 [378–535]

(133) (a) Hemos salido algunos días al campo.
      (b) ¿Habéis visto algunas películas buenas recientemente?
      (c) ¿Hay algunos libros interesantes?
      (d) ¿Tenéis algunas monedas?
      (e) Algunos amigos tuyos están causando problemas.
      (f) ¿Habéis comprado algunas revistas interesantes?
      (g) Creemos que algunos periódicos de Madrid han publicado tus artículos.
      (h) ¿Tienen algunas preguntas que hacernos?
      (i) Tenemos algunas esperanzas de aprobar los exámenes.
      (j) ¿Hay algunos programas interesantes por las tardes?
(134) (a) No, no hay ninguna (cerveza en la nevera).
      (b) No, no tiene ningún problema. / No, no tiene ninguno.
      (c) No, no me queda nada (de comida).
      (d) No, no me pasa nada.
      (e) No, no hay ningún estudiante japonés en la clase. / No, no hay ninguno.
      (f) No, no conozco a nadie (en la universidad).
      (g) No, ninguno es mecánico. / Ningún amigo mío es mecánico.
      (h) No, no vale nada.
      (i) No, no hay nadie (aquí).
      (j) No, no tengo nada que hacer.
(135) (a) toda (b) distintas (c) mismo (d) mucho (e) demasiadas
      (f) cualquiera (g) demasiado (h) bastantes (i) propio (j) Todo
(136) (a) La enferma está mucho peor que ayer.
      (b) Mariano no es el mismo de antes.
      (c) Hoy he trabajado muchas horas.
      (d) Cada uno con lo suyo.
      (e) Mi madre nos quiere a todos por igual.

(f)   Cualquier persona tiene derechos.

(g)   En algunos colegios la matrícula es gratis.

(h)   Tenemos poco tiempo para hacer la comida.

(i)   Marcelo es un hombre con mucha paciencia.

(j)   Algunas alumnas copiaron el examen.

(137)   (a) N   (b) A   (c) P   (d) P   (e) N   (f) N   (g) A   (h) P   (i) P   (j) N

(138)   (a)   **Cualquier** película de Julio Medem es buena.

(b)   Quiero **otra** cerveza, por favor.

(c)   Esta chaqueta es **demasiado** cara.

(d)   **No** tengo ninguna posibilidad de aprobar.

(e)   No hay **mucha** gente en la playa.

(f)   Tienen **tanto** tiempo que no saben qué hacer.

(g)   María vive en **algún** lugar de África.

(h)   El detective no tiene **ninguna** pista.

(i)   He leído **varios** temas interesantes esta semana.

(j)   Le dieron **una** paliza tremenda.

(139)   (a) ninguna   (b) tal . . . tal   (c) Ninguno . . . mismo

(d) mucho . . . poco   (e) propios   (f) ningún   (g) Cada

(h) Nadie . . . nada   (i) bastante   (j) cualquier

20   [536–45]

(140)   (a)   Se trabaja mucho en la fábrica.

(b)   Se juega poco al baloncesto.

(c)   Se vende cerveza fría.

(d)   Se comentan las noticias del día.

(e)   Se operó al paciente sin dificultad.

(f)   Se presentó una queja en la junta de vecinos.

(g)   Se arrestó al ladrón.

(h)   Se cambia dinero.

(i)   Se lava la ropa.

(j)   No se puede pasar por el puente.

(141)   (a)   Se pedía información sobre el coche.

(b)   No se aplaudió a la cantante con entusiasmo.

(c)   Se habla demasiado en las bibliotecas.

(d)   No se debe beber antes de conducir.

(e)   Se denunció al culpable.

(f)   Se ha estropeado el televisor.

(g)   Se recogen los premios con alegría.

(h)   Se apagó el fuego rápidamente.

(i)   No se hizo la manifestación el domingo.

(j)   Se come muy mal en este restaurante.

(142)   (a) Dicen   (b) Vivimos   (c) llaman   (d) te das cuenta   (e) vemos
        (f) sienten   (g) piensas   (h) Sabemos   (i) golpean   (j) Condenaron
(143)   (a) uno/a   (b) Uno/a   (c) una   (d) Uno/a   (e) —   (f) uno/a
        (g) Una   (h) uno/a   (i) uno/a   (j) —
(144)   (a) Somos   (b) El personal   (c) te   (d) Dicen   (e) No se
        (f) El personal   (g) llamaron   (h) Se   (i) Vemos   (j) Se
(145)   *Periodista*:   ¿Cómo es la vida en este país?
        Héctor: Pues, vas por la calle, y te das cuenta de que te miran de
                    forma rara porque saben que eres extranjero.
        Periodista: ¿Qué es lo que piensan?
        Héctor: Creen que estás aquí por gusto. No saben que estás aquí
                    para trabajar y ganar un sueldo digno para poder alimentar
                    a tu familia.
        Periodista: ¿Es difícil esta situación?
        Héctor: Hombre, no es tu culpa si tienes que pedir limosna por la
                    calle porque nadie te va a dar trabajo sin papeles.
        Periodista: ¿Qué es lo que pasa entonces?
        Héctor: Que te vas a hablar con la policía y sólo te dicen que no
                    puedes trabajar sin los papeles en regla.
        Periodista: ¿Y no hay otras opciones?
        Héctor: No, no te dan ninguna opción, salvo estar en la calle. Y
                    luego te persiguen, te dan una charla y te amenazan.
        Periodista: ¿Cómo se puede solucionar esto?
        Héctor: El problema no es que tú no quieras trabajar como la gente
                    piensa; el problema es que no puedes trabajar. Vienes aquí
                    con tus esperanzas y terminas con la única ilusión de volver
                    a tu propio país.

21   [546–69]

(146)   (a) fácilmente   (b) rápidamente   (c) claramente   (d) lentamente
        (e) felizmente   (f) correctamente   (g) constantemente
        (h) tranquilamente   (i) exclusivamente   (j) dulcemente
(147)   (a)   Isidro habla **clara** y correctamente.
        (b)   Salió **deprisa** del trabajo.
        (c)   Esta película está **muy bien**.
        (d)   No sé **cómo** puedes escuchar esa música.
        (e)   Sonia está **locamente** enamorada de su marido.
        (f)   Esos coches no **están** mal.
        (g)   Mi padre me regaña **constantemente** porque llego tarde.
        (h)   ¿Cómo estás? **Así así**.

(i)   Mi hijo se encuentra muy **mal**.

(j)   Estamos instalados **cómodamente** en la nueva casa.

(148) (a)   El jardín está **mal** cuidado desde que te fuiste.

(b)   Si no vienes **pronto**, me voy.

(c)   ¡**Cómo** te has puesto! ¡Límpiate la cara!

(d)   Estoy **bien** dispuesto a hacer lo que me mandes.

(e)   Te llamaré **según** los problemas que encuentre.

(f)   El tendero se disculpó, **cómo no**, por su actitud.

(g)   Si te comportas **así** vas a tener muchos problemas.

(h)   Mi madre me habló **despacio** porque estaba cansada.

(149) (a)   La madre de Juana está bien.

(b)   La casa está muy limpia.

(c)   No sé cómo miras tanto a mi hermana.

(d)   ¿Por qué me hablas así?

(e)   El caballo de carreras está mal.

(f)   Tina está moral y políticamente equivocada.

(g)   ¿Cómo sucedió el accidente?

(h)   No cantes tan alto.

(i)   Un coche así debe ser muy rápido.

(j)   Trabaja constante y enérgicamente.

22   [570–96]

(150) (a) mucho   (b) mucho   (c) muy   (d) muy   (e) muy   (f) mucho
(g) muy   (h) mucho   (i) mucho   (j) muy

(151) (a) muy   (b) muchos   (c) muy   (d) mucha   (e) mucho   (f) muy
(g) mucho, muy   (h) mucha   (i) muy   (j) muy

(152) Cuánto, Apenas, bastante, también, muy, Cuánto, mucho, sólo, más, tan, casi, poco, menos, nada, algo, tanto, Demasiado, mal

(153) (a)   Hace mucho calor.

(b)   Está, no del todo, calvo.

(c)   Viene, más o menos, todos los días a casa.

(d)   Duermo solamente por las tardes.

(e)   Escasamente contestó a las preguntas.

23   [597–610]

(154) (a) 4   (b) 5   (c) 1   (d) 2   (e) 3

(155) (a) todavía   (b) jamás   (c) recién   (d) Ahora   (e) Primero   (f) luego
(g) Ya   (h) después   (i) Antes   (j) siempre

(156) (a) En este momento   (b) después   (c) rápidamente   (d) Nunca
(e) todavía

(157) (a) Siempre (b) ya (c) todavía (d) ya (e) todavía (f) siempre
(g) Ya (h) todavía (i) Siempre (j) Todavía
(158) (a) siempre (b) Todavía (c) temprano (d) Nunca (e) luego (f) aún
(g) Ahora (h) Ya (i) Ayer (j) cuando

24 [611–20]

(159) (a) 3 (b) 5 (c) 1 (d) 4 (e) 2
(160) (a) allí (b) Aquí (c) Allá (d) aquí (e) ahí (f) Allí (g) Aquí
(h) Allá (i) Allí (j) ahí
(161) (a) más allá   (f) a gran distancia
(b) en la parte interior   (g) En la parte posterior
(c) en un lugar próximo al   (h) en otro lugar
(d) En la parte superior   (i) en la parte inferior
(e) a la parte exterior   (j) que rodea

25 [621–31]

(162) (a) también (b) también (c) tampoco (d) también (e) tampoco
(f) también (g) tampoco (h) también (i) tampoco (j) tampoco
(163) (a) No (b) no (c) tampoco (d) No (e) sí (f) Sí (g) también
(h) No (i) tampoco (j) Ya
(164) Bueno, No, tampoco, quizá(s), Tal vez, acaso, también,
sí, Ya.

26 [632–3]

(165) **A menudo**, me gusta salir al campo para ver pájaros. Estar en un lugar
solitario, me hace sentir **a gusto** conmigo mismo.
  Me levanto muy temprano para llegar **a tiempo** de verlos volar por
todas partes. Son unas criaturas magníficas.
  El otro día, **de repente**, aparecieron dos águilas. ¡Fue extraordinario!
Volaban en círculo alrededor mío y **a veces** se aproximaban para verme
mejor (bueno, eso creía yo). Pero, **en seguida**, me di cuenta que no me
miraban a mí. El objeto de su deseo era un pequeño cordero que corría **de
arriba abajo** por el monte. Tengo que confesar que pasé un poco de
miedo. Intenté esconderme detrás de unas rocas y **por poco** me caigo.
Pero, ya ha pasado el susto y **de ninguna manera** voy a renunciar al
placer de salir, aunque tendré más cuidado. **Por cierto**, el cordero logró
escapar. ¡Qué bien!

27 [638–57]

(166) *Dr. Garrido*:   ¿Le siguen los dolores cada vez que anda?

Sr. Carricajo: Sí, **cada día más / cada vez más** fuertes; apenas puedo andar.

Dr. Garrido: Claro, ya le dije que le iba a doler **cada día más / más y más / cada vez más**.

Sr. Carricajo: Pero, camino **cada día menos / cada vez menos**. ¿Qué puedo hacer?

Dr. Garrido: Se está haciendo **cada día más / más y más / cada vez más** perezoso. Esto de hacer **cada día menos / cada vez menos** ejercicio es malísimo para su recuperación.

Sr. Carricajo: Lo intento, de verdad. Pero me duele mucho.

Dr. Garrido: ¡Ya lo sé! Pero si hace un esfuerzo sus músculos se irán fortaleciendo y le dolerá **menos y menos** cada día.

(167) (a) Pedro estudia menos horas que Paco.
(b) Mi jardín es tan grande como el de Susana.
(c) La gramática china es más difícil que la gramática inglesa.
(d) Ahora como menos verdura que antes.
(e) El cha-cha-cha es más alegre que el tango.
(f) El avión es más rápido que el tren.
(g) Las fotos de Londres son tan buenas como las de Barcelona.
(h) La autopista nueva es más segura que la carretera vieja.
(i) Tu abuelo es más imprudente que mi abuela.
(j) Mi amiga pesa menos kilos que yo.

(168) (a) tan, como   (b) tantos, como   (c) tantas, como   (d) tan, como
(e) tanto, como   (f) tan, como   (g) tanta, como   (h) tanto, como
(i) tan, como   (j) tantos, como

(169) (a) Mi prima es tan alta **como** yo.
(b) Fueron más **de** cuatrocientas personas al concierto.
(c) Hoy hace menos calor **que** ayer.
(d) Esta película es **tan** buena como la otra.
(e) Mi novio no es **tan** listo **como** se cree.
(f) Le gusta **tanto** la natación como el esquí.
(g) Esta calle es **tan** tranquila **como** la otra.
(h) **Cuanto** más viejo, **más** sabio.
(i) Carmen es igual **de** baja que Julio.
(j) No tiene **tanto** dinero **como** pensaba.

(170) (a) más de   (b) más que   (c) más de   (d) más de   (e) más que
(f) Más de   (g) más que   (h) más de   (i) más que   (j) más de

(171) (a) Mi madre es más simpática que tu madre.
Tu madre es menos simpática que mi madre.
Tu hermana es tan simpática como mi madre.

(b) La blusa verde es más bonita que la azul.
La azul es menos bonita que la verde.
La roja es tan bonita como la verde.

(c) La secretaria es más eficaz que el contable.
El contable es menos eficaz que la secretaria.
La telefonista es tan eficaz como la secretaria.

(d) El sillón es más cómodo que la silla.
La silla es menos cómoda que el sillón.
El sofá es tan cómodo como el sillón.

(e) El tigre es más fuerte que el ciervo.
El ciervo es menos fuerte que el tigre.
El león es tan fuerte como el tigre.

(f) El juguete de madera es más divertido que el de cartón.
El de cartón es menos divertido que el de madera.
El de plástico es tan divertido como el de madera.

(g) Tus ideas son más raras que mis ideas.
Mis ideas son menos raras que tus ideas.
Sus ideas son tan raras como tus ideas.

(h) El reloj de pulsera es más preciso que el reloj de pared.
El reloj de pared es menos preciso que el reloj de pulsera.
El despertador es tan preciso como el reloj de pulsera.

(i) El restaurante es más moderno que la farmacia.
La farmacia es menos moderna que el restaurante.
El supermercado es tan moderno como el restaurante.

(j) El vino tinto es más barato que el blanco.
El blanco es menos barato que el tinto.
El rosado es tan barato como el tinto.

28 [658–794]

(172) (1) entre
(2) al lado
(3) al lado
(4) debajo
(5) sobre/encima de
(6) delante
(7) detrás
(8) sobre/encima de
(9) en
(10) dentro de
(11) encima de
(12) entre

(173) (a) a, a (b) — (c) a (d) A (e) a (f) — (g) a (h) —, a
(i) a, a (j) a, a

(174)   (a) bajo   (b) ante   (c) tras   (d) contra   (e) contra   (f) ante   (g) tras
        (h) Ante   (i) bajo   (j) ante

(175)   (a) en cinco minutos   (b) de lana   (c) en el hospital   (d) en otro
        (e) de ocho   (f) de telefonista   (g) en Sevilla   (h) en casa
        (i) de la calle   (j) de pie

(176)   (a) en   (b) a   (c) de   (d) en   (e) a, de   (f) en   (g) de, a   (h) en, en
        (i) a   (j) de

(177)   (a)   Hoy estamos a cinco grados bajo cero.
        (b)   Mañana trabajaré en el turno de noche.
        (c)   Iré de vacaciones a Italia.
        (d)   ¿Hay algún bar por aquí?
        (e)   El tren está a punto de salir.
        (f)   Las películas de acción son divertidas.
        (g)   Coloca los vasos sobre la mesa de la cocina.
        (h)   Vivo en París desde agosto.
        (i)   Tiró el plato contra la pared.
        (j)   Está muy joven para su edad.

(178)   (a)   Me gusta la tortilla **con** más cebolla.
        (b)   Le envié las noticias **por** correo electrónico.
        (c)   Las zapatillas están **bajo** la cama.
        (d)   Mariano está rojo **de** ira por tu culpa.
        (e)   Me voy **a** la playa mañana.
        (f)   La cigüeña vuela **sobre** el campanario.
        (g)   Me he gastado **hasta** el último euro en ti.
        (h)   El bar está **entre** la farmacia y el banco.
        (i)   No he visto a mis padres **desde** el verano pasado.
        (j)   El técnico está aquí **para** arreglar el vídeo.

(179)   (a) por   (b) para   (c) Para   (d) por   (e) para   (f) por   (g) por
        (h) para   (i) por   (j) para

(180)   (a) sin   (b) Según   (c) sin   (d) Sin   (e) sin   (f) Según   (g) Según
        (h) sin   (i) sin   (j) según

(181)   (a)   Madrid está **en** España.
        (b)   Escribo los ejercicios **a** mano / **a** máquina.
        (c)   Mis padres viven **en** ....
        (d)   El café me gusta **con** leche.
        (e)   La clase de español empieza **a** las 9 en punto.
        (f)   La silla es **de** madera.
        (g)   Este río pasa **por** el centro del pueblo.
        (h)   La película terminó **a** las 11 **de** la noche.
        (i)   Cortó el árbol **con** una sierra.
        (j)   Sí. Es una casa **de** un millón de euros.

(182) (a) con   (b) sobre   (c) entre   (d) con   (e) Entre   (f) Con   (g) sobre
       (h) con   (i) sobre   (j) Entre
(183) (a) desde el mes de abril   (f) por la antigua casa
       (b) con mucho respeto   (g) de mármol
       (c) para vivir bien   (h) a pie al trabajo
       (d) entre el camión y la señal   (i) en media hora
       (e) de mal humor   (j) sobre la delincuencia juvenil
(184) (1) a   (12) debajo de   (23) frente a
       (2) acerca de   (13) delante de   (24) hacia
       (3) al   (14) dentro de   (25) hasta
       (4) al lado de   (15) desde   (26) para
       (5) alrededor de   (16) Después de   (27) por
       (6) ante   (17) detrás de   (28) según
       (7) a través de   (18) en   (29) sin
       (8) bajo   (19) encima de   (30) sobre
       (9) con   (20) en contra de   (31) tras
      (10) contra   (21) enfrente de
      (11) de   (22) entre
(185) (1) Antes de   (2) acerca del   (3) Delante de   (4) alrededor del
       (5) dentro de   (6) junto al   (7) Detrás del   (8) en contra de
       (9) debajo del   (10) Después de   (11) enfrente de
(186) (a) hacia   (b) hasta   (c) desde   (d) hacia   (e) Desde, hasta   (f) hasta
       (g) desde, hasta   (h) hacia   (i) Desde   (j) desde, hasta
(187) (a) de   (b) en   (c) por   (d) a   (e) sobre   (f) de   (g) bajo
       (h) Según, a   (i) hasta   (j) entre
(188) (a) en contra de   (b) delante de   (c) debajo de   (d) Antes de
       (e) alrededor de   (f) detrás de   (g) Después de   (h) dentro de
       (i) acerca de   (j) a través de
(189) (a) con   (b) del   (c) entre   (d) del   (e) hacia   (f) contra   (g) Hasta
       (h) de   (i) Salvo   (j) por
(190) (a) de   (b) por   (c) para   (d) desde, hasta   (e) en   (f) a   (g) bajo
       (h) con   (i) tras   (j) entre
(191) (a) por   (b) para   (c) para   (d) por   (e) por   (f) por   (g) para
       (h) por   (i) Para   (j) para
(192) (1) A raíz de   (2) en torno a   (3) en función de   (4) a lo largo del
       (5) a nivel de   (6) en el marco del   (7) en el transcurso del
       (8) a través de   (9) en calidad de   (10) en razón de

29 [795–822]

(193) (a) hacer   (b) dar   (c) llegar   (d) compartir   (e) estudiar   (f) lavar
       (g) escuchar   (h) volar   (i) estar   (j) llamar

(194)   (a)   famoso
        (b)   papeles dramáticos
        (c)   arte dramático
        (d)   festivales de teatro
        (e)   un actor profesional
        (f)   la deuda
        (g)   audiciones
        (h)   compañías independientes
        (i)   cierto éxito
        (j)   profesor
(195)   (1) VII   (2) XII   (3) XVIII   (4) XX   (5) XIV   (6) VIII   (7) I
        (8) II   (9) X   (10) XV   (11) XIII   (12) VI   (13) III   (14) V
        (15) XIX   (16) XI   (17) IX   (18) IV   (19) XVII   (20) XVI
(196)   (a) aprender   (b) interpretar   (c) pagar   (d) salir   (e) entrar
        (f) cantar   (g) aprovechar   (h) tocar
(197)   (a) acusa de   (b) culpa de   (c) consuele de   (d) dispenso de
        (e) disuaden de
(198)   (a) comer   (b) fumar   (c) localizar   (d) pintar   (e) comprar   (f) dar
        (g) ver   (h) decir   (i) preparar   (j) sacar
(199)   (a)   nos divertíamos en parecer
        (b)   te deleitabas en causar
        (c)   se ocupe en arreglar
        (d)   me esmero en preparar
        (e)   se recrea en asustar
(200)   (a) con   (b) por   (c) con   (d) por   (e) para   (f) para   (g) por
        (h) con   (i) por   (j) por
(201)   (a)   Llevo viviendo
        (b)   sigues queriendo
        (c)   llevaban esperando
        (d)   Sigo pensando
        (e)   continuar actuando
(202)   (a) continué   (b) Llevo   (c) continuaré   (d) sigue   (e) lleva
(203)   (a)   hicieran bien en mandarme
        (b)   ha tardado en llegar
        (c)   perseveró en terminar
        (d)   insistimos en tener
        (e)   dudaba en poner
        (f)   vacilaron en arreglarme
        (g)   insistió en no comer
        (h)   quedaron en escuchar
        (i)   condescendió en posar
        (j)   consintió en aplazar

(204) (1) aburrirme de   (9) se espantara de

       (2) me asombré de   (10) reírnos del

       (3) me enamoré de   (11) se beneficia de/se ha beneficido de

       (4) se escandalizaron de   (12) aprovecharme de

       (5) se extrañaron de   (13) se ríe de

       (6) se preocupaba de   (14) se maravillan de

       (7) me jactaba de   (15) nos admiramos de

       (8) me vanagloriaba de

30 [823–56]

(205) (a) sino (b) pero (c) pero (d) sino (e) pero (f) sino (g) pero
      (h) sino (i) pero (j) sino

(206) (a) e (b) y (c) pero (d) o (e) pero (f) sino (g) y (h) sino
      (i) e (j) ni

(207) (a) y (b) o, o (c) porque (d) ni (e) sino (f) que (g) e
      (h) pero (i) sino que (j) si

(208) (a) No, no han llegado ni Clemente ni Arturo.

      (b) No, no desayuna ni fruta ni cereales por la mañana.

      (c) No, no he estudiado ni la (lección) una ni la dos.

      (d) No, no iré ni a Méjico ni a Venezuela este verano.

      (e) No, no preparo la ensalada ni con tomate ni con cebolla.

      (f) No, hoy ni llueve ni hace frío.

      (g) No, este ordenador no tiene ni internet ni DVD.

      (h) No, no me robaron ni el televisor ni el equipo de música.

      (i) No, no le compraron ni tarta ni helado en su cumpleaños.

      (j) No, ni te escribiré ni te llamaré por teléfono.

(209) (a) Es necesario añadir más sal y pimienta a las lentejas.

      (b) Voy a comer porque tengo hambre.

      (c) Estaba tan harta que me fui de la fiesta.

      (d) ¿No tienes frío sin abrigo y sin jersey?

      (e) Nos gusta leer, pero no tenemos muchos libros.

      (f) Si vas al mercado, compra huevos.

      (g) No quiero que trabajes, sino que descanses.

      (h) Esta herida está roja e inflamada.

      (i) Practico todos los días, mas no puedo bailar.

      (j) Tengo un coche, aunque es pequeño.

(210) (a) I don't like either seafood or fish.

      (b) Luis is serious, but friendly.

      (c) Raquel and Ignacio are not just brother and sister, but friends.

      (d) I have to give a talk/make a speech, but I don't know what to say.

      (e) He's neither timid nor stupid, just careful.

(211)　(a) 9　(b) 5　(c) 8　(d) 10　(e) 2　(f) 7　(g) 1　(h) 4　(i) 6　(j) 3

(212)　(a) y　(b) e　(c) e　(d) e　(e) y　(f) e　(g) e　(h) *y*, y　(i) y　(j) e

(213)　(1) (j)　(2) (h)　(3) (d/f)　(4) (d/f)　(5) (a)　(6) (c)　(7) (i)　(8) (b)
　　　(9) (e)　(10) (g)

(214)　(a) Por qué　(b) porque　(c) porqué　(d) porque　(e) porque
　　　(f) Por qué　(g) por qué　(h) Por qué, Porque　(i) por qué　(j) porqué

(215)　(a) porque, e　(b) conque　(c) pero　(d) o　(e) Si　(f) que　(g) sino
　　　(h) pero　(i) u　(j) Ni, ni

(216)　(a)　Dice que pares.　　　　　　(f)　Porque quiere.
　　　(b)　Ni una palabra.　　　　　　(g)　Roberto e Isabel.
　　　(c)　Que no, que no quiero.　　(h)　Para que cocines.
　　　(d)　¡Ni lo sueñes!　　　　　　　(i)　Ni frío, ni calor.
　　　(e)　Mientras dormía.　　　　　　(j)　Dos hijos y una hija.

(217)　(a)　En el zoo hay leones, jirafas **e** hipopótamos.
　　　(b)　Me ha mentido, mas no me importa.
　　　(c)　**Si** me llamas esta tarde, podemos ir de compras.
　　　(d)　En este restaurante no se puede **ni** fumar **ni** beber alcohol.
　　　(e)　No irá a Brasil este invierno, **sino** que se quedará en Gales.
　　　(f)　¿Qué prefieres con el tomate: perejil **u** orégano?
　　　(g)　Quiero estudiar español **porque** quiero ser profesor.
　　　(h)　Dile a tu madre por qué no has ido al colegio.
　　　(i)　Paco es tan inútil **que** nadie quiere trabajar con él.
　　　(j)　La cena cuesta 100 **ó** 150 euros.

31　[857–60]

(218)　(a)　Ellos/Ellas/Ustedes estud**ian**
　　　(b)　Yo estud**io**
　　　(c)　Nosotros/as estudi**amos**
　　　(d)　Él/Ella/Usted estud**ia**
　　　(e)　Tú estud**ias**
　　　(f)　Vosotros/as estudi**áis**

　　　(a)　Él/Ella/Usted le**e**
　　　(b)　Ellos/Ellas/Ustedes le**en**
　　　(c)　Vosotros/as le**éis**
　　　(d)　Nosotros/as le**emos**
　　　(e)　Yo le**o**
　　　(f)　Tú le**es**

　　　(a)　Vosotros/as escrib**ís**
　　　(b)　Él/Ella/Usted escrib**e**
　　　(c)　Nosotros/as escrib**imos**
　　　(d)　Tú escrib**es**

(e) Ellos/Ellas/Ustedes escrib**en**
(f) Yo escrib**o**

(219) (a) escriben (b) estudio (c) escribe (d) lee (e) estudiáis (f) lees
(220) (a) Ellas miran los cuadros de los museos.
(b) Nosotros nadamos mejor en las playas que en las piscinas.
(c) Los profesores explican los ejercicios.
(d) Los aviones llegan con retraso.
(e) Ustedes cantan muy bien.
(f) Vendemos las casas y los coches a nuestros amigos.
(g) Los perros guardan las casas.
(h) Ellos discuten con los vecinos.
(i) Los jefes ganan mucho dinero.
(j) Los niños lloran siempre.
(221) (a) Sí, (yo) como mucho chocolate.
(b) Sí, (nosotrosos/as) vivimos en una ciudad grande.
(c) Sí, ella baila flamenco.
(d) Sí, (ellos/as/ustedes) estudian español.
(e) Sí, (yo) canto canciones populares.
(f) Sí, (nosotros/as) escribimos muchas cartas.
(g) Sí, (yo) bebo vino.
(h) Sí, él prepara la ensalada.
(i) Sí, (yo) hablo por teléfono con Sara.
(j) Sí, (yo) pronuncio bien las erres.
(222) (a) Usted copia la lección.
(b) El atleta corre el maratón.
(c) Tú miras la obra de arte.
(d) Ella viaja por todo el mundo.
(e) Yo comparto el despacho.
(f) La niña salta en el patio.
(g) Usted aplaude con entusiasmo.
(h) Tú comes con tu compañero.
(i) Mi amiga vive cerca de mi casa.
(j) La vendedora grita mucho.
(223) (a) Ustedes **abren** la tienda a la una.
(b) Amparo y José **fuman** mucho en casa.
(c) Mis hermanos **ven** demasiada televisión.
(d) El jardinero **corta** los árboles todas las primaveras.
(e) Mi madre **lava** la ropa cada semana.
(f) Yo no **comprendo** la gramática.
(g) ¿Qué **beben** tus invitados en la cena?
(h) Tú **vendes** la moto porque no te gusta.
(i) El perro **sube** al sofá.
(j) ¿Vosotros **vivís** en el centro de la ciudad?

(224)   (a)   canto,   Cantas,   canto,   Canto,   cantáis,   Cantamos,   cantan.

(b)   Comes,   como,   como,   comes,   Como,   comemos,   coméis,
Comemos,   comen,   come.

(c)   viven,   vive,   vive,   vive,   vive,   vivís,   vivimos,   vivo,
vives,   Vivo,   viven.

(225)   (a) toman   (b) cree   (c) hablamos   (d) escribo   (e) recibís

(f) respondo   (g) vende   (h) lloramos   (i) contestan   (j) mira

(226)   (1) vive   (2) trabaja   (3) se levanta   (4) desayunan   (5) comparten

(6) gusta   (7) trabajan   (8) come   (9) ahorra   (10) gana

(11) estudiar

(227)   (a)   ¿Dónde vive Teresa?

(b)   ¿Se levanta temprano o tarde?

(c)   ¿Teresa desayuna con sus padres?

(d)   ¿El hospital está cerca o lejos de su casa?

(e)   ¿Teresa y sus padres comparten el mismo coche?

(f)   ¿A Teresa le gusta su trabajo?

(g)   ¿Teresa come en casa?

(h)   ¿Por qué come en el hospital?

(i)   ¿Gana mucho dinero?

(j)   ¿Qué quiere hacer Teresa en el futuro?

(228)   (a) 7   (b) 4   (c) 9   (d) 2   (e) 8   (f) 1   (g) 10   (h) 3   (i) 5   (j) 6

(229)   compet(ir)   desped(ir)   med(ir)   reñ(ir)

conceb(ir)   eleg(ir)   ped(ir)   repet(ir)

correg(ir)   exped(ir)   persegu(ir) segu(ir)

consegu(ir)   gem(ir)   reg(ir)   serv(ir)

derret(ir)   imped(ir)   rend(ir)   vest(ir)

(230)   (a)   Los dentistas ganan mucho dinero.

(b)   Alicia espera aprobar el examen de conducir.

(c)   Los niños preguntan muchas cosas.

(d)   Vosotros coméis siempre en el mismo restaurante.

(e)   Yo aprendo a tocar la guitarra.

(f)   Usted trabaja en una compañía de seguros.

(g)   Vosotras esperáis las notas con ansiedad.

(h)   Mi amigo habla varios idiomas.

(i)   Tú escondes los juguetes de tu hermano.

(j)   Mis hijos y yo corremos por el parque todos los días.

32   [861–4]

(231)   (a)   Ellos/Ellas/Ustedes bail**aban** / bail**aron**

(b)   Yo bail**aba** / bailé

(c)   Nosotros/as bail**ábamos** / bail**amos**

(d)   Tú bail**abas** / bail**aste**

  (e) Vosotros/as bail**abais** / bail**asteis**
  (f) Él/Ella/Usted bail**aba** / bail**ó**

  (a) Él/Ella/Usted com**ía** / com**ió**
  (b) Ellos/Ellas/Ustedes com**ían** / com**ieron**
  (c) Vosotros/as com**íais** / com**isteis**
  (d) Nosotros/as com**íamos** / com**imos**
  (e) Yo com**ía** / com**í**
  (f) Tú com**ías** / com**iste**

  (a) Tú abr**ías** / abr**iste**
  (b) Ellos/Ellas/Ustedes abr**ían** / abr**ieron**
  (c) Vosotros/as abr**íais** / abr**isteis**
  (d) Nosotros/as abr**íamos** / abr**imos**
  (e) Yo abr**ía** / abr**í**
  (f) Él/Ella/Usted abr**ía** / abr**ió**

(232) (a) abría (b) abrieron (c) comían (d) comí (e) bailábamos
   (f) bailasteis

(233) (a) recibíamos (b) vivía (c) fumaban (d) abría (e) caminabas
   (f) compraban (g) gastaba (h) contestaba (i) respondíais (j) hablaban

(234) (a) recibimos (b) viví (c) fumaron (d) abrió (e) caminaste
   (f) compraron (g) gastó (h) contestó (i) repondisteis (j) hablaron

(235) (a) comía (b) ahorrabais (c) enseñaba (d) veían (e) ganábamos
   (f) trabajaba (g) celebraban (h) asistías (i) abría (j) contestaba

(236) (a) Ellos creían en tus palabras.
   (b) Nosotros no sabíamos que tú tenías un coche nuevo.
   (c) Alicia vendía periódicos en la puerta de su escuela.
   (d) Ellas tenían mucho miedo al profesor.
   (e) Antes, usted no sabía conducir.
   (f) Vosotras llamabais a mi casa con mucha frecuencia.
   (g) Ellos contaban unos chistes malísimos.
   (h) Cari tocaba muy bien el piano.
   (i) La casa tenía pocas ventanas.
   (j) Ustedes compraban con tarjeta de crédito.

(237) (a) salió (b) estudiaron (c) aprendí (d) vivisteis (e) esperaron
   (f) habló (g) saludó (h) asististeis (i) respondieron (j) tomó

(238) (a) Los conciertos terminaron temprano.
   (b) Ellos no podían ver bien desde sus asientos.
   (c) Ustedes no entendieron mis razonamientos.
   (d) Vosotros caminabais muy deprisa por el campo.
   (e) Ellas vivían rodeadas de comodidades.
   (f) Nosotros les preguntamos si podían venir con nosotros.
   (g) Las abogadas defendieron a mis amigos en los jucios.

(h) Vosotros necesitabais dinero, y nosotros os lo prestamos.

(i) Los policías estudiaron los lugares de los crímenes.

(j) Antes, nosotros fumábamos mucho.

(239) (a) No, no esperé a Marta.

(b) No, Raquel no vivía en León.

(c) No, no hablé con mi madre.

(d) No, no compramos muchos juguetes.

(e) No, ellos no tenían mucho dinero.

(f) No, no comimos bien en Bilbao.

(g) No, no trataba a la gente con respeto.

(h) No, no bebía vino con la comida.

(i) No, no fumé todos los cigarrillos.

(j) No, ellas no esperaban una propina.

(240) (a) cantaba, cantó

(b) trabajaba, trabajó

(c) tratábamos, tratamos

(d) necesitaban, necesitaron

(e) saludaba, saludó

(f) aprendías, aprendiste

(g) gastábamos, gastamos

(h) contestabas, contestaste

(i) hablaba, hablé

(j) corría, corrió

(241) pasó, estaba, me resbalé, me caí, Estabas, estaba, llevaron, Fuisteis, Estaba, Me desperté, reaccionó, Se asustó, se quedó, fue.

33 [865–8]

(242) (a) Ellos/Ellas/Ustedes estudiar**án** / estudiar**ían**

(b) Yo estudiar**é** / estudiar**ía**

(c) Nosotros/as estudiar**emos** / estudiar**íamos**

(d) Tú estudiar**ás** / estudiar**ías**

(e) Vosotros/as estudiar**éis** / estudiar**íais**

(f) Él/Ella/Usted estudiar**á** / estudiar**ía**

(a) Él/Ella/Usted leer**á** / leer**ía**

(b) Ellos/Ellas/Ustedes leer**án** / leer**ían**

(c) Vosotros/as leer**éis** / leer**íais**

(d) Nosotros/as leer**emos** / leer**íamos**

(e) Yo leer**é** / leer**ía**

(f) Tú leer**ás** / leer**ías**

(a) Vosotros/as vivir**éis** / vivir**íais**

(b) Tú vivir**ás** / vivir**ías**

(c) Nosotros/as vivir**emos** / vivir**íamos**
(d) Ellos/Ellas/Ustedes vivir**án** / vivir**ían**
(e) Él/Ella/Usted vivir**á** / vivir**ía**
(f) Yo vivir**é** / vivir**ía**

(243) (a) vivirá (b) viviría (c) leeré (d) Leería (e) estudiarán
(f) estudiarían

(244) (a) Compraré un vestido para la fiesta.
(b) Ellos hablarán con el director del colegio.
(c) Mi hermano estudiará arquitectura.
(d) El portero abrirá la calefacción porque hará frío.
(e) Terminarás tus ejercicios muy pronto.
(f) Vosotras compraréis en las rebajas de enero.
(g) ¿Dónde veranearán tus padres?
(h) Mi jefe me invitará a su fiesta de cumpleaños.
(i) Los peatones circularán por las aceras.
(j) Usted esperará el correo de la tarde.

(245) cabr har querr satisfar dir podr sabr tendr habr pondr
saldr valdr vendr

(246) (a) miraría (b) hablaría (c) comería (d) jugaría (e) regresaría
(f) comprarías (g) llegaríais (h) terminaría (i) leería (j) trabajaría

(247) (a) Gastaré (b) encontrarás (c) limpiará (d) costaría (e) esperarían
(f) Cantaréis (g) pasarán (h) deberían (i) bailará (j) Serían

(248) (a) Te enviaré el paquete de chorizos mañana.
(b) El mes que viene nosotros seremos ricos.
(c) Ustedes terminarán el trabajo a las ocho de la noche.
(d) ¿Te gustaría salir conmigo el próximo fin de semana?
(e) Yo viviría bien en cualquier sitio.
(f) Mi hermana debería adelgazar 50 kilos.
(g) Esta tarde el instructor os enseñará a nadar.
(h) No ganaré tanto dinero como antes.
(i) Deberíais saber cocinar como vuestra madre.
(j) Vosotros lavaréis el coche y nosotros plancharemos la ropa.

(249) (a) Os enviaremos los paquetes de chorizos mañana.
(b) El mes que viene seré rico.
(c) Usted terminará el trabajo a las ocho de la noche.
(d) ¿Os gustaría salir con nosotros el próximo fin de semana?
(e) Nosotros viviríamos bien en cualquier sitio.
(f) Mis hermanas deberían adelgazar 50 kilos.
(g) Esta tarde los instructores te enseñarán a nadar.
(h) No ganaremos tanto dinero como antes.
(i) Deberías saber cocinar como tu madre.
(j) Tú lavarás el coche y yo plancharé la ropa.

(250)   (1) será   (2) Vestirá   (3) viajará   (4) estudiarán   (5) limpiará
        (6) compraremos   (7) beberemos   (8) cruzarán   (9) caminarán
        (10) necesitaremos

(251)

	AR	ER	IR
present	hablo	como	vivo
perfect	he hablado	he comido	he vivido
imperfect	hablaba	comía	vivía
preterite	hablé	comí	viví
pluperfect	había hablado	había comido	había vivido
future	hablaré	comeré	viviré
future perfect	habré hablado	habré comido	habré vivido
conditional	hablaría	comería	viviría
conditional perfect	habría hablado	habría comido	habría vivido

34   [869–70]

(252)   (a)   Ellos/Ellas/Ustedes pregunten
        (b)   Yo pregunte
        (c)   Nosotros/as preguntemos
        (d)   Él/Ella/Usted pregunte
        (e)   Vosotro/as preguntéis
        (f)   Tú preguntes

        (a)   Ellos/Ellas/Ustedes teman
        (b)   Vosotros/as temáis
        (c)   Nosotros/as temamos
        (d)   Tú temas
        (e)   Él/Ella/Usted tema
        (f)   Yo tema

        (a)   Yo abra
        (b)   Él/Ella/Usted abra
        (c)   Nosotros/as abramos
        (d)   Vosotros/as abráis
        (e)   Tú abras
        (f)   Ellos/Ellas/Ustedes abran

(253)   (a) abra   (b) temas   (c) abra   (d) pregunte   (e) teman   (f) pregunte

(254) (a) bailen (b) ayude (c) coma (d) compren (e) hables (f) abras
(g) trabajéis (h) vivan (i) comprendamos (j) cante

(255) (a) Es necesario que tu hermana baile en la función.
(b) No creemos que ellas ayuden mucho a sus madres.
(c) A ellos no les gusta que sus hijos coman con la boca abierta.
(d) Es preciso que él compre estas casas.
(e) Los profesores no quieren que vosotros habléis en las clases.
(f) ¡No abráis las ventanas, que hace frío!
(g) No nos gusta que tú trabajes tanto.
(h) No deseo que usted viva cerca de mí.
(i) Es importante que yo comprenda que la situación es difícil.
(j) ¿Queréis que nosotros cantemos el día de vuestra boda?

(256) (a) compre (b) bebas (c) trabajen (d) discutan (e) viva
(f) regale (g) escuchen (h) limpiéis (i) corra (j) abra

(257) (a) No creo que me case la próxima semana.
(b) No creo que les duela el estómago.
(c) No creo que viajemos a Holanda este verano.
(d) No creo que gaste mucho dinero en ropa y perfume.
(e) No creo que contestes al teléfono deprisa.
(f) No creo que vosotros habléis siempre mal de los demás.
(g) No creo que Ana salude a todo el mundo.
(h) No creo que siempre responda a mis preguntas.
(i) No creo que Pedro espere impaciente tu carta.
(j) No creo que regalemos flores todos los meses.

(258) (a) Te suplico que no **gastes** tanto dinero.
(b) Quiero que ustedes me **esperen** en el hospital.
(c) Sus padres no quieren que ella **entre** en casa.
(d) El profesor nos recomienda que estudiemos.
(e) El jefe no quiere que Emilia **trabaje** con él.
(f) Es hora de que **arreglemos** las cosas entre tú y yo.
(g) No creo que **necesites** más dinero para vivir.
(h) No me **mire** usted así, que no me **gusta**.
(i) Hay personas que no se **conforman** nunca.
(j) Es necesario que vosotros **terminéis** el viaje.

35 [871–4]

(259) (a) Él/Ella/Usted enseñ**ara** / **ase**
(b) Ellos/Ellas/Ustedes enseñ**aran** / **asen**
(c) Vosotros/as enseñ**arais** /**aseis**
(d) Nosotros/as enseñ**áramos** / **ásemos**
(e) Yo enseñ**ara** / **ase**
(f) Tú enseñ**aras** / **ases**

(a)   Ellos/Ellas/Ustedes cos**ieran** / **iesen**
(b)   Yo cos**iera** / **iese**
(c)   Nosotros/as cos**iéramos** / **iésemos**
(d)   Tú cos**ieras** / **ieses**
(e)   Vosotros/as cos**ierais** / **ieseis**
(f)   Él/Ella/Usted cos**iera** / **iese**

(a)   Él/Ella/Usted sal**iera** / **iese**
(b)   Ellos/Ellas/Ustedes sal**ieran** / **iesen**
(c)   Vosotros/as sal**ierais** / **ieseis**
(d)   Nosotros/as sal**iéramos** / **iésemos**
(e)   Yo sal**iera** / **iese**
(f)   Tú sal**ieras** / **ieses**

(260)   (a) cosieras/cosieses   (b) saliera/saliese   (c) enseñarais/enseñaseis
        (d) salieran/saliesen   (e) cosiera/cosiese   (f) enseñara/enseñase
(261)   (a)   Si tomara/ase la medicina, estaría mejor.
        (b)   Si les tocara/ase la lotería, estarían muy contentos.
        (c)   Si tratáramos/ásemos con más cuidado el coche, duraría más.
        (d)   Si trabajara/ase más horas, ganaría más dinero.
        (e)   Si tomarais/aseis el autobús a las tres, llegaríais pronto.
        (f)   Si anularas/ases la cita, estarías muy decepcionada.
        (g)   Si le gustara/ase estudiar, aprobaría sin problemas.
        (h)   Si saliera/iese pronto del trabajo, iría a buscarte.
        (i)   Si jugaran/asen con más frecuencia, ganarían todos los partidos.
        (j)   Si habláramos/ásemos español, viajaríamos por Suramérica.
(262)   (a)   Él me aconsejó que no me **casara/casase** con su hija.
        (b)   Si **bajaran/bajasen** los precios de las casas, nos las compraríamos.
        (c)   Ellos no creían que **termináramos/terminásemos** tan pronto.
        (d)   Me suplicaron que **saliera/saliese** inmediatamente.
        (e)   Temía que mis padres **empezaran/empezasen** a discutir otra vez.
        (f)   No esperaba que mi novio **cambiase/cambiara** de opinión.
        (g)   Le rogué al juez que me **escuchara/escuchase**.
        (h)   No esperábais que vuestros hijos **aprobasen/aprobaran** los exámenes.
        (i)   Me pidieron que me **quedara/quedase** en su casa.
        (j)   El jefe me aconsejó que no **hablara/hablase** con las secretarias.
(263)   (a)   Ellos nos aconsejaron que no nos casáramos/casásemos con sus hijas.
        (b)   Si bajara/bajase el precio de la casa, me la compraría.
        (c)   Él no creía que terminara/terminase tan pronto.
        (d)   Me suplicó que saliéramos/saliésemos inmediatamente.
        (e)   Temíamos que mi padre/madre empezara/empezase a discutir otra vez.
        (f)   No esperábamos que nuestros novios cambiasen/cambiaran de opinión.
        (g)   Les rogamos a los jueces que nos escucharan/escuchasen.
        (h)   No esperabas que tu hijo aprobara/aprobase el examen.

(i) Me pidió que nos quedáramos/quedásemos en sus casas.

(j) Los jefes nos aconsejaron que no habláramos/hablásemos con la
     secretaria.

(264) (a) abriera/iese (b) pagara/ase (c) participara/ase (d) cuidáramos/
       ásemos (e) callaran/asen (f) operara/ase (g) viera/iese
       (h) comprendiera/iese (i) cocinara/ase (j) llamaran/asen

36 [878–9]

(265) (a) contado (b) comido (c) aprendido (d) volado (e) suspendido
       (f) sufrido (g) aprobado (h) encendido (i) viajado (j) cerrado

(266) (a) Hoy por la mañana **habéis aprendido** mucho en la clase de español.
       (b) Hace una hora **he hablado** con mi jefe para pedirle la tarde libre.
       (c) Este mes el precio de la comida **ha subido** mucho.
       (d) Hoy por la tarde ellos **han visitado** al enfermo.
       (e) Este verano **hemos pasado** las tardes en la playa.
       (f) Este fin de semana **has gastado** todo el dinero en las rebajas.
       (g) Hace un rato usted **ha conducido** el mejor coche del mundo.
       (h) Hoy por la noche vosotras **habéis paseado** por el centro de la
            ciudad.
       (i) Este año ella **ha leído** todos los libros de Agatha Christie.
       (j) Hoy mi madre me **ha pegado** porque **he ensuciado** la casa.

(267) (a) Hoy por la mañana **has aprendido** mucho en las clases de español.
       (b) Hace una hora **hemos hablado** con nuestros jefes para pedirles las
            tardes libres.
       (c) Este mes los precios de la comida **han subido** mucho.
       (d) Hoy por la tarde él **ha visitado** a los enfermos.
       (e) Este verano **he pasado** la tarde en la playa.
       (f) Este fin de semana **habéis gastado** todo el dinero en las rebajas.
       (g) Hace un rato ustedes **han conducido** los mejores coches del
            mundo.
       (h) Hoy por la noche tú **has paseado** por el centro de la ciudad.
       (i) Este año ellas **han leído** todos los libros de Agatha Christie.
       (j) Hoy nuestras madres nos **han pegado** porque **hemos ensuciado** la
            casa.

(268) (a) Este año no he podido aprender flamenco.
       (b) ¿Ya habéis acabado los deberes?
       (c) Este verano las fiestas han terminado pronto.
       (d) Mi padre ha invertido mucho dinero en el negocio.
       (e) A ellos no les ha gustado el viaje.
       (f) Ustedes han suspendido el examen de conducir.
       (g) Hemos reñido a los niños porque son malos.
       (h) Ellos han mostrado mucho interés en ti.

(i)   ¿Aún no has reparado el coche?

(j)   La película ha asustado a mi novia.

(269) (a) habían conectado (b) había decidido (c) Había oscurecido

(d) había pasado (e) había querido (f) había terminado

(g) había estudiado (h) habían acostado (i) Habíais experimentado

(j) habías calculado

(270) (a) Cuando salí de casa, aún no había empezado a llover.

(b) Cuando llegó mi hermana, aún no había terminado de comer.

(c) Cuando subían al autobús, aún no habían dejado de discutir.

(d) Cuando llegamos al aeropuerto, aún no había despegado el avión.

(e) Cuando llamasteis, aún no había acabado de ducharme.

(f) Cuando regresé a casa, aún no había cenado mi marido.

(g) Cuando encendieron el televisor, aún no habían comenzado las noticias.

(h) Cuando mi perro murió, aún no había cumplido un año.

(i) Cuando vendimos la casa, aún no habíamos comprado otra.

(j) Cuando terminasteis de trabajar, aún no había oscurecido del todo.

37 [881–2]

(271)

	FUTURE PERFECT	CONDITIONAL PERFECT
(a)	habrá salido	habría salido
(b)	habremos mirado	habríamos mirado
(c)	habré jugado	habría jugado
(d)	habrán caminado	habrían caminado
(e)	habrán recibido	habrían recibido
(f)	habrá diseñado	habría diseñado
(g)	habréis discutido	habríais discutido
(h)	habrás enseñado	habrías enseñado
(i)	habrá capturado	habría capturado

(272) (a) **¿Habrán aprobado** ya la nueva ley?

(b) El ayuntamiento ya **habrá publicado** la lista electoral.

(c) Cuando regreses a casa, ya **habré hablado** con tu madre.

(d) Dentro de quince días, ya **habrá nacido** nuestro hijo.

(e) Creo que en el futuro ya **habrán descubierto** la vacuna contra el SIDA.

(f) Si conduces así, en poco tiempo te **habrás matado**.

(g) Para diciembre, ya **habréis terminado** de arreglar la casa.

(h) **¿Habrán llegado** ya las revistas que pedí?

(i) A las cinco ya **habremos solucionado** el problema.

(j) Para la semana que viene, ya **habrás acabado** tus exámenes.

(273) (a) Le habría ayudado con mucho gusto.
(b) Tú habrías reaccionado igual que yo con la película.
(c) Él te habría acompañado, pero tenía prisa.
(d) Vosotras no habríais ganado sin su ayuda.
(e) A mí me habría gustado ser cantante.
(f) Los camiones habrían corrido más con menos peso.
(g) El virus habría remitido con una vacuna adecuada.
(h) La niña habría engordado con una mejor alimentación.
(i) Nosotras habríamos aprendido más con otra profesora.
(j) El futbolista habría jugado mejor sin tanta presión.

(274) (a) 4 (b) 8 (c) 5 (d) 1 (e) 2 (f) 10 (g) 3 (h) 9 (i) 6 (j) 7

38 [883–5]

(275)

	PERFECT SUBJUNCTIVE	PLUPERFECT SUBJUNCTIVE
(a)	haya trabajado	hubiera/iese trabajado
(b)	hayamos vivido	hubiéramos/iésemos vivido
(c)	haya pintado	hubiera/iese pintado
(d)	hayan corregido	hubieran/iesen corregido
(e)	hayan tenido	hubieran/iesen tenido
(f)	haya acabado	hubiera/iese acabado
(g)	hayáis querido	hubierais/ieseis querido
(h)	hayas hablado	hubieras/ieses hablado
(i)	haya opinado	hubiera/iese opinado

(276) (a) haya terminado (b) hubieseis aguantado (c) haya llegado
(d) hubiera comido (e) hayan cumplido (f) hayan estudiado
(g) hubiese suspendido (h) hubiera renunciado (i) hayáis cerrado
(j) hubiesen anulado

(277) (a) haya traído (b) hayan comprado (c) haya venido
(d) haya contestado (e) hayáis cambiado (f) haya triunfado
(g) hayamos aprobado (h) hayas encontrado (i) hayáis hablado
(j) se haya explicado

(278) (a) se hubiera/hubiese levantado
(b) hubiera/hubiese pensado
(c) os hubierais/hubieseis empeñado
(d) hubiera/hubiese sabido
(e) hubieras/hubieses reñido
(f) hubiera/hubiese gustado
(g) hubieran/hubiesen querido

(h)   hubiera/hubiese podido
(i)   hubiéramos/hubiésemos nacido
(j)   hubiera/hubiese perdido

39 [887–97]

(279)

TÚ	USTED	VOSOTROS
(a) ¡corre!	¡corra!	¡corred!
(b) ¡responde!	¡responda!	¡responded!
(c) ¡toma!	¡tome!	¡tomad!
(d) ¡saluda!	¡salude!	¡saludad!
(e) ¡escurre!	¡escurra!	¡escurrid!
(f) ¡baja!	¡baje!	¡bajad!
(g) ¡abre!	¡abra!	¡abrid!
(h) ¡estudia!	¡estudie!	¡estudiad!
(i) ¡canta!	¡cante!	¡cantad!
(j) ¡mira!	¡mire!	¡mirad!

(280)

TÚ	USTED	VOSOTROS
(a) ¡no corras!	¡no corra!	¡no corráis!
(b) ¡no respondas!	¡no responda!	¡no respondáis!
(c) ¡no tomes!	¡no tome!	¡no toméis!
(d) ¡no saludes!	¡no salude!	¡no saludéis!
(e) ¡no escurras!	¡no escurra!	¡no escurráis!
(f) ¡no bajes!	¡no baje!	¡no bajéis!
(g) ¡no abras!	¡no abra!	¡no abráis!
(h) ¡no estudies!	¡no estudie!	¡no estudiéis!
(i) ¡no cantes!	¡no cante!	¡no cantéis!
(j) ¡no mires!	¡no mire!	¡no miréis!

(281) (a) ¡A levantarse!   (b) ¡A trabajar!   (c) ¡A lavarse!   (d) ¡A correr!
(e) ¡A cantar!

(282) (a) ¡No saltes el muro!
(b) ¡No copiéis la lección!
(c) ¡No bajen de la casa!
(d) ¡No corras al banco!
(e) ¡No tires la basura!
(f) ¡No desalojéis el edificio!
(g) ¡No telefoneen al médico!

(h)   ¡No cosas el vestido!

(i)   ¡No escribas a tu hermana!

(j)   ¡No escuchéis la radio!

(283) (a) Sí, ponedla.   (f) Sí, hacedlo.

(b) Sí, págala.   (g) Sí, bátelos.

(c) Sí, repítela.   (h) Sí, compradla.

(d) Sí, cerradla.   (i) Sí, límpiala.

(e) Sí, sácalos.   (j) Sí, pintadlo.

(284) (a) Lleva (b) hable (c) leáis (d) Cámbiese (e) lava (f) tiréis

(g) Preparad (h) tómate (i) Paga (j) Cubra

(285) (a) Abre el libro por la página veinte.

(b) Fumad todo el paquete de cigarrillos.

(c) Coma el pescado.

(d) Gritad a los niños.

(e) Suban las escaleras de la plaza.

(f) Para aquí.

(g) Bajad la radio del coche.

(h) Cante tangos en el café.

(i) Escribe con letra clara.

(j) Corred por el parque.

(286) (a) No te quedes en el hotel.

(b) No se mire en el espejo.

(c) No te levantes, por favor.

(d) No me escuche atentamente.

(e) No os sentéis allí.

(f) No se tumbe en la cama.

(g) No os terminéis la cena.

(h) No te laves las manos.

(i) No os marchéis de aquí.

(j) No te calles.

(287) (a) **¡Escúchame** cuando te hablo!

(b) **Quítate** esa falda tan ajustada.

(c) No **te comas** el pastel tan deprisa.

(d) **Marchaos** inmediatamente de aquí.

(e) No **discutas** con tus amigos.

(f) Ana, **presta** atención a tu padre.

(g) **Cómete** el postre.

(h) No **os subáis** a aquella montaña.

(i) **Déjale** el juguete ahora mismo.

(j) **Preguntad** vosotros al policía, porque estoy perdido.

(288) (1) abra (2) Guarde (3) Apunte (4) comente (5) Llame (6) Deje
(7) Acuda (8) se desespere

40   [903–70]

(289)

	PRESENT INDICATIVE	PRESENT SUBJUNCTIVE
(a)	somos	seamos
(b)	defiende	defienda
(c)	están	estén
(d)	habéis	hayáis
(e)	tiene	tenga
(f)	salgo	salga
(g)	cuecen	cuezan
(h)	juegas	juegues
(i)	mueve	mueva

(290)   (a) almuerzan   (b) tiene   (c) vuelvo   (d) Puedes   (e) riega
(f) quiere   (g) hago, enciendes   (h) Tiene   (i) pongo   (j) recuerdan

(291)   (1)   contar   (11)   contribuir
     (2)   conocer   (12)   construir
     (3)   tener   (13)   empezar
     (4)   instruir   (14)   almorzar
     (5)   ofrecer   (15)   servir
     (6)   encontrar   (16)   destruir
     (7)   producir   (17)   traducir
     (8)   despedir   (18)   decir
     (9)   calentar   (19)   cerrar
   (10)   repetir   (20)   dormir

(292)

O→UE	contar	encontrar	almorzar	dormir
E→IE	tener	calentar	empezar	cerrar
E→I	despedir	repetir	servir	decir
1st Pers. ZC	conocer	ofrecer	producir	traducir
UIR–UYE	instruir	contribuir	construir	destruir

(293)   (a) creyendo   (b) diciendo   (c) durmiendo   (d) siendo   (e) trayendo
(f) muriendo   (g) siguiendo   (h) construyendo   (i) sintiendo   (j) viniendo

(294)

	TÚ	USTED
(a)	pon	ponga
(b)	sal	salga
(c)	da	dé
(d)	ve	vaya
(e)	oye	oiga
(f)	sé	sea
(g)	di	diga
(h)	he	haya
(i)	ten	tenga
(j)	ven	venga

(295) (a) La criada **calienta** el baño del señorito.
    (b) Hoy **hemos** comido dos bocadillos de morcilla.
    (c) Tú prefieres la playa más que el campo.
    (d) Él **es** un hombre muy complicado.
    (e) **Tengo** una hermana y un hermano.
    (f) El abuelo de Víctor **conduce** como un loco.
    (g) Yo no **pierdo** la esperanza de encontrarla con vida.
    (h) Nosotros **dormimos** con las ventanas abiertas todo el año.
    (i) Vosotras **jugáis** con los juguetes de vuestros primos.
    (j) Traduzco sin problemas cualquier idioma.

(296) (a) Las criadas calientan los baños de los señoritos.
    (b) Hoy he comido un bocadillo de morcilla.
    (c) Vosotros preferís la playa más que el campo.
    (d) Ellos son unos hombres muy complicados.
    (e) Tenemos dos hermanas y dos hermanos.
    (f) Los abuelos de Víctor conducen como unos locos.
    (g) Nosotros no perdemos las esperanzas de encontrarlas con vida.
    (h) Yo duermo con la ventana abierta todo el año.
    (i) Tú juegas con el juguete de tu primo.
    (j) Traducimos sin problemas cualquier idioma.

(297) **Horizontales**   **Verticales**

Horizontales				Verticales			
(1)	valgo	(14)	sigo	(1)	voy	(9)	caigo
(4)	sé	(16)	quepo	(2)	oigo	(10)	digo
(6)	pongo	(17)	guío	(3)	vengo	(11)	hago
(7)	he	(18)	salgo	(4)	soy	(13)	tiño
(10)	doy			(5)	tengo	(15)	veo
(12)	satisfago			(8)	estoy		

(298) (a) pienses (b) tenga (c) salga (d) hagáis (e) sea (f) vuelvan
    (g) diga (h) traigas (i) siga (j) pongas

(299)   (a) incluye   (b) repitáis   (c) conozco   (d) encuentro   (e) produce
(f) Puede   (g) sea   (h) destruya   (i) almuerzan   (j) prefieren

(300)

-AR with E to IE	-AR with O to UE	-ER with E to IE	-ER with O to UE
pensar	acordar	ascender	absolver
apretar	acostar	defender	disolver
calentar	almorzar	encender	doler
cerrar	colgar	perder	llover
comenzar	contar	querer	morder
despertar	costar	entender	resolver
empezar	encontrar	descender	poder
gobernar	mostrar	atender	soler
negar	probar	tender	volver
temblar	recordar	verter	mover

(301)   (a)   Cuelgo la ropa en el patio.
(b)   Luis e Ismael prefieren el cine al teatro.
(c)   Ellos vuelven de las vacaciones relajados.
(d)   Normalmente, la tienda cierra de dos a cinco.
(e)   No enciendas la calefacción todavía.
(f)   Reconozco que la casa de tus padres es muy lujosa.
(g)   Ella y él almuerzan tostadas con mermelada.
(h)   Mónica quiere cambiar el mundo.
(i)   ¿Cuándo empieza la película?
(j)   Usted se despide de nosotros en el aeropuerto.

(302)   (1)   delinque   (11)   traduzco
(2)   seguimos   (12)   vienen
(3)   duerme   (13)   caísteis
(4)   almuerza   (14)   sacamos
(5)   oís   (15)   empiezo
(6)   juega   (16)   cuece
(7)   pueden   (17)   salen
(8)   construyes   (18)   cojo
(9)   he   (19)   riega
(10)   huelen   (20)   sé

(303)   impreso, abierto, escrito, puesto, visto/dicho, subscrito, dicho/visto, preso, ido, hecho, desenvuelto, cubierto, adscrito, roto, vuelto, ingerto, descubierto, disuelto, transcrito, muerto, satisfecho, resuelto.

(304)   (a)   Nosotros **actuamos** en la representación teatral.
      (b)   Yo **me dirijo** hacia la estación del metro.
      (c)   Vosotros **delinquís** porque no **podéis** hacer otra cosa.
      (d)   Ellos **distinguen** muy bien entre la verdad y la mentira.
      (e)   Vosotros **prohibís** a **vuestros** alumnos que canten en el patio.
      (f)   Yo **zurzo** los calcetines con un huevo de madera.
      (g)   Yo **conozco** el remedio contra el envejecimiento.
      (h)   ¡Tú no **oyes** lo que **te dice**!
      (i)   Yo **quepo** en el coche de Pilar.
      (j)   Vosotros **construís** el edificio rápidamente.

(305)   (a) fui   (b) Viniste   (c) Hizo   (d) Estuviste   (e) se cayó
      (f) Pusisteis   (g) Dijeron   (h) Tuvimos   (i) leyó   (j) Quiso

(306)   (a)   No le digas a Matías que le quiero.
      (b)   No pongas la mesa.
      (c)   No hagáis los deberes.
      (d)   No salgas de aquí.
      (e)   No tengáis cuidado.
      (f)   No te vayas por el otro camino.
      (g)   No se lo propongas.
      (h)   No satisfagas tu curiosidad.
      (i)   No sigas así.
      (j)   No seas valiente.

(307)   (a) valdrá   (b) saldrá   (c) cabremos   (d) habré   (e) dirán   (f) tendrá
      (g) sabréis   (h) vendrá   (i) podrás   (j) harán

(308)

	PRETERITE	IMPERFECT SUBJUNCTIVE
(a)	anduvieron	anduvieran/anduviesen
(b)	hubieron	hubieran/hubiesen
(c)	tuvieron	tuvieran/tuviesen
(d)	pusieron	pusieran/pusiesen
(e)	vinieron	vinieran/viniesen
(f)	supieron	supieran/supiesen
(g)	quisieron	quisieran/quisiesen
(h)	cupieron	cupieran/cupiesen
(i)	vieron	vieran/viesen

(309)   (a) dijeran/dijesen   (b) fuera/fuese   (c) trajeras/trajeses
        (d) fuerais/fueseis   (e) tuviera/tuviese   (f) leyera/leyese
        (g) satisficiéramos/satisficiésemos   (h) estuvierais/estuvieseis
        (i) vinieran/viniesen   (j) supiera/supiese

(310)   (a)   muriéramos/muriésemos   (f)   pudierais/pudieseis
        (b)   seáis   (g)   estaríamos
        (c)   tuviera/tuviese   (h)   estuvisteis
        (d)   reímos   (i)   pedí
        (e)   hubierais/hubieseis   (j)   confiemos

(311)   (a)   volver, regar   They are not defective verbs.
        (b)   hacer, oír   They are not impersonal verbs.
        (c)   amado, dormido   They are not irregular participles.

41 [971–7]

(312)   (a)   se acuesta, tiene   (f)   empezáis, termináis
        (b)   vuelan   (g)   se sienta, se siente
        (c)   prefiere   (h)   entendemos
        (d)   conozco   (i)   Dice, me parezco
        (e)   vuelven, voy   (j)   te duermes

(313)   (a)   Ustedes se acuestan pronto porque tienen sueño.
        (b)   La cigüeña vuela hacia España en invierno.
        (c)   ¿Cómo prefieren tus primas el café?
        (d)   Nosotros no conocemos a nuestros nuevos profesores de español.
        (e)   Si usted vuelve más tarde, le vamos a preparar un a cena riquísima.
        (f)   Siempre empiezas las cosas y nunca las terminas.
        (g)   Los conferenciantes se sientan porque no se sienten bien.
        (h)   Yo no entiendo la película.
        (i)   Dicen nuestros amigos que nos parecemos a Ricky Martín.
        (j)   Vosotros os dormís en cualquier sitio.

(314)   (a)   estoy preparando   (f)   me estoy divirtiendo
        (b)   están durmiendo   (g)   están leyendo
        (c)   está creciendo   (h)   está lavando
        (d)   está escuchando   (i)   estáis prestando
        (e)   está diciendo   (j)   estamos siendo

(315)   (a) 4 termino   (b) 3 llores   (c) 5 llega   (d) 2 compares   (e) 1 construyen

(316)   (b) 5 C   (c) 1 F   (d) 2 E   (e) 6 A   (f) 3 D

(317)   (1)   está durmiendo   (6)   estás oyendo
        (2)   te estás divirtiendo   (7)   estoy pensando
        (3)   estás pidiendo   (8)   Estoy siendo
        (4)   estoy diciendo   (9)   estoy teniendo
        (5)   me estoy cansando   (10)   Estás hablando

(318) (a)   Me **parece** que alguien **está** llamando a la puerta.
       (b)   Yo **salgo** a **comprar** el pan y tú **recoges** la cocina.
       (c)   Ahora no te **puedo** llamar porque estoy **viendo** la televisión.
       (d)   Él siempre **anda pidiendo** dinero prestado.
       (e)   El avión **está aterrizando** en este momento.
       (f)   Los gatos **prefieren** comer pescado.
       (g)   Emilio **está cayendo** en una fuerte depresión.
       (h)   Yo estoy **jugando** a la pelota en la plaza.
       (i)   Los actores españoles **están teniendo** un gran éxito.
       (j)   Vosotros **vais haciendo** la tortilla y yo haré la ensalada.

(319) (a) dice   (b) está haciendo   (c) renueva   (d) estamos sacando   (e) cae
       (f) hace   (g) estáis portando   (h) toca   (i) lleva, estudiando   (j) pareces

(320) (1)   Estoy   (8)   duerme   (15) sentimos
       (2)   es   (9)   es   (16) puedes
       (3)   dices   (10) creemos   (17) quieres
       (4)   tenemos   (11) es   (18) estoy
       (5)   Es   (12) bailáis   (19) sabes
       (6)   cantan/bailan   (13) sé   (20) lleva
       (7)   bailan/cantan   (14) soy

(321) (a)   No voy al dentista desde hace un año. / Hace un año que no voy al
             dentista.
       (b)   Estudiamos español desde hace tres meses. / Hace tres meses que
             estudiamos español.
       (c)   No ve a Ana desde hace dos semanas. / Hace dos semanas que no
             ve a Ana.
       (d)   Espero a mi novio desde hace cuatro horas. / Hace cuatro horas que
             espero a mi novio.
       (e)   Estamos haciendo régimen desde hace un día. / Hace un día que
             estamos haciendo régimen.

(322) (a) pasado   (b) presente   (c) futuro   (d) imperativo   (e) futuro

(323) (1) cree   (2) son   (3) son   (4) son   (5) opina   (6) es   (7) tienen
       (8) es   (9) conduce   (10) son   (11) da   (12) usan   (13) es

vocabulario

       (1)   lío   (9)   terco
       (2)   perezosos   (10) como un loco
       (3)   no pegar ojo   (11) chulo
       (4)   serio   (12) gracioso
       (5)   tener fama   (13) pasarlo bomba
       (6)   chistes   (14) humoristas
       (7)   ignorancia   (15) estar dividida
       (8)   sin duda   (16) perder los estribos

(324) (1) estoy aquí
     (2) es
     (3) levanto pronto
     (4) está la carretera
     (5) ¿Traes
     (6) sólo traigo
     (7) Si traigo
     (8) no puedo
     (9) duermo
     (10) noche duermes
     (11) te importa
     (12) dónde duerme
     (13) va a
     (14) Tiene
     (15) vuelve
     (16) vuelve el
     (17) vengo hasta
     (18) que viene
     (19) él puede
     (20) digo que no
     (21) Es un
     (22) lo aprueba
     (23) puede

     (24) es
     (25) está un poco
     (26) termina
     (27) termina ya
     (28) digo una
     (29) hace
     (30) Es
     (31) Estudia todos
     (32) Estás
     (33) es mi
     (34) quiero mucho
     (35) Viene
     (36) necesita un
     (37) nos vemos
     (38) Está
     (39) sale con
     (40) llega muy
     (41) das
     (42) hago
     (43) creo que sale
     (44) vamos a
     (45) tomamos
     (46) apetece

42   [978–98]

(325) (a) llegó, se durmió   (b) se cayó   (c) era, solía   (d) se fueron
     (e) podía   (f) vinisteis, dolió   (g) llevaban, era   (h) murió, me sentí
     (i) se acostó, estaba   (j) me encontré
(326) (a) recibisteis   (b) ayudó   (c) era, hacía   (d) daban   (e) hacía, veía
     (f) fui, fui   (g) arregló, pudimos   (h) supo, puso   (i) Pudisteis   (j) traía
(327) (a)   El pobre zorro cayó en la trampa.
     (b)   Carlota hablaba y hablaba sin parar.
     (c)   El barco se hundió rápidamente.
     (d)   La casa era tan pequeña que no cabía nada.
     (e)   Cuando llegué a España, no conocía a nadie.
     (f)   El año pasado, pasé mis vacaciones en el Caribe.
     (g)   Mi padre debía dinero a todo el mundo.
     (h)   Cuando me casé, tenía cuarenta años.
     (i)   El fotógrafo sacó una foto estupenda de mi hermano.
     (j)   El equipo ganaba todos los años.

(328) (a) vimos, llevaba   (b) dijo, quería   (c) Hacía, hablábamos   (d) iban
       (e) robaba, dormía   (f) bebí, fumé   (g) recibía, tuvo   (h) Gastaste
       (i) salíais, volvíais   (j) supieron

(329) (a) ¿Qué **estaba haciendo** tu hermano en casa de mi abuelo?
       (b) Como estaba perdido, **anduve** y **anduve** sin rumbo.
       (c) Hace muchos años que no **veíamos** a tu suegro.
       (d) Él no **supo** qué decir cuando **recibió** la llamada.
       (e) Usted **pudo** arreglar las cosas, pero no **quiso**.
       (f) ¿Por qué no **dijiste** la verdad?
       (g) La partida de mus **sirvió** para calmar a la gente.
       (h) Nosotros **íbamos** todos los días al cine.
       (i) ¿Dónde **durmió** el vagabundo?
       (j) Ayer se **cayó** tu hijo en el mercado.

(330) (a) ¿Qué estaban haciendo tus hermanos en casa de mis abuelos?
       (b) Como estábamos perdidos, anduvimos y anduvimos sin rumbo.
       (c) Hace un año que no veía a tus suegros.
       (d) Ellos no supieron qué decir cuando recibieron las llamadas.
       (e) Ustedes pudieron arreglar las cosas, pero no quisieron.
       (f) ¿Por qué no dijisteis la verdad?
       (g) Las partidas de mus sirvieron para calmar a la gente.
       (h) Yo iba todos los días al cine.
       (i) ¿Dónde durmieron los vagabundos?
       (j) Ayer se cayeron tus hijos en el mercado.

(331) (a) Antes jugábamos al rugby.
       (b) Antes veíamos teatro independiente.
       (c) Antes erais empleados de una empresa.
       (d) Antes ibas a veranear a tu pueblo.
       (e) Antes estaba casado.
       (f) Antes era estudiante.
       (g) Antes preferían comer verdura.
       (h) Antes veíais el fútbol en la televisión.
       (i) Antes no iba nunca a ver a mis padres.
       (j) Antes era un político de izquierdas.

(332) (a) contó   (b) pusieron   (c) traduje   (d) vino, pedí   (e) dijeron
       (f) Traje   (g) supo   (h) murieron   (i) redujo   (j) cupieron

(333) (a) Estaba
       (b) iba, perdió
       (c) Puse, desperté
       (d) era, leí
       (e) vivían, conocieron
       (f) vi, gustó, volví, encantó
       (g) estuve, tuvo

(h)   íbamos, empezó, quedamos

(i)   voté, cambié, pensaba, votabas

(j)   Viste, salió, Iba, pasó, detuvo, llevó

(334)   dormí, sabía, tenía, Iba, olvidé, hacías, fui, dijo, contó, tenía, sabía, hubo, ladraba, había, cerraba, vi, dijiste, pareció, tenía, Era, tenía, Llevaba, reflejaban, viste, miró/miraba, saqué/sacaba, escondió, salvó.

(335)

SER	era	eras	era	éramos	erais	eran
IR	iba	ibas	iba	íbamos	ibais	iban
VER	veía	veías	veía	veíamos	veíais	veían

(336)   éramos, teníamos, estábamos, había, íbamos, recogíamos, Tuviste, viví, comí, cumplí, era, seguían, decían, era, sabía, era, teníamos, decía, era, creías, estabas, comíamos, comimos, cocinaba, era, fueron.

(337)   (1) me he cubierto   (7) Has regado

        (2) he dicho   (8) te has vuelto

        (3) te has preparado   (9) he trabajado

        (4) has roto   (10) Has preparado

        (5) He hecho   (11) has dicho

        (6) has agradecido   (12) he decidido

(338)   (a) he desayunado   (b) Hemos decidido   (c) han cubierto

        (d) ha olvidado   (e) han venido   (f) he roto   (g) hemos visto

        (h) ha muerto   (i) Os habéis divertido   (j) ha contado

(339)   (a) nos acostamos   (b) Has estado   (c) he tenido   (d) habéis hecho

        (e) prometió   (f) pudisteis, hicisteis   (g) ha tenido   (h) tropecé, rompí

        (i) estuvieron   (j) has llevado

(340)   (a)   Sí, ya los hemos puesto / No, aún no los hemos puesto.

        (b)   Sí, ya ha salido / No, aún no ha salido.

        (c)   Sí, ya lo he roto / No, aún no lo he roto.

        (d)   Sí, ya lo has olvidado / No, aún no lo has olvidado.

        (e)   Sí, ya la hemos medido bien / No, aún no la hemos medido bien.

        (f)   Sí, ya le he escrito / No, aún no le he escrito.

        (g)   Sí, ya lo he traído / No, aún no lo he traído.

        (h)   Sí, ya la hemos hecho / No, aún no la hemos hecho.

        (i)   Sí, ya me he duchado / No, aún no me he duchado.

        (j)   Sí, ya se ha afeitado / No, aún no se ha afeitado.

(341)   (1) he hecho   (2) hiciste   (3) estuvo   (4) fue   (5) me he repuesto

        (6) me he puesto   (7) comí   (8) he pesado

(342)   (a) estuve   (b) hemos oído, oímos   (c) habéis hecho   (d) pasaste
        (e) hemos aburrido   (f) has encontrado   (g) han visitado
        (h) ha sabido   (i) ha roto   (j) Construiste
(343)   (a) se habían instalado   (b) habíais comprado   (c) había sucedido
        (d) había empezado   (e) habían contado   (f) había pasado   (g) había
        suspendido   (h) se había terminado   (i) había predicho   (j) habías nacido
(344)   (1)   Habías estudiado   (9)   Había leído
        (2)   Había terminado   (10)   había visto
        (3)   había pensado   (11)   Habías vivido
        (4)   había establecido   (12)   había llegado
        (5)   había viajado   (13)   había conocido
        (6)   Había pasado   (14)   habías estado
        (7)   había parecido   (15)   había tenido
        (8)   habías estado   (16)   Había pensado
(345)   (a)   había puesto   (f)   había tardado
        (b)   había hecho   (g)   había adelantado
        (c)   habían estado   (h)   había sido
        (d)   había derrotado   (i)   había pasado
        (e)   habías decidido   (j)   había querido
(346)   (a) había limpiado   (b) habías terminado   (c) he sabido
        (d) Habéis tenido   (e) había caído   (f) había ido   (g) ha hecho
        (h) habían dicho   (i) has comido   (j) había jurado
(347)   (a)   Cuando llegué, aún no te habías ido.
        (b)   Cuando entramos en casa, mi hermano ya había limpiado todo.
        (c)   Cuando se dieron cuenta, les habían robado la cartera.
        (d)   Cuando el reloj marcó las cuatro, ya había anochecido.
        (e)   Cuando fuisteis a comprar las entradas, ya las habían vendido todas.
        (f)   Cuando los bomberos llegaron, ya se había incendiado todo el
              edificio.
        (g)   Cuando sacó el doctorado, aún no había cumplido los veinte años.
        (h)   Cuando llamamos, ya habían salido.
        (i)   Cuando terminé de comer, el camarero aún no había traído la bebida.
        (j)   Cuando fue a pedir un aumento de sueldo, el director ya le había
              despedido.
(348)   (a)   Cuando llegamos, aún no os habíais ido.
        (b)   Cuando entré en casa, mis hermanos ya habían limpiado todo.
        (c)   Cuando se dió cuenta, le había robado la cartera.
        (d)   Cuando los relojes marcaron las cuatro, ya había anochecido.
        (e)   Cuando fuiste a comprar la entrada, ya la habían vendido.
        (f)   Cuando el bombero llegó, ya se habían incendiado todos los edificios.
        (g)   Cuando sacaron los doctorados, aún no habían cumplido los veinte
              años.

(h)   Cuando llamé, ya había salido.

(i)   Cuando terminamos de comer, los camareros aún no habían traído las bebidas.

(j)   Cuando fueron a pedir un aumento de sueldo, los directores ya les habían despedido.

(349)   **A**

La semana pasada paseaba por el campo cuando vi una casa abandonada. Sentí curiosidad. Dentro había un perro furioso que me dio un mordisco en la pierna. Sólo fue un susto y ahora estoy bien.

B

El otro día fui a un concierto de Morente. Como había mucha gente me caí y me di un golpe en la muñeca. Me llevaron al hospital y me pusieron una escayola.

C

Ayer estuve en el cumpleaños de Lola. Bebí mucho vino y comí mucha paella. Hacía mucho calor y estaba borracho. Me desmayé, pero ahora estoy mejor.

(350)

(1)	recibí	(13)	Solíamos
(2)	decía	(14)	estaba
(3)	dejaba/había dejado	(15)	dijo
(4)	resultó	(16)	había hecho
(5)	conocí	(17)	Se fue
(6)	había tenido/tenía	(18)	volvió
(7)	he heredado	(19)	me quedé
(8)	he tenido	(20)	lloré
(9)	interesó/interesaba	(21)	lloré
(10)	Era	(22)	he confiado
(11)	estaba	(23)	se llamaba
(12)	era		

43   [999–1013]

(351)   (a) Podría   (b) Me quedaré   (c) Te pondrás   (d) deberíamos   (e) traerían   (f) iré   (g) gustaría   (h) Será   (i) acompañaría   (j) vendrán

(352)   (a)   ¿Podrían prestarnos 200 euros?

(b)   Nos quedaremos en estas casas hasta que las derriben.

(c)   Os pondréis los pantalones verdes y no queremos oír más quejas.

(d)   Yo debería luchar contra la injusticia.

(e)   Le prometió que le traería noticias rápidamente.

(f)   No podemos prometéroslo, pero iremos lo antes posible.

(g)   ¿Te gustaría salir los domingos al campo?

        (h)   Serán unas pesadas, pero nos han ayudado mucho siempre.

        (i)   ¿Supongo que os acompañarían hasta vuestros coches?

        (j)   Cuando termine el partido, vendrá a casa muy sucio.

(353)   (a) irás (b) pintaremos (c) cenará (d) llamarán (e) conducirás

       (f) escribiré (g) estará (h) repetirás (i) pondrán (j) permitiré

(354)   (a)   ¿Cómo se habrá enterado Fede de tus planes?

        (b)   Me gustaría tener una casa en la playa.

        (c)   Catalina dijo que llegaría a las ocho.

        (d)   Ellos habrían cultivado mejor la tierra con más ayuda.

        (e)   ¿Qué habrá hecho mi madre con las cartas de mi novio?

        (f)   Deberías ponerte el abrigo y los guantes.

        (g)   Tú habrás estudiado mucho, pero el examen ha sido un desastre.

        (h)   Usted creía que el juez ya habría decidido la custodia de su hija.

        (i)   En esta fotografía, Begoña tendría unos veinte años.

        (j)   Ella podría conseguir un buen trabajo, si se relajara en las entrevistas.

(355)   (1)   nos iremos   (8)   gustaría

        (2)   compraré   (9)   habría hecho

        (3)   tomaremos   (10) habría quedado

        (4)   serán   (11) estaría

        (5)   haremos   (12) estaremos

        (6)   pasearemos   (13) disfrutaremos

        (7)   podríamos   (14) habremos realizado

(356)   (a)   Yo que tú/usted, reservaría el hotel junto a la playa.

               Yo, en tu/su lugar, reservaría el hotel junto a la playa.

        (b)   Yo que tú/usted, visitaría Granada.

               Yo, en tu/su lugar, visitaría Granada.

        (c)   Yo que tú/usted, llevaría un traje negro.

               Yo, en tu/su lugar, llevaría un traje negro.

        (d)   Yo que tú/usted, estudiaría español.

               Yo, en tu/su lugar, estudiaría español.

        (e)   Yo que tú/usted, tomaría el avión.

               Yo, en tu/su lugar, tomaría el avión.

        (f)   Yo que tú/usted, compraría un gato.

               Yo, en tu/su lugar, compraría un gato.

        (g)   Yo que tú/usted, le regalaría un reloj.

               Yo, en tu/su lugar, le regalaría un reloj.

        (h)   Yo que tú/usted, iría al campo.

               Yo, en tu/su lugar, iría al campo.

        (i)   Yo que tú/usted, no mentiría sobre la edad.

               Yo, en tu/su lugar, no mentiría sobre la edad.

        (j)   Yo que tú/usted, miraría en el periódico.

               Yo, en tu/su lugar, miraría en el periódico.

(357)   (1) agradecería   (2) irás   (3) llamaré   (4) Deberías   (5) habría
(6) Podrías   (7) hablaré   (8) pensaría   (9) Serás

(358)   (a) Habría   (b) Será   (c) habría venido   (d) habrán podido
(e) vendrá   (f) Deberías   (g) saldrá   (h) dejaría   (i) Podría
(j) habré terminado

(359)   (1)   aguantaréis   (12)   habréis estado
(2)   habremos dado   (13)   habréis conocido
(3)   Viajaréis   (14)   Serás
(4)   volaremos   (15)   enseñaré
(5)   pasaremos/iremos   (16)   morirás
(6)   estaremos   (17)   llegaréis
(7)   iremos/pasaremos   (18)   iré
(8)   Estaréis   (19)   viajaré
(9)   haréis   (20)   habré conocido
(10) habremos recorrido   (21)   habré aprendido
(11) habremos visto

(360)   (a) imperative   (b) polite   (c) advice   (d) interrogative   (e) probability

44   [1014–17]

(361)   (a) 4   (b) 1   (c) 5   (d) 3   (e) 2
(362)   (a)   Mi amigo no cree que ella **hable** español.
(b)   Me gustaría que **dijeras/dijeses** toda la verdad.
(c)   No creen que el perro **haya escapado** del refugio.
(d)   Él temía que su hija no **llamara/llamase** nunca.
(e)   Ellos rogaron al profesor que **aplazara/aplazase** el examen.
(f)   No suponía que su hermano **hubiera/hubiese** cambiado tanto.
(g)   Me ordenó que me **cambiara/cambiase** el uniforme.
(h)   No creo que **hubieras/hubieses** tenido tiempo de terminar tu trabajo.
(i)   Ella ignoraba que **quisiera/quisiese** verla después de lo de anoche.
(j)   Usted me sugirió que no **comprara/comprase** ese coche.

(363)   (a)   Mis amigos no creen que ellas hablen español.
(b)   Nos gustaría que dijerais/dijeseis toda la verdad.
(c)   No cree que los perros hayan escapado de los refugios.
(d)   Ellos temían que sus hijas no llamaran/llamasen nunca.
(e)   Él rogó a los profesores que aplazaran/aplazasen los exámenes.
(f)   No suponíamos que sus hermanos hubieran/hubiesen cambiado tanto.
(g)   Nos ordenaron que nos cambiáramos/cambiásemos los uniformes.
(h)   No creemos que hubierais/hubieseis tenido tiempo de terminar vuestro trabajo.
(i)   Ellas ignoraban que quisieran/quisiesen verlas después de lo de anoche.
(j)   Ustedes nos sugirieron que no compráramos/comprásemos esos coches.

(364) (1) llueva   (9) esté   (17) tengas
       (2) se haga   (10) terminen   (18) vean
       (3) venga   (11) me arruine   (19) entre
       (4) asistan   (12) sea   (20) se quejen
       (5) sea   (13) Pase   (21) fueras
       (6) caiga   (14) pase   (22) animes
       (7) llegue   (15) se vayan   (23) tengas
       (8) tenga   (16) vean   (24) salga

(365) (a) Si pudiera/pudiese conducir, iría a visitarte.
       (b) Si aprobara/aprobase todos los exámenes, se marcharía de vacaciones.
       (c) Si les tocara/tocase la lotería, comprarían un apartamento en Nueva York.
       (d) Si cocinaras/cocinases esta noche, yo lo haría mañana.
       (e) Si tuvieras/tuvieses un momento, ¿podrías ir a comprarme unas aspirinas?
       (f) Si trabajáramos/trabajásemos todos a la vez, teminaríamos la casa muy pronto.
       (g) Si quisieras/quisieses mejorar tus notas, tendrías que estudiar más.
       (h) Si te dijera/dijese un secreto, ¿se lo contarías a alguien?
       (i) Si me casara/casase, serías mi dama de honor.
       (j) Si vinierais/vinieseis pronto, podríais ver al niño despierto.

(366) (1) fuera / fuese   (7) se llevara / se llevase
       (2) viviera / viviese   (8) tuviera / tuviese
       (3) se quedara / se quedase   (9) sufriera / sufriese
       (4) lloviera / lloviese   (10) pasara / pasase
       (5) se estropeara / se estropease (11) estudiara / estudiase
       (6) fuera / fuese   (12) sacara / sacase

(367) (a) No creo que esté en la universidad toda la mañana.
       (b) No creíamos que te hubieras/hubieses ido del país.
       (c) No creyó que vosotros la ignorarais/ignoraseis.
       (d) No creen que puedan hacerlo todo sin ayuda.
       (e) No crees que haya ganado la partida de cartas sin hacer trampas.
       (f) No creía que su hijo llegara/llegase a ser doctor.
       (g) No creyeron que el tren pasara/pasase por la estación a las nueve.
       (h) No creo que tengamos que ser más sinceros con nosotros mismos.
       (i) No creemos que tus padres hayan vendido la casa.
       (j) No creía que Alfonso supiera/supiese el secreto de nuestra familia.

(368) (1) hubiera/hubiese gustado
       (2) hubieras/hubieses elegido
       (3) hubiera/hubiese sacado
       (4) hubieras/hubieses hecho
       (5) Hubiera/hubiese combinado
       (6) hubieran/hubiesen rechazado

(7)   hubieran/hubiesen entrevistado
(8)   os hubierais/hubieseis llevado
(9)   hubiera/hubiese solicitado
(10)   hubieras/hubieses dicho
(11)   hubiera/hubiese sido
(12)   hubieras/hubieses mencionado

(369)   (1) encontrara/encontrase   (2) daría   (3) pueda   (4) fuera/fuese
(5) habría salido   (6) hubiera/hubiese salido   (7) habría disparado

(370)   (a)   ¿Os parecía que tenía dinero?
(b)   ¿Sientes que he dejado de quererte?
(c)   ¿Creían que habría algún problema con el envío?
(d)   ¿Estáis seguras de que lo que dice es verdad?
(e)   ¿Pensaste que Natalia había llegado la primera?
(f)   ¿Creyó que me comportaría de esa forma?
(g)   ¿Crees que puedo confiar en ti?
(h)   ¿Creíste que reaccionaría así con la noticia?
(i)   ¿Piensan que seguirá jugando al tenis?
(j)   ¿Sabía que su mujer le engañaba?

45   [1018–23]

(371)   (a) castigada   (b) cantada   (c) inauguradas   (d) invitado/a   (e) repartidas
(f) conectados   (g) corregidos   (h) elegido   (i) leído   (j) pintada

(372)   (a)   La comida es hecha por Alicia.
(b)   Los manifestantes son recibidos por el alcalde.
(c)   Los libros de Harry Potter fueron escritos por J. K. Rowling.
(d)   El paciente fue operado por el médico.
(e)   La carne era comida por el perro.
(f)   La ciudad ha sido destruida por el terremoto.
(g)   Una nueva obra será creada por el escultor.
(h)   El autobús es conducido por mi amigo.
(i)   Una tumba egipcia ha sido descubierta por el arqueólogo.
(j)   El libro de poemas ingleses ha sido traducido por mí.

(373)   (a)   El príncipe ha recibido a la actriz.
(b)   El profesor explicó el ejercicio.
(c)   El director cortó varias escenas de la película.
(d)   Mi hermano ha arreglado la moto.
(e)   Un arquitecto famoso construyó el museo.
(f)   El ayuntamiento organizará la fiesta.
(g)   Los ministros destituyeron al presidente.
(h)   El cocinero ha preparado la comida.
(i)   El profesor corregirá el examen.
(j)   El científico ha resuelto el problema.

(374) (a) fue derrotado   (f) será presentada
       (b) habían sido vendidas   (g) ha sido destruido
       (c) han sido colocados   (h) fue contestado
       (d) será confeccionado   (i) es utilizada
       (e) habían sido talados   (j) seré contratado

(375) (a) Se tomarán medidas contra la corrupción.
       (b) Se leen muchos libros.
       (c) No se permite hablar por teléfono.
       (d) Se legalizarán las apuestas.
       (e) Se vendieron muchos ordenadores en la feria.
       (f) Se regalaron cestas de Navidad.
       (g) Se hará una manifestación en la universidad.
       (h) Se bebe mucho cava.
       (i) Se necesitan actrices.
       (j) Se conceden ayudas a los desempleados.

(376) (a) fue inaugurado   (f) fueron secuestrados
       (b) ha sido recibido   (g) fue repoblado
       (c) fue derruido   (h) será intervenido
       (d) ha sido abierto   (i) serán expuestas
       (e) serán anunciadas   (j) fue aceptada

(377) (a) No, en los hospitales no se puede fumar.
       (b) La película se rueda en el desierto de Atacama.
       (c) La O. N. U. se fundó en el año 1945.
       (d) Un daiquiri se hace con ron, azúcar, hielo picado y limón.
       (e) El Machu Picchu se encuentra en Perú.
       (f) No, en Gran Bretaña no se puede conducir por la derecha.
       (g) En mi país se cena a las . . .
       (h) *Las Meninas* de Velázquez, se puede ver en el Museo del Prado.
       (i) Sí, en España se puede esquiar todo el año.
       (j) Los Goyas de cine se entregan cada año.

(378)

Type of passive	Sentences
Ser + past participle	3, 10, 15
Estar + past participle	7, 12, 13
A reflexive form of the verb (*la pasiva refleja*)	2, 6, 11
A reflexive form of the verb in the 3rd person singular and with no grammatical subject (the impersonal reflexive)	5, 8, 14
An active verb in the 3rd person plural	1, 4, 9

(379)   (a)   La científica es respetada por todos.

        (b)   El ladrón fue detenido por la policía.

        (c)   Se prohíbe hablar con el conductor.

        (d)   La carta ha sido escrita por mi novio.

        (e)   La comunicación fue interrumpida por el mal tiempo.

        (f)   Las ruinas arqueológicas están protegidas por el gobierno.

        (g)   El mueble es tallado por el ebanista.

        (h)   El ratón es perseguido por el gato.

        (i)   El criminal había sido juzgado por asesinato.

        (j)   El enfermo fue operado por el médico.

(380)   (a)   La sesión fue suspendida por el presidente.
             Se suspendió la sesión.

        (b)   Las cartas urgentes fueron entregadas por el mensajero.
             Se entregaron las cartas urgentes.

        (c)   La ciudad fue abandonada por el enemigo.
             Se abandonó la ciudad.

        (d)   El examen fue copiado por el estudiante.
             Se copió el examen.

        (e)   El concurso de la televisión fue ganado por mi vecina.
             Se ganó el concurso de la televisión.

        (f)   La dirección fue escrita mal por la secretaria.
             Se escribió mal la dirección.

        (g)   La belleza de la puesta de sol era admirada por todos.
             Se admiraba la belleza de la puesta de sol.

        (h)   Todas las salchichas de la tienda fueron vendidas por el carnicero.
             Se vendieron todas las salchichas de la tienda.

        (i)   Un discurso brillante fue hecho por el juez.
             Se hizo un discurso brillante.

        (j)   El espacio será dominado por la humanidad en el futuro.
             Se dominará el espacio en el futuro.

381)   Un nuevo libro sobre el cine español será editado por la editorial *Nuevo Mundo*. El libro fue escrito por el Sr. Cuadrado cuando trabajaba en la universidad. Pedro Almodóvar fue entrevistado por el Sr. Cuadrado. Temas como el cine durante la dictadura y el cine mudo son tratados en el libro. El libro será puesto a la venta por la editorial en junio. Se venderá bien en las tiendas especializadas. "Muchos libros sobre el cine español han sido escritos por los extranjeros —dice el autor—, pero estos libros no son leídos por el público español." Una amplia promoción sobre el libro va a ser hecha por la editorial y, el año que viene, otro libro sobre el cine latinoamericano será publicado por *Nuevo Mundo*.

46   [1024–76]

(382) (a) No salgas de tu cuarto.

       (b) No comas y no dejes de hablar.

       (c) No seas puntual, por favor.

       (d) No cortéis los árboles deprisa.

       (e) No tengas miedo de tus padres.

       (f) No compres ese bollo de ahí.

       (g) No le des una propina al camarero.

       (h) No parezcáis alegres.

       (i) No fumes aquí que no está permitido.

       (j) No mezas a tu hijo.

(383) (a) Es importante que Fernando aprenda a conducir.

       (b) Es necesario que el arquitecto termine los planos.

       (c) Es incierto que mi amiga hable mal de ti.

       (d) Es probable que el gobierno solucione la situación.

       (e) Es imposible que yo consiga otro trabajo.

       (f) Es interesante que nosotras sepamos cocinar.

       (g) No es cierto que María diga mentiras.

       (h) Es conveniente que nos veamos más a menudo.

       (i) Es imposible que el criminal salga de la cárcel.

       (j) No es probable que vosotros leáis este libro.

(384) (a) No era cierto que poseyera/ese muchas casas.

       (b) No es seguro que venga mañana.

       (c) No era evidente que tuviera/ese mucho talento.

       (d) No creían que lo supieran/esen.

       (e) No quiero una casa que tenga balcón.

       (f) No afirman que conozcan la ciudad.

       (g) No dice que haya mucha gente.

       (h) No asegura que hoy haga malo.

       (i) No tengo fe en lo que diga.

       (j) No nos anuncia que se case.

(385) (a) ¡Ojalá me **toque** la quiniela!

       (b) A lo mejor ellos quieren salir más temprano.

       (c) Es lógico que ella **tenga** dudas sobre su novio.

       (d) No le **permitas** que te hable así.

       (e) ¡Quién **pudiera/ese** pasar las vacaciones en el Caribe!

       (f) Usted siempre teme que le **roben** el coche.

       (g) ¿Acaso era él tan importante como se creía?

       (h) No **tires** la bolsa de patatas al suelo.

       (i) Probablemente **termine** su carrera en julio.

       (j) ¡Quién **supiera/ese** el significado de la vida!

(386) (a) ¡Ojalá nos toquen las quinielas!
       (b) A lo mejor él quiere salir más temprano.
       (c) Es lógico que ellas tengan dudas sobre sus novios.
       (d) No les permitáis que os hablen así.
       (e) ¡Quiénes pudieran/esen pasar las vacaciones en el Caribe!
       (f) Ustedes siempre temen que les roben los coches.
       (g) ¿Acaso eran ellos tan importantes como se creían?
       (h) No tiréis las bolsas de patatas al suelo.
       (i) Probablemente terminen sus carreras en julio.
       (j) ¡Quiénes supieran/esen los significados de la vida!
(387) (a) llames (b) puedo (c) perdiera/ese, estudiara/ase
       (d) llame, veo/vea (e) hay (f) llevara/ase (g) te levantes
       (h) habla (i) vendrán (j) cambies, sigue
(388) (1) indicative (2) subjunctive (3) both (4) subjunctive (5) both
       (6) indicative (7) subjunctive (8) indicative (9) both (10) indicative
       (11) indicative (12) both (13) subjunctive (14) both
(389) (1) sale (2) sea (3) sean (4) se quede (5) se eche (6) vea
       (7) está (8) está (9) es (10) busque (11) quiere (12) quiera
       (13) quiere (14) crea (15) deje (16) haga (17) sufra (18) dé
       (19) cuenta (20) pasamos
(390) (a) vayas (b) conduzcas (c) tengan (d) marche (e) parezca (f) vas
       (g) podemos (h) saliera (i) tengo (j) sepas
(391) (a) Fumaré puros cuando me plazca.
       (b) Cambiaremos de casa cuando se quede pequeña.
       (c) Lo hará todo mejor cuando tenga tiempo.
       (d) La veré a usted más relajada cuando no trabaje.
       (e) Los niños saldrán al patio del recreo cuando suene la campana.
       (f) Se duchará cuando llegue a casa.
       (g) Los políticos prometerán muchas cosas cuando lleguen las elecciones.
       (h) Sabré cambiar una rueda al coche cuando sea necesario.
       (i) La portera limpiará el portal cuando no llueva.
       (j) Leeré el periódico cuando encuentre las gafas.
(392) (1) me jubile (2) consigas (3) gane (4) pague (5) vean (6) baje
       (7) valga (8) esté (9) dure (10) te pongas (11) sepa (12) diga
(393) (a) sea (b) toque (c) fueran (d) lleváramos/ásamos (e) busquemos
       (f) nieve (g) supiéramos/ésemos (h) juegues (i) te preocupes
       (j) termine
(394) (a) Le ruego que no me haga daño.
       (b) Les prohíbo que pinten en los monumentos.
       (c) Te aconsejo que no hables tanto.
       (d) Le recomiendo que compre el último modelo de ordenador.
       (e) Os advierto que no juguéis cerca de la carretera.

     (f)   Le permito que saque fotos para la revista.

     (g)   Le obligo a que arregle el centro de la ciudad.

     (h)   Te impido que dejes los estudios.

     (i)   Le invito a que pase un fin de semana en mi casa.

     (j)   Les agradezco que vengan al teatro.

(395)   (a)   Temí que no llegara a tiempo a la cita.

     (b)   Os prohibí que salierais así a la calle.

     (c)   Le pidió que no contara nada a nadie.

     (d)   Él dudó que le reconocieran cuando volviera.

     (e)   Le extrañó que no se acordaran de ella.

     (f)   Quiso que fuera al cine con sus hijos.

     (g)   No creí que pudieras pintar la casa sin ayuda.

     (h)   Te repetí que me esperaras en la puerta del cine.

     (i)   Le aconsejó que no comiera hoy el pescado.

     (j)   Nos ordenó que nos quedáramos de pie como castigo.

(396)   (1) tengas   (2) dé   (3) ponga   (4) se vayan   (5) bañe
     (6) se cepillen   (7) se laven   (8) meta   (9) se vaya   (10) esté
     (11) pase   (12) entren

(397)   (a) 1   (b) 2   (c) 2   (d) 1   (e) 2   (f) 3   (g) 2   (h) 1   (i) 3   (j) 2

(398)   (a)   Antes de que se cambie de casa, págueme lo que me debe.

     (b)   Antes de que empieces a fumar otra vez, consulta a tu médico.

     (c)   Antes de que salgáis a pescar, aseguraos que tenéis todo.

     (d)   Antes de que envíe el paquete, compruebe todos los sellos.

     (e)   Antes de que me muera, vende la casa de la playa.

     (f)   Antes de que yo os entregue a la policía, confesad toda la verdad.

     (g)   Antes de que conduzcas tantas horas, duerme un rato.

     (h)   Antes de que acabe con la comida, guarda un poco en la nevera.

     (i)   Antes de que comiences a vestirte, dúchate.

     (j)   Antes de que llueva, quite la ropa de la cuerda.

(399)   (1) tenga   (2) haya   (3) esté   (4) sea   (5) cueste   (6) se adapten
     (7) disponga   (8) haya   (9) estropeen   (10) afecten   (11) encuentre
     (12) recomiende

(400)   (a)   Si una amiga me propusiera ir a escalar, lo aceptaría.

     (b)   Si alguien me insinuara que hiciera una dieta, me enfadaría.

     (c)   Si mi jefe me llamara a casa el fin de semana para que trabajara, me
           negaría.

     (d)   Si una persona desconocida me dejara su fortuna, no la aceptaría.

     (e)   Si unos amigos me propusieran salir a cenar, les diría que no tengo
           dinero.

     (f)   Si una admiradora me mandara flores, me pondría muy contento.

     (g)   Si un turista quisiera ir a la oficina de turismo, tendría que mirar su
           mapa.

(h)   Si el médico le dijera a su paciente que dejara de beber, no le haría
      caso.
(i)   Si un policía me pidiera el pasaporte, le diría que lo he perdido.
(j)   Si mi padre me preguntara dónde he estado, le mentiría.

(401)   (a) 7   (b) 6   (c) 5   (d) 4   (e) 1   (f) 3   (g) 2
(402)   (a)   tengo, iré
        (b)   hubiera sabido, habría venido
        (c)   jugaras, tendrías
        (d)   supiera, diría
        (e)   entra, hable
        (f)   hubiera sido, habría pasado
        (g)   tuviéramos, pasaríamos
        (h)   encuentra, dirá
        (i)   dicen, escúchalos
        (j)   hubiera terminado, habría tenido
(403)   (a)   salgo
        (b)   decidieras/decidieses
        (c)   hubieran/hubiesen comido
        (d)   tienes
        (e)   conocieras/conocieses
        (f)   estudiara/estudiase
        (g)   hubiera/hubiese salido
        (h)   dijera/dijese
        (i)   compramos
        (j)   pensaras/pensases
(404)   (1) tenga   (2) Voy   (3) dé   (4) lleva   (5) ha decidido   (6) fuera/fuese
        (7) haría   (8) fuera/fuese   (9) iría   (10) me muevo   (11) creo
        (12) vaya   (13) insulte   (14) deje   (15) quiera   (16) sería   (17) digo
        (18) gane   (19) se cierre
(405)   (a) llegaste   (b) tenga/tengo   (c) aprobar   (d) apruebe   (e) tenemos
        (f) tengamos   (g) vengan   (h) Vendrán   (i) hagas   (j) hacer
(406)   (1) sea   (2) simbolice   (3) cambie   (4) sufra   (5) pudieran/pudiesen
        (6) viaja   (7) dude   (8) decidiera/decidiese   (9) piense
        (10) corra

Vocabulary

(1)   buen rollo
(2)   variopinta
(3)   irrisoria
(4)   darse el gusto
(5)   arrasar
(6)   benigno
(7)   tener a gala
(8)   dispares
(9)   estar hecha un pincel
(10) bahías
(11) no pensarlo dos veces
(12) paisaje
(13) anhelado

(407)   (a)   Tose como si se fuera a morir.
      (b)   Come como si estuviera siempre hambriento.
      (c)   Trata a su mujer como si no la quisiera.
      (d)   Juega como si le fuera la vida en ello.
      (e)   Duerme como si no se fuera a despertar nunca.
      (f)   Escribe como si estuviera loco.
      (g)   Vive como si no le importara nada.
      (h)   Beben como si no hubieran bebido nada en su vida.
      (i)   Construye casas como si fuera millonario.
      (j)   Canta como si estuviera gritando.

(408)   (a)   Aunque lo intento muchas veces, no consigo hacerlo bien.
         Aunque lo intente muchas veces, no conseguiré hacerlo bien.
      (b)   Aunque salimos todos los días, estamos aburridos.
         Aunque salgamos todos los días, estaremos aburridos.
      (c)   Aunque madrugas, no llegas a tiempo.
         Aunque madrugues, no llegarás a tiempo.
      (d)   Aunque hay muchos problemas, puedo solucionarlos.
         Aunque haya muchos problemas, podré solucionarlos.
      (e)   Aunque vienen todos juntos, tenemos espacio en casa.
         Aunque vengan todos juntos, tendremos espacio en casa.

47   [1077–136]

(409)   (a) Hacer   (b) comer, beber   (c) entrar, salir   (d) rellenar   (e) saber
      (f) vivir   (g) llover   (h) aparcar   (i) contestar   (j) jugar

(410)   (a) Al   (b) Antes de   (c) hasta   (d) Después de   (e) Con   (f) para
      (g) De   (h) por   (i) Con   (j) Por

(411)   (a)   Tengo la intención de llamar**le/lo**.
      (b)   Tengo que hacer**los** para mañana.
      (c)   Hay que olvidar**los** y ser optimista.
      (d)   Hoy mismo, voy a barnizar**las**.
      (e)   Estoy por ir a ver**la**.
      (f)   Hemos quedado en llevar**los/les** a la finca.
      (g)   Debe decir**le** toda la verdad.
      (h)   Quiero visitar**la**, pero no creo que se ponga contenta.
      (i)   Por fin, he dejado de mordér**melas**.
      (j)   Hemos tenido que matar**los** porque estaban enfermos.

(412)   (a) por marcharse   (b) están al caer   (c) por irme   (d) de sólo pensar
      (e) a medio vestir   (f) sin hablar   (g) encontrarla   (h) Nada más salir
      (i) por escribir   (j) quererme, con ser

(413)   (a)   De repente, Laura **se puso a temblar** como una hoja.
      (b)   **Ponte a limpiar** la casa antes de que venga tu madre.

(c)   Ya podemos salir porque **ha dejado de llover**.

(d)   En cuanto pueda, **volveré a visitar**, otra vez, la República Dominicana.

(e)   Mi padre no **acaba de entender** que está en la ruina.

(f)   Con todo incluido, el viaje **vendrá a salir** por unos 2000 euros.

(g)   Con todo lo que pasó, **llegué a pensar** que no volverías a hablarme jamás.

(h)   Mis hijos **se irán a vivir** por su cuenta un día de estos.

(i)   Me ha dicho que **quiere terminar** con todo y vivir más feliz.

(j)   El bebé **rompió a andar** sin que nos diéramos cuenta.

(414)   (a)   A comer toda la sopa sin rechistar.

(b)   No fumar en el restaurante.

(c)   ¡Sentarse de una vez!

(d)   ¡A bailar!

(e)   A jugar, señores.

(f)   ¡Venga, entrar en casa!

(g)   A correr y no parar.

(h)   No pisar la hierba.

(i)   ¡Vamos, a torear con más gracia!

(j)   A empezar el ejercicio otra vez.

(415)   (a) vuelvas a   (b) llegaron a / empezaron a   (c) quedamos en (d) He de   (e) iba a   (f) trata de   (g) Acaban de   (h) se puso a / empezó a   (i) se echó a / se puso a   (j) empezamos a

(416)

INFINITIVO	SUSTANTIVO SINGULAR	SUSTANTIVO PLURAL
(1) decir	el decir	los decires
(2) andar	el andar	los andares
(3) deber	el deber	los deberes
(4) cantar	el cantar	los cantares
(5) querer	el querer	los quereres
(6) anochecer	el anochecer	los anocheceres
(7) placer	el placer	los placeres
(8) despertar	el despertar	los despertares
(9) amanecer	el amanecer	los amaneceres
(10) hablar	el hablar	los hablares
(11) atardecer	el atardecer	los atardeceres

(417)   (a)   **El andar** de Juana es muy sexy.

(b)   **Los atardeceres** en mi pueblo son únicos.

(c)   **El saber** siempre es bueno.

(d)   **Los deberes** para el colegio, hazlos ahora.

(e)   Me gustaría ver **el amanecer** contigo.

(418)

FUTURE and INTENTION	
1	ir a + infinitivo
2	pensar + infinitivo
3	tratar de + infinitivo
4	venir a + infinitivo
5	estar para + infinitivo
6	estar por + infinitivo

BEGINNING and TRANSITION	
1	darle a uno por + infinitivo
2	pasar a + infinitivo
3	empezar a + infinitivo
4	estar a punto de + infinitivo
5	meterse a + infinitivo
6	ponerse a + infinitivo
7	romper a + infinitivo

ENDING and AGREEMENT	
1	acabar de + infinitivo
2	acabar por + infinitivo
3	dejar de + infinitivo
4	llegar a + infinitivo
5	quedar en + infinitivo

OBLIGATION	
1	deber + infinitivo
2	haber que + infinitivo
3	haber de + infinitivo
4	tener que + infinitivo

SUPPOSITION	
1	deber de + infinitivo

REPETITION	
1	volver a + infinitivo

(419)   (A)   (a) ir a   (b) pensar   (c) venir a   (d) tratar de   (e) estar para
(f) estar por
(B)   (a) darle a uno por   (b) ponerse a   (c) empezar a
(d) estar a punto de   (e) meterse a   (f) romper a   (g) pasar a
(C)   (a) acabar de   (b) acabar por   (c) dejar de   (d) llegar a
(e) quedar en
(D)   (a) deber   (b) haber que   (c) haber de   (d) tener que
(E)   (a) deber de
(F)   (a) volver a

48   [1137–74]

(420)   (a) muriendo   (b) aprendiendo   (c) repitiendo   (d) leyendo
(e) vendiendo   (f) Hablando   (g) Preguntando   (h) siguiendo
(i) investigando   (j) soñando

(421) (a) No, no estoy escribiendo una carta.

(b) No, no están leyendo un libro.

(c) No, Mila no está llorando.

(d) No, no está comiendo bien el abuelo.

(e) No, no está saliendo humo del coche.

(f) No, no estamos yendo al trabajo.

(g) No, no estoy contando mentiras.

(h) No, no está viendo el desfile.

(i) No, no está sintiendo su pérdida.

(j) No, no estamos durmiendo al niño.

(422) (a) está hirviendo (b) viendo (c) podando (d) está muriendo (e) moderse

(f) sintiendo (g) intentando (h) está haciendo (i) salir (j) estudiando

(423) (a) Van pagándolo poco a poco.

(b) ¿Cuántas veces lleva intentándolo?

(c) Acabamos aprendiéndola.

(d) Estoy convenciéndole/lo para que venga.

(e) Viene anunciándolo desde el viernes.

(f) Acabó perdiéndola.

(g) Se quedó durmiéndola en mi casa.

(h) Están terminándolas.

(i) El médico terminó operándole/lo.

(j) El padre está regañándolas.

(424) (a) viene demostrando (b) acaba perdiendo (c) va floreciendo

(d) llevan viviendo (e) se quedó trabajando (f) anda diciendo

(g) sigue haciendo (h) Estoy ganando (i) terminó pareciéndose

(j) salió huyendo

(425) (a) Si tomáis el sol de esa manera, os quemaréis enseguida.

Tomando el sol de esa manera, os quemaréis enseguida.

(b) Si comes en casa, te saldrá más barato.

Comiendo en casa, te saldrá más barato.

(c) Si tienen miedo, nunca podrán divertirse de verdad.

Teniendo miedo, nunca podrán divertirse de verdad.

(d) Si acabáis pronto, iremos todos al campo.

Acabando pronto, iremos todos al campo.

(e) Si lees tan deprisa, no te enterarás de nada.

Leyendo tan deprisa, no te enterarás de nada.

(f) Si pone más interés, le resultará más agradable el trabajo.

Poniendo más interés, le resultará más agradable el trabajo.

(g) Si practico todos los días, ganaré la medalla de oro.

Practicando todos los días, ganaré la medalla de oro.

(h) Si quieres aprender, todo será posible.

Queriendo aprender, todo será posible.

(i)   Si dices la verdad, conseguirás más respeto.
Diciendo la verdad, conseguirás más respeto.

(j)   Si paso la entrevista, obtendré el trabajo.
Pasando la entrevista, obtendré el trabajo.

(426) (a) Nos encontramos a Daniel **llorando** porque había suspendido.
(b) **Estaba** leyendo su diario, cuando me sorprendió.
(c) Se pasó dos horas **gritando** sin parar.
(d) Los caballos salvajes iban **corriendo** por la playa.
(e) Pensando que no me ibas a esperar, no me molesté en ir.
(f) Nuestra amistad va **creciendo** día a día.
(g) Claudia entró y **se sentó** en la primera fila.
(h) Rompió a llorar como un bebé.
(i) Me enseñó su caja fuerte y **tenía** un montón de dinero.
(j) No nos podemos ir sin **pagar** la cuenta.

(427)

DURATION	
1	andar + gerundio
2	ir + gerundio
3	estar + gerundio
4	continuar + gerundio
5	venir + gerundio
6	llevar + gerundio
7	quedarse + gerundio
8	seguir + gerundio

BEGINNING or ENDING	
1	empezar + gerundio
2	acabar + gerundio
3	terminar + gerundio
4	salir + gerundio

(428) (A) (a) continuar + gerundio   (b) andar + gerundio
(c) estar + gerundio   (d) quedarse + gerundio
(e) seguir + gerundio   (f) ir + gerundio
(g) venir + gerundio   (h) llevar + gerundio
(B) (a) acabar + gerundio   (b) terminar + gerundio
(c) empezar + gerundio   (e) salir + gerundio

(429) (a) vendrá costando   (b) acabé/terminé cansándome
(c) Llevo guardando   (d) terminó/acabó aceptando
(e) anda diciendo/va diciendo   (f) Se quedó trabajando
(g) salgo ganando   (h) estamos intentando
(i) llevo esperando   (j) voy pagando

49   [1175–230]

(430)

	VERBO	PARTICIPIO	ADJETIVO
(a)	atender	atendido	atento
(b)	incluir	incluido	incluso
(c)	juntar	juntado	junto
(d)	corromper	corrompido	corrupto
(e)	despertar	despertado	despierto
(f)	elegir	elegido	electo
(g)	manifestar	manifestado	manifiesto
(h)	nacer	nacido	nato
(i)	marchitar	marchitado	marchito
(j)	salvar	salvado	salvo

(431)   [Student's own work.]

(432)   (a)   El juez ha **reabierto** el caso de las estafas bancarias.

(b)   Los peces de colores que me regalaste se han **muerto**.

(c)   Si has frito el pescado de esa manera, sabrá a rayos.

(d)   Sara está **confusa** con tantos números.

(e)   El supermercado estará **abierto** este fin de semana.

(f)   No puedo abrir la ventana porque está **podrida**.

(g)   El libro, que ha **escrito** Arturo, es malísimo.

(h)   La revista está impresa en Buenos Aires.

(i)   Te he **dicho** un montón de veces que no juegues con la pelota en el salón.

(j)   El espejo está **roto** y tengo miedo de tener mala suerte.

(433)   (a) paralizada   (b) absorta   (c) hartos   (d) sofrito   (e) preso
(f) corrupto   (g) impresa   (h) nato   (i) satisfecho   (j) *presumida*

(434)   (a)   **Acabada** la lluvia, salió el sol.

(b)   **Pasada** la luna de miel, su marido volvió a ser violento.

(c)   **Muerto** su abuelo, consiguió la casa que tanto quería.

(d)   **Anochecido**, llegaron a su destino.

(e)   **Cansado** de tanto bailar, se quedó dormido.

(435)   (a)   había comido   (f)   He vivido
(b)   hay abierta   (g)   Has estado
(c)   había bebido o bailado   (h)   haya ganado
(d)   Ha habido   (i)   hay inscrito
(e)   hemos hecho   (j)   han nacido

(436)   (a)   Como no come nada, está **hecha un esqueleto**.

(b)   Mis tías están **hechas un basilisco** desde lo de la herencia.

(c)   Todos dicen que el abuelo está **hecho un chaval**.

    (d)   Los ciclistas estaban **hechos polvo** cuando terminaron.

    (e)   Estos chicos siempre van **hechos unos zorros**.

    (f)   El jarrón chino estaba **hecho añicos** cuando llegué a casa.

    (g)   La casa se quedó **hecha un asco** después de la fiesta.

    (h)   La gata está **hecha un ovillo** cerca de la chimenea.

    (i)   El coche se quedó **hecho un ocho** después del accidente.

    (j)   Mi padre está **hecho una fiera** conmigo.

(437) (a) lo (b) —, lo, lo (c) lo, — (d) lo, — (e) —, lo (f) — (g) lo, — (h) —, lo, — (i) lo (j) lo, —

(438) (a) dar por + participio (f) andar + participio
      (b) seguir + participio (g) verse + participio
      (c) dejar + participio (h) llevar + participio
      (d) estar + participio (i) tener + participio
      (e) ir + participio (j) quedarse + participio

(439) (a) dio por concluida (f) me quedé dormido/a
      (b) está metido (g) tiene hechos
      (c) va pintada (h) vimos obligados/as
      (d) sigue estropeado (i) lleva puesto
      (e) dejó agotados (j) quedará instalada

50 [1231–55]

(440) (1) es (2) somos (3) soy (4) sois (5) es (6) eres (7) son (8) es (9) son (10) son (11) somos (12) sois

(441) (1) están (2) está (3) estoy (4) estáis (5) están (6) está (7) están (8) estamos (9) estás (10) está (11) estáis (12) estamos

(442) (1) son (2) es (3) sois (4) eres (5) soy (6) somos (7) está (8) estoy (9) estamos (10) estás (11) estáis (12) son

(443) (a) está (b) son (c) están (d) está, está (e) es, está (f) está, es (g) son (h) está (i) está, está (j) estáis

(444) (a) eres / es Soy de . . . (b) está Está en . . .
      (c) estamos Estamos a . . . (d) Eres / Es Sí / No, no soy . . .
      (e) Estás / Está Sí / No, no estoy . . . (f) estar Voy a estar . . .
      (g) está Mi universidad / escuela está . . .
      (h) es Mi cumpleaños es . . . (i) es Sí / No, mi ciudad no es . . .
      (j) estás / está Cuando estoy de vacaciones . . .

(445) (a) No, el cuadro de la Gioconda **no está** en el Museo del Prado.

      (b) No, las redacciones **no están** llenas de faltas de ortografía.

      (c) No, aquella escultura **no es** muy buena.

      (d) No, el ejercicio **no es** demasiado complicado.

      (e) No, hace años **no era** normal pegar a los niños.

      (f) No, el mes pasado **no estuve** en un concierto de Plácido Domingo.

(g) No, ese chico **no es** demasiado simple para ti.

(h) No, ayer **no estaban** ocupados todos los asientos en el autobús.

(i) No, el señor Linares **no estará** en un congreso hasta el jueves.

(j) No, sus ideas sobre la mujer **no están** pasadas de moda.

(446) (a) El chico nuevo es polaco.

(b) ¿Quiénes estuvieron en la fiesta de despedida?

(c) Juana está embarazada de gemelos.

(d) Está tan ocupado que no puede dormir.

(e) La partitura es del músico.

(f) Inés está tan joven como siempre.

(g) Mi padre era zapatero en su pueblo.

(h) Este coche está para llevarlo al taller.

(i) Mi abuela está peor que antes.

(j) Algún día, seré una gran escritora.

(447) (a) estuvo (b) es (c) era (d) están (e) está (f) Es, está (g) están (h) será (i) Serían (j) es

(448) Está, Está, ser, estaré, está, Soy, estoy, Es, sería, estar, estaré

(449) (a) soy, era, serán

(b) es, estuvo, Es

(c) es, son, está, estará

(d) era, está, está, sido, es, estar

(e) son, son, están, son

(f) estaré, serás, será, estar, es, estarán

(g) estuve, estaban, estuvieron, era, estar

(h) está, Es, está, esté, sea, es

(i) estás, Estoy, éramos, eres, estoy, estoy, ser, ser

(j) Serían/Eran, está, está, estado, estado, Era, estará, Estará

(450) (a) fue (b) está (c) estabas (d) será (e) está (f) están (g) estás (h) es (i) estará (j) es

(451) (a) Los conductores de los camiones fueron los culpables de los accidentes.

(b) No han aprobado las oposiciones y están desmoralizados.

(c) Nosotros/as creíamos que vosotras estabais enfadadas con Matías.

(d) Las reuniones serán los sábados a las once.

(e) No podemos oír los partes meteorológicos porque están estropeadas las radios.

(f) Las puertas y las ventanas están recién pintadas.

(g) Si creéis que vamos a obedeceros, estáis listos.

(h) Estas obras de teatro son muy malas.

(i) Los museos estarán cerrados hasta las cuatro.

(j) Éstos son los bares más antiguos que conocemos.

(452) (a) No sé qué le pasa últimamente que **está** en las nubes.
(b) El paquete **estará** en tu casa por la mañana.
(c) El edificio **estará** terminado para abril.
(d) ¿Has **estado** alguna vez en Costa Rica?
(e) Adela **está** muy guapa estos días porque está más sana.
(f) Todos **estamos** convencidos de su inocencia.
(g) ¿**Eres** miembro de algún partido político?
(h) Mario está contento con su nueva casa.
(i) ¿A cuánto **están** las uvas, por favor?
(j) Me voy de este restaurante porque **está** de bote en bote.

(453) (a) La novela *La casa de los espíritus* fue escrita por Isabel Allende.
(b) La medalla fue ganada por el atleta.
(c) La lección es explicada por el profesor.
(d) El coche será recogido por Pilar el lunes.
(e) Mi esposa será operada por un famoso neurólogo.
(f) Un edificio de cien plantas fue diseñado por el arquitecto.
(g) El perro es acariciado por mi hijo.
(h) La obra de teatro ha sido cambiada por el autor.
(i) Los nuevos ministros fueron recibidos por el presidente.
(j) La misma decisión ha sido tomada por todos.

(454) es, Es, está, Es, es, era, Era, estuvo, Está, está, Era, son, Son, estaban, está, está, son, fueron, sido

(455) (a) está hasta la coronilla (b) estar de juerga (c) son uña y carne
(d) estar a oscuras (e) es una mala pieza (f) es de armas tomar
(g) estaba de pena (h) está de morros (i) está de luto
(j) estaba para el arrastre

(456)

	1	2	3	4	5	6	7	8
A	soy	estoy	estuve	estaba	fui	era	seré	estaré
B		estabas	eres	estuvo	está		son	
C	Eran	estuviste	Estás	fuiste	eras	serás	estarás	serán
D	estaba	fue	estuvimos	es	estará	estamos		sois
E	estarán	erais	estábamos	era	será	somos	seréis	estáis
F		estuvisteis	fuimos	estaremos	estabais	están	fueron	
G		estaréis	éramos	estuvieron	fuisteis	seremos	estaban	

	1st sing.	2nd sing.	3rd sing.	1st plural	2nd plural	3rd plural
Presente de SER	A1	B3	D4	E6	D8	B7
Presente de ESTAR	A2	C3	B5	D6	E8	F6
Pretérito de ESTAR	A3	C2	B4	D3	F2	G4
Imperfecto de ESTAR	A4	B2	D1	E3	F5	G7
Pretérito de SER	A5	C4	D2	F3	G5	F7
Imperfecto de SER	A6	C5	E4	G3	E2	C1
Futuro de SER	A7	C6	E5	G6	E7	C8
Futuro de ESTAR	A8	C7	D5	F4	G2	E1

(457) (a) Estaré lista   (b) Soy rica   (c) Es un borracho   (d) era muy lista
(e) es un muerto   (f) estaba riquísima   (g) es un poco bajo
(h) está borracho   (i) Estaba muerto   (j) está muy bajo

(458) (a) estarán   (b) está   (c) fuera/ese   (d) es   (e) está   (f) estés
(g) Estaba, estaba   (h) está   (i) es   (j) eran

51 [1256–75]

(459) (1) hemos   (2) han   (3) ha   (4) habéis   (5) he   (6) ha   (7) ha
(8) han   (9) han   (10) habéis   (11) hemos   (12) has

(460) (a) hay   (b) Hay   (c) está   (d) están   (e) hay   (f) hay   (g) está
(h) Hay   (i) está   (j) hay

(461) (a)   ¿Puedo ir al lavabo?
(b)   ¿Puedo llamar a mi familia?
(c)   ¿Puedo consultar el diccionario?
(d)   ¿Puedo cerrar la ventana?
(e)   ¿Puedo ir al cine contigo?

(462) (a) están   (b) habéis   (c) está   (d) está   (e) Hemos   (f) han   (g) han
(h) ha   (i) está   (j) ha

(463) (a)   Estoy contento porque **he comido** bien.
(b)   Es muy tarde y todas las oficinas **están** cerradas.
(c)   ¿Dónde **están** mis cigarrillos?
(d)   Esta mañana **he** visto al alcalde y me ha saludado.
(e)   ¿**Has estado** alguna vez en Venecia?
(f)   **Hay** una carta para ti encima de la mesa.
(g)   El espectáculo ha **sido** cancelado por falta de público.

(h)   ¿**Está** durmiendo la niña en su cama nueva?

(i)   No podemos terminar la casa porque **hay** problemas con los materiales.

(j)   **Hemos** terminado de limpiar, y ya está sucio otra vez.

(464)   (a) está   (b) Hay   (c) Había   (d) ha llegado   (e) está   (f) ha vuelto
(g) ha   (h) Estoy   (i) Estoy   (j) Hay

(465)   (a)   No debes casarte rápidamente porque tienes que . . .

(b)   No deben hacer más deporte porque tienen que . . .

(c)   No debes intentar copiar el examen porque tienes que . . .

(d)   No debes llevar abrigo si vas al Caribe porque tienes que . . .

(e)   No debo pensar en mí mismo porque tengo que . . .

(f)   No debes colocar los libros en la estantería porque tienes que . . .

(g)   No debemos utilizar el coche para todo porque tenemos que . . .

(h)   No debes cortar más leña porque tienes que . . .

(i)   No debes consumir mucha agua y electricidad porque tienes que . . .

(j)   No debéis ayudar en casa porque tenéis que . . .

(466)   (a) hay que   (b) tienes que   (c) tiene que   (d) hay que   (e) tienes que
(f) hay que   (g) tenéis que   (h) Hay que   (i) tienen que   (j) hay que

(467)   (a)   Puede que mi secretaria me pase a máquina una carta.

(b)   Puede que el servicio de habitaciones me lave una camisa para el domingo.

(c)   Puede que los mecánicos me arreglen el coche.

(d)   Puede que mi hermano deje de hablar por teléfono.

(e)   Puede que ellos me paguen la comida.

(468)   (a) Podría   (b) pude   (c) deben   (d) hay que   (e) debía de   (f) podía
(g) Deben   (h) Deberías   (i) Podría   (j) hay que

(469)   (a) orden   (b) consejo   (c) obligación personal   (d) permiso
(e) prohibición   (f) posibilidad   (g) obligación impersonal

(470)   (a)   Para conseguir trabajo en España, tienen que ir a la policía para obtener un permiso de trabajo.

(b)   Para conseguir una vivienda, hay que ir a una agencia inmobiliaria.

(c)   Sí, el estudiante tiene que sacar el pasaporte.

(d)   No es necesario, pero hay que tener cuidado con el dinero por si ocurre algo.

(e)   El estudiante debe ponerse protección solar para prevenir quemaduras.

(471)   (1)   Conditional (*habría*)

(2)   Imperfect Subjunctive 1 (*hubiera*)

(3)   Preterite (*hubo*)

(4)   Imperfect Subjunctive 2 (*hubiese*)

(5)   Present Indicative (*he*)

(6)   Present Subjunctive (*haya*)

(7)   Future Indicative (*habré*)

(8)   Imperfect Indicative (*había*)

(472) (a) Tienes que llevarme al concierto si . . .
        Debes llevarme al concierto para . . .
    (b) Tienes que viajar por América y España si . . .
        Debes viajar por América y España para . . .
    (c) Tienes que acostarte pronto y no ver la televisión si . . .
        Debes acostarte pronto y no ver la televisión para . . .
    (d) Tienes que practicar todos los días el piano si . . .
        Debes practicar todos los días el piano para . . .
    (e) Tienes que limpiarte los zapatos más a menudo si . . .
        Debes limpiarte los zapatos más a menudo para . . .
    (f) Tienes que bajar el volumen de la radio por la noche si . . .
        Debes bajar el volumen de la radio por la noche para . . .
    (g) Tienes que darte prisa para no perder el tren si . . .
        Debes darte prisa para no perder el tren para . . .
    (h) Tienes que cuidarte la piel antes de tomar el sol si . . .
        Debes cuidarte la piel antes de tomar el sol para . . .
    (i) Tienes que contarme la verdad sobre tu familia si . . .
        Debes contarme la verdad sobre tu familia para . . .
    (j) Tienes que comer menos y hacer más ejercicio si . . .
        Debes comer menos y hacer más ejercicio para . . .

52 [1276–89]

(473) (a) — (b) son buenos (c) se lleva (d) formaban (e) somos
      (f) tienen (g) están controlados (h) — (i) Viene (j) prestasteis
(474) Acaban, ha prometido, viven, quiere, murieron, dijo, vienen,
      se han dedicado, haya, tomó, ha llenado
(475) (a) Vino (b) cuesta (c) vivía (d) dominarán (e) hablo (f) está
      (g) estamos (h) Jugamos (i) Entró (j) es lo, quiero
(476) estás, he tenido, ha sido, viene/vienen, es, tenemos, es muy
      interesante, ha vivido, está, juega
(477) sea, pruebe, diga, son los mejores, viene, van, será el sabor
      más popular, será tan popular, se entere, volvió, otros, Dijeron,
      habían, les gusta, se divide, elige, prefiere, quiera, vinieron,
      probó, quedaron satisfechos, ha llegado

53 [1291–8]

(478) (a) **No** llegaremos a las seis de la mañana.
    (b) En esta ciudad **no** hay mucho ruido.
    (c) La fiesta **no** es muy divertida.
    (d) Los bombones **no** están ricos.
    (e) El actor **no** está nervioso el primer día del estreno.

(f)   El barco **no** tiene exceso de carga.

(g)   Los años **no** nos hacen más sabios.

(h)   El turismo **no** es bueno para la economía.

(i)   Emilia **no** tiene un nuevo trabajo.

(j)   Hoy **no** hace mucho calor.

(479)   (a)   No, no me gustan los toros.

(b)   No, no quiero tomar un refresco.

(c)   No, no voy a ir a ver a mi abuelo esta noche.

(d)   No, no está preparada la cena.

(e)   No, no estás bien con este vestido.

(f)   No, no hay cervezas en la nevera.

(g)   No, no vivo en Toledo.

(h)   No, no nos vamos.

(i)   No, no está prohibido aparcar.

(j)   No, no hablo mucho por teléfono.

(480)   (a)   **Nunca / Jamás** hace las cosas bien.

(b)   **Nunca / Jamás** está enfadada con sus hijos.

(c)   El barco **nunca / jamás** se hundió por exceso de carga.

(d)   **Nunca / Jamás** juega al golf.

(e)   **Nunca / Jamás** me gusta bañarme en el mar.

(f)   **Nunca / Jamás** descanso lo suficiente.

(g)   **Nunca / Jamás** me gusta ver la televisión en la cama.

(h)   Este campo **nunca / jamás** está verde.

(i)   **Nunca / Jamás** salimos a pasear porque hace frío.

(j)   **Nunca / Jamás** voy a seguir la dieta que me recomendaste.

(481)   Ninguno de nosotros canta.

¿No queda ninguna coca-cola?

Ninguna de ellas habla.

Nunca leo el periódico.

(482)   (a)   Haré los deberes **sin** que me lo repitas.

(b)   No quiero verte nunca más.

(c)   Te quiero más que a **nadie** en este mundo.

(d)   No tiene **ningún** amigo.

(e)   Ella no quiere comprometerse con **nadie**.

(f)   **No** me gusta la música clásica.

(g)   No irá **ninguno** de mis estudiantes a tu clase.

(h)   No me gusta **nada** que vengas tan tarde a casa.

(i)   Parece que no ha entendido **nada**.

(j)   No volveré a hablarte **nunca** más.

(483)   (a) ninguna   (b) ninguna   (c) nada   (d) ningún   (e) nada   (f) ninguno
(g) ninguna   (h) nadie   (i) nada   (j) nadie

(484)   (a) ninguno   (b) nada   (c) que   (d) ningún   (e) No   (f) no
(g) todavía no   (h) nada   (i) tampoco   (j) nadie

(485)   No, ésta no. ¿No la tiene de tinta negra?
       No gracias, no quiero de tinta azul.
       No, no quiero bolígrafos.
       No, no quiero rotuladores tampoco.
       No, no tengo papel de color crema.
       No, no tengo papel de color amarillo tampoco.
       No, no hay ninguna cerca de aquí.
       De nada. Adiós.

54   [1299–1318]

(486)   (a)   Yo no estoy viendo la televisión. Puedes apagarla si quieres.
       (b)   Me siento muy bien cuando estoy bailando contigo.
       (c)   En el trabajo lo más importante es estar a gusto con la gente.
       (d)   Tú madre tenía que haberme dejado instrucciones, pero no ha llamado todavía.
       (e)   Elisa dice que no tiene la llave, pero se la di ayer.
       (f)   Madonna, la reina del pop, se presentó ante sus admiradores.
       (g)   Los líderes de la U.E. mantendrán el jueves su primera reunión con el presidente.
       (h)   La satisfacción del deber cumplido no tiene precio.
       (i)   El torero convirtió en memorable la última corrida de feria.
       (j)   ¿Cómo se llama usted?
(487)   (a)   Habiendo terminado su discurso el presidente, la gente aplaudió.
             Al terminar su discurso el presidente, la gente aplaudió.
             Terminado su discurso el presidente, la gente aplaudió.
       (b)   Habiendo perdido el piloto el control, el avión se estrelló.
             Al perder el piloto el control, el avión se estrelló.
             Perdido el piloto el control, el avión se estrelló.
       (c)   Habiendo ganado la apuesta, me compré un coche.
             Al ganar la apuesta, me compré un coche.
             Ganada la apuesta, me compré un coche.
       (d)   Habiéndose enterado de la noticia, Paco se deprimió.
             Al enterarse de la noticia, Paco se deprimió.
             Enterado de la noticia, Paco se deprimió.
       (e)   Habiendo salido el sol, nos fuimos a la playa.
             Al salir el sol, nos fuimos a la playa.
             Salido el sol, nos fuimos a la playa.
(488)   (A)   La madre hizo la cena para sus hijos.
             Hizo la madre la cena para sus hijos.
             Hizo la madre para sus hijos la cena.
             Hizo la cena la madre para sus hijos.
             Hizo la cena para sus hijos la madre.

Hizo para sus hijos la madre la cena.

Hizo para sus hijos la cena la madre.

La cena hizo la madre para sus hijos.

La cena hizo para sus hijos la madre.

Para sus hijos hizo la cena la madre.

Para sus hijos hizo la madre la cena.

(B) El sastre terminó el vestido para ella.

Terminó el sastre el vestido para ella.

Terminó el vestido el sastre para ella.

Terminó el sastre para ella el vestido.

Terminó el vestido para ella el sastre.

Terminó para ella el sastre el vestido.

Terminó para ella el vestido el sastre.

El vestido terminó el sastre para ella.

El vestido terminó para ella el sastre.

Para ella el sastre terminó el vestido.

Para ella el vestido terminó el sastre.

(489) (a) Con los mayores hay que ser siempre respetuoso.

(b) A los alumnos hay que darles suficiente tiempo para el examen.

(c) Conmigo hay que andarse con cuidado.

(d) A Dios hay que darle gracias.

(e) Al odio hay que vencerlo con el amor.

(490) (a) Estoy muy enfadada contigo por lo que me dijiste anoche.

(b) Hoy hace mucho aire.

(c) No tengo nada que decirte sobre tu nuevo contrato.

(d) ¿Tienes bastante dinero para las entradas?

(e) Hace demasiado calor para jugar al tenis.

(f) He dormido muy bien esta noche.

(g) Cantas tan mal, que deberían echarte del coro.

(h) Vivo muy cerca de tu casa.

(i) A mí tampoco me gustó la película.

(j) La quiere tanto, que no puede vivir sin ella.

(491) (a) Estas tonterías no las voy a hacer yo.

(b) La puerta la he cerrado con cuidado.

(c) ¿Al perro lo has dado de comer?

(d) Esa película la he visto dos veces.

(e) La razón siempre me la dan ellos.

(492) (a) Fui yo quien le pegó en la cara.

(b) Fueron ellos quienes te reconocieron al instante.

(c) Fue Marina quien me dio unos libros.

(d) Fue en Santiago donde nos conocimos.

(e) Fueron ustedes quienes no supieron educar a sus hijos.

55   [1319–32]

(493)	(1) D	(11) D	(21) P
	(2) A	(12) A	(22) D
	(3) P	(13) A	(23) D
	(4) P	(14) P	(24) A
	(5) D	(15) P	(25) D
	(6) D	(16) P	(26) A
	(7) A	(17) D	(27) P
	(8) A	(18) A	(28) A
	(9) D	(19) A	(29) D
	(10) D	(20) D	(30) P

(494)	(1) armario	(11) vaca	(21) avión
	(2) grande	(12) papel	(22) dolor
	(3) casa	(13) cabeza	(23) tierra
	(4) pueblo	(14) delgado	(24) guapa
	(5) niña	(15) mujer	(25) noche
	(6) cuento	(16) enferma	(26) hombre
	(7) gato	(17) animal	(27) periódico
	(8) libro	(18) gusano	(28) parcela
	(9) hoja	(19) coche	(29) planta
	(10) carretera	(20) palabra	(30) camarero

(495)   (a)   botón, melaza, avioneta
        (b)   botánica, morcilla
        (c)   cartucho, caperuza

(496)	(1) agüita	(11) jovencito
	(2) pececito	(12) miguita
	(3) piececito	(13) sumita
	(4) vaquita	(14) amiguito
	(5) poquito	(15) naricita
	(6) mujercita	(16) ovejita
	(7) negrito	(17) taquito
	(8) camita	(18) manita
	(9) piragüita	(19) marquito
	(10) mocito	(20) manguita

(497)	(a) dormilón	(f) criticón
	(b) mirón	(g) faltón
	(c) replicona	(h) comilón
	(d) tragonas	(i) preguntona
	(e) juguetona	(j) respondones

(498) (1)   Rosa   (11) Carlos
       (2)   Francisco   (12) Antonio
       (3)   Jesús   (13) Dolores
       (4)   José   (14) Enrique
       (5)   María   (15) Manuel
       (6)   Antonia   (16) María Isabel
       (7)   María Teresa   (17) María Jesús
       (8)   Pedro   (18) Pilar
       (9)   Rosario   (19) Alfredo
      (10)   Rafael   (20) Ignacio

(499) (a) feúcho   (b) palabrotas   (c) buenazo   (d) comiducha   (e) gentuza
       (f) solterón   (g) calorazo   (h) novelucha   (i) cigüeñaza   (j) carnaza

(500) (a) Ayer, jugando al futbol, me dieron un **rodillazo** que me caí al suelo.
       (b) En las fiestas de mi pueblo es muy típico darse **tomatazos**.
       (c) Esta mañana, he visto a Julia dar un **bolsazo** a un joven.
       (d) Me he dado un **cabezazo** contra la ventana.
       (e) Mi vecino está todo el día dando **martillazos**.
       (f) Él era más alto que yo, pero le di un **puñetazo**.
       (g) Como no tenía otra cosa, le di un **paraguazo** para defenderme.
       (h) Siempre tengo que darte **codazos** para que no te duermas.
       (i) Se dio un **narizazo** y sangraba mucho.
       (j) El perro tiene que aprender, aunque tenga que darle **zapatillazos**.